Vorschriftensammlung
für die Sicherheitswirtschaft

Vorschriftensammlung
für die Sicherheitswirtschaft

Textausgabe
mit ausführlichem Sachregister

10., überarbeitete Auflage, 2010

RICHARD BOORBERG VERLAG
Stuttgart · München · Hannover · Berlin · Weimar · Dresden

Rechtsstand dieser Ausgabe: 1. Januar 2010

Bibliografische Information Der Deutschen Bibliothek
Die Deutsche Bibliothek verzeichnet diese Publikation
in der Deutschen Nationalbibliografie; detaillierte
bibliografische Daten sind im Internet über
http://dnb.ddb.de abrufbar.

10. Auflage, 2010
ISBN 978-3-415-04423-4

© Richard Boorberg Verlag GmbH & Co KG, 1987
Scharrstraße 2
70563 Stuttgart
www.boorberg.de

Gesamtherstellung: C.Maurer Druck und Verlag, Schubartstraße 21,
73312 Geislingen (Steige)

Vorwort

Die Wahrnehmung von Sicherheitsaufgaben durch Sicherheitsfachkräfte hat in ihrer Bedeutung weiter zugenommen und die Aufgabenbereiche sind größer geworden. Die privaten Sicherheitsdienste leisten einen wichtigen Beitrag zur Inneren Sicherheit.

Die Vorschriftensammlung ist zum anerkannten Nachschlagewerk der Aus- und Fortbildung und im täglichen Dienst der Sicherheitsfachkräfte geworden. Zielgruppen sind die Sicherheitskräfte, die sich auf die Sachkundeprüfung im Bewachungsgewerbe vorbereiten, die Objektschutzfachkräfte und einmal mehr die Auszubildenden, die als Fachkraft und Servicekraft für Schutz- und Sicherheit für ihren Ausbildungsberuf gute Rechtskenntnisse benötigen. Auch beim Unterrichtungsverfahren für Bewachungsgewerbetreibende und -personal sowie in den Sicherheitsdiensten und in den Sicherheitsabteilungen der Unternehmen sowie beim Werkschutz ist die handliche Broschüre ein nützlicher Helfer.

Diese Textausgabe enthält die Rechtsgrundlagen für die Aufgabenwahrnehmung in der Sicherheitswirtschaft und ergänzt die Fachliteratur Sicherheit in der Wirtschaft. Die Neuauflage berücksichtigt die Änderungen des Straf-, Strafverfahrensrechts, des Gewerberechts und ergänzender Vorschriften. Gefragte Bestimmungen des Waffenrecht wurden neu aufgenommen.

Die Vorschriftensammlung, die die Gesetzestexte in ausgewählten Auszügen enthält, wurde auf einen geringen Umfang beschränkt. Ballast wurde vermieden, um den Auszubildenden eine handliche Broschüre zur Verfügung zu stellen. Der Leser kann ohne lange Recherchen die gewünschten Vorschriften auffinden und hat alle Texte in einer übersichtlichen Ausgabe, ohne zahlreiche Gesetzesbände mitführen zu müssen. Ein umfangreiches Sachregister erschließt die Inhalte der einzelnen Vorschriften.

Eine aktuelle, preiswerte Sammlung mit den benötigten Vorschriften liegt mit dieser 10. überarbeiteten Auflage vor. Die Themenauswahl entspricht den Ausbildungsrahmenplänen der beruflichen Ausbildung und ist auch für das weiterführende Studium ein nützliches Hilfsmittel.

Verschiedene Anregungen von Praktikern, Referenten, Mitgliedern der IHK-Prüfungskommissionen und vor allem von Damen und Herren in der Aus- und Fortbildung konnten zu einer weiteren Verbesserung der Vorschriftensammlung beitragen. Der Verlag bedankt sich für die Mithilfe der Ausbildungsverantwortlichen und kommt sehr gerne auch bei weiteren Auflagen nach Möglichkeit ihren Wünschen entgegen.

Stuttgart, im Januar 2010   Der Verlag

Inhalt

1. Grundgesetz für die Bundesrepublik Deutschland (GG)

vom 26. Juli 2002 (BGBl. I S. 2863)
zuletzt geändert durch Gesetz vom 29. 7. 2009 (BGBl. I S. 2248)
– Auszug –

Artikel 1
(Menschenwürde, Menschenrechte, Bindung der öffentlichen Gewalten an die Grundrechte)

(1) Die Würde des Menschen ist unantastbar. Sie zu achten und zu schützen ist Verpflichtung aller staatlichen Gewalt.

(2) Das Deutsche Volk bekennt sich darum zu unverletzlichen und unveräußerlichen Menschenrechten als Grundlage jeder menschlichen Gemeinschaft, des Friedens und der Gerechtigkeit in der Welt.

(3) Die nachfolgenden Grundrechte binden Gesetzgebung, vollziehende Gewalt und Rechtsprechung als unmittelbar geltendes Recht.

Artikel 2
(Handlungsfreiheit, Freiheit der Person)

(1) Jeder hat das Recht auf die freie Entfaltung seiner Persönlichkeit, so weit er nicht die Rechte anderer verletzt und nicht gegen die verfassungsmäßige Ordnung oder das Sittengesetz verstößt.

(2) Jeder hat das Recht auf Leben und körperliche Unversehrtheit. Die Freiheit der Person ist unverletzlich. In diese Rechte darf nur auf Grund eines Gesetzes eingegriffen werden.

Artikel 3
(Gleichheitssätze)

(1) Alle Menschen sind vor dem Gesetz gleich.

(2) Männer und Frauen sind gleichberechtigt. Der Staat fördert die tatsächliche Durchsetzung der Gleichberechtigung von Frauen und Männern und wirkt auf die Beseitigung bestehender Nachteile hin.

(3) Niemand darf wegen seines Geschlechts, seiner Abstammung, seiner Rasse, seiner Sprache, seiner Heimat und Herkunft, seines Glaubens, seiner religiösen oder politischen Anschauung benachteiligt oder bevorzugt werden. Niemand darf wegen seiner Behinderung benachteiligt werden.

Artikel 4
(Freiheit des Glaubens, des Gewissens und des Bekenntnisses)

(1) Die Freiheit des Glaubens, des Gewissens und die Freiheit des religiösen und weltanschaulichen Bekenntnisses sind unverletzlich.

(2) Die ungestörte Religionsausübung wird gewährleistet.

(3) Niemand darf gegen sein Gewissen zum Kriegsdienst mit der Waffe gezwungen werden. Das Nähere regelt ein Bundesgesetz.

Artikel 5
(Freiheit der Meinungsäußerung, der Information, der Presse, der Kunst und Wissenschaft)

(1) Jeder hat das Recht, seine Meinung in Wort, Schrift und Bild frei zu äußern und zu verbreiten und sich aus allgemein zugänglichen Quellen ungehindert zu unterrichten. Die Pressefreiheit und die Freiheit der Berichterstattung durch Rundfunk und Film werden gewährleistet. Eine Zensur findet nicht statt.

(2) Diese Rechte finden ihre Schranken in den Vorschriften der allgemeinen Gesetze, den gesetzlichen Bestimmungen zum Schutze der Jugend und in dem Recht der persönlichen Ehre.

(3) Kunst und Wissenschaft, Forschung und Lehre sind frei. Die Freiheit der Lehre entbindet nicht von der Treue zur Verfassung.

Artikel 8
(Versammlungsfreiheit)

(1) Alle Deutschen haben das Recht, sich ohne Anmeldung oder Erlaubnis friedlich und ohne Waffen zu versammeln.

(2) Für Versammlungen unter freiem Himmel kann dieses Recht durch Gesetz oder auf Grund eines Gesetzes beschränkt werden.

Artikel 9
(Vereinigungsfreiheit, Koalitionsfreiheit)

(1) Alle Deutschen haben das Recht, Vereine und Gesellschaften zu bilden.

(2) Vereinigungen, deren Zwecke oder deren Tätigkeiten den Strafgesetzen zuwiderlaufen oder die sich gegen die verfassungsmäßige Ordnung oder gegen den Gedanken der Völkerverständigung richten, sind verboten.

(3) Das Recht, zur Wahrung und Förderung der Arbeits- und Wirtschaftsbedingungen Vereinigungen zu bilden, ist für jedermann und für alle Berufe gewährleistet. Abreden, die dieses Recht einschränken oder zu behindern

suchen, sind nichtig, hierauf gerichtete Maßnahmen sind rechtswidrig. Maßnahmen nach den Artikeln 12 a, 35 Abs. 2 und 3, Artikel 87 a Abs. 4 und Artikel 91 dürfen sich nicht gegen Arbeitskämpfe richten, die zur Wahrung und Förderung der Arbeits- und Wirtschaftsbedingungen von Vereinigungen im Sinne des Satzes 1 geführt werden.

Artikel 10
(Brief-, Post- und Fernmeldegeheimnis)

(1) Das Briefgeheimnis sowie das Post- und Fernmeldegeheimnis sind unverletzlich.

(2) Beschränkungen dürfen nur auf Grund eines Gesetzes angeordnet werden. Dient die Beschränkung dem Schutze der freiheitlichen demokratischen Grundordnung oder des Bestandes oder der Sicherung des Bundes oder eines Landes, so kann das Gesetz bestimmen, dass sie dem Betroffenen nicht mitgeteilt wird und dass an die Stelle des Rechtsweges die Nachprüfung durch von der Volksvertretung bestellte Organe und Hilfsorgane tritt.

Artikel 12
(Freiheit der Berufswahl und Berufsausübung)

(1) Alle Deutschen haben das Recht, Beruf, Arbeitsplatz und Ausbildungsstätte frei zu wählen. Die Berufsausübung kann durch Gesetz oder auf Grund eines Gesetzes geregelt werden.

(2) Niemand darf zu einer bestimmten Arbeit gezwungen werden, außer im Rahmen einer herkömmlichen allgemeinen, für alle gleichen öffentlichen Dienstleistungspflicht.

(3) Zwangsarbeit ist nur bei einer gerichtlich angeordneten Freiheitsentziehung zulässig.

Artikel 13
(Unverletzlichkeit der Wohnung)

(1) Die Wohnung ist unverletzlich.

(2) Durchsuchungen dürfen nur durch den Richter, bei Gefahr im Verzuge auch durch die in den Gesetzen vorgesehenen anderen Organe angeordnet und nur in der dort vorgeschriebenen Form durchgeführt werden.

(3) Begründen bestimmte Tatsachen den Verdacht, dass jemand eine durch Gesetz einzeln bestimmte besonders schwere Straftat begangen hat, so dürfen zur Verfolgung der Tat auf Grund richterlicher Anordnung technische Mittel zur akustischen Überwachung von Wohnungen, in denen der Beschuldigte sich vermutlich aufhält, eingesetzt werden, wenn die Erfor-

schung des Sachverhalts auf andere Weise unverhältnismäßig erschwert oder aussichtslos wäre. Die Maßnahme ist zu befristen. Die Anordnung erfolgt durch einen mit drei Richtern besetzten Spruchkörper. Bei Gefahr im Verzuge kann sie auch durch einen einzelnen Richter getroffen werden.

(4) Zur Abwehr dringender Gefahren für die öffentliche Sicherheit, insbesondere einer gemeinen Gefahr oder einer Lebensgefahr, dürfen technische Mittel zur Überwachung von Wohnungen nur auf Grund richterlicher Anordnung eingesetzt werden. Bei Gefahr im Verzuge kann die Maßnahme auch durch eine andere gesetzlich bestimmte Stelle angeordnet werden; eine richterliche Entscheidung ist unverzüglich nachzuholen.

(5) Sind technische Mittel ausschließlich zum Schutze der bei einem Einsatz in Wohnungen tätigen Personen vorgesehen, kann die Maßnahme durch eine gesetzlich bestimmte Stelle angeordnet werden. Eine anderweitige Verwertung der hierbei erlangten Erkenntnisse ist nur zum Zwecke der Strafverfolgung oder der Gefahrenabwehr und nur zulässig, wenn zuvor die Rechtmäßigkeit der Maßnahme richterlich festgestellt ist; bei Gefahr im Verzuge ist die richterliche Entscheidung unverzüglich nachzuholen.

(6) Die Bundesregierung unterrichtet den Bundestag jährlich über den nach Absatz 3 sowie über den im Zuständigkeitsbereich des Bundes nach Absatz 4 und, soweit richterlich überprüfungsbedürftig, nach Absatz 5 erfolgten Einsatz technischer Mittel. Ein vom Bundestag gewähltes Gremium übt auf der Grundlage dieses Berichts die parlamentarische Kontrolle aus. Die Länder gewährleisten eine gleichwertige parlamentarische Kontrolle.

(7) Eingriffe und Beschränkungen dürfen im Übrigen nur zur Abwehr einer gemeinen Gefahr oder einer Lebensgefahr für einzelne Personen, auf Grund eines Gesetzes auch zur Verhütung dringender Gefahren für die öffentliche Sicherheit und Ordnung, insbesondere zur Behebung der Raumnot, zur Bekämpfung von Seuchengefahr oder zum Schutze gefährdeter Jugendlicher vorgenommen werden.

Artikel 14
(Eigentum und Erbrecht, Eigentumsbindung, Enteignung)

(1) Das Eigentum und das Erbrecht werden gewährleistet. Inhalt und Schranken werden durch Gesetze bestimmt.

(2) Eigentum verpflichtet. Sein Gebrauch soll zugleich dem Wohle der Allgemeinheit dienen.

(3) Eine Enteignung ist nur zum Wohle der Allgemeinheit zulässig. Sie darf nur durch Gesetz oder auf Grund eines Gesetzes erfolgen, das Art und Ausmaß der Entschädigung regelt. Die Entschädigung ist unter gerechter

Abwägung der Interessen der Allgemeinheit und der Beteiligten zu bestimmen. Wegen der Höhe der Entschädigung steht im Streitfalle der Rechtsweg vor den ordentlichen Gerichten offen.

Artikel 18
(Missbrauch der Freiheit der Meinungsäußerung)

Wer die Freiheit der Meinungsäußerung, insbesondere die Pressefreiheit (Artikel 5 Absatz 1), die Lehrfreiheit (Artikel 5 Absatz 3), die Versammlungsfreiheit (Artikel 8), die Vereinigungsfreiheit (Artikel 9), das Brief-, Post- und Fernmeldegeheimnis (Artikel 10), das Eigentum (Artikel 14) oder das Asylrecht (Artikel 16 a) zum Kampfe gegen die freiheitliche demokratische Grundordnung missbraucht, verwirkt diese Grundrechte. Die Verwirkung und ihr Ausmaß werden durch das Bundesverfassungsgericht ausgesprochen.

Artikel 19
(Grundrechtseinschränkungen, Garantie des Wesensgehalts der Grundrechte)

(1) Soweit nach diesem Grundgesetz ein Grundrecht durch Gesetz oder auf Grund eines Gesetzes eingeschränkt werden kann, muss das Gesetz allgemein und nicht nur für den Einzelfall gelten. Außerdem muss das Gesetz das Grundrecht unter Angabe des Artikels nennen.

(2) In keinem Falle darf ein Grundrecht in seinem Wesensgehalt angetastet werden.

(3) Die Grundrechte gelten auch für inländische juristische Personen, soweit sie ihrem Wesen nach auf diese anwendbar sind.

(4) Wird jemand durch die öffentliche Gewalt in seinen Rechten verletzt, so steht ihm der Rechtsweg offen. Soweit eine andere Zuständigkeit nicht begründet ist, ist der ordentliche Rechtsweg gegeben. Artikel 10 Abs. 2 Satz 2 bleibt unberührt.

Artikel 20
(Leitprinzipien der Verfassung, demokratisches Prinzip, Gewaltenunterscheidung, Vorrang der Verfassung und Vorrang des Gesetzes, Widerstandsrecht)

(1) Die Bundesrepublik Deutschland ist ein demokratischer und sozialer Bundesstaat.

(2) Alle Staatsgewalt geht vom Volke aus. Sie wird vom Volke in Wahlen und Abstimmungen und durch besondere Organe der Gesetzgebung, der vollziehenden Gewalt und der Rechtsprechung ausgeübt.

(3) Die Gesetzgebung ist an die verfassungsmäßige Ordnung, die vollziehende Gewalt und die Rechtsprechung sind an Gesetz und Recht gebunden.

(4) Gegen jeden, der es unternimmt, diese Ordnung zu beseitigen, haben alle Deutschen das Recht zum Widerstand, wenn andere Abhilfe nicht möglich ist.

Artikel 20 a
(Schutz künftiger Generationen durch den Staat)

Der Staat schützt auch in Verantwortung für die künftigen Generationen die natürlichen Lebensgrundlagen und die Tiere im Rahmen der verfassungsmäßigen Ordnung durch die Gesetzgebung und nach Maßgabe von Gesetz und Recht durch die vollziehende Gewalt und die Rechtsprechung.

Artikel 30
(Allgemeine Regelung der Kompetenzverteilung zwischen Bund und Ländern)

Die Ausübung der staatlichen Befugnisse und die Erfüllung der staatlichen Aufgaben ist Sache der Länder, soweit dieses Grundgesetz keine andere Regelung trifft oder zulässt.

Artikel 35
(Rechts- und Amtshilfe, Hilfe bei Naturkatastrophen und Unglücksfällen)

(1) Alle Behörden des Bundes und der Länder leisten sich gegenseitig Rechts- und Amtshilfe.

(2) Zur Aufrechterhaltung oder Wiederherstellung der öffentlichen Sicherheit oder Ordnung kann ein Land in Fällen von besonderer Bedeutung Kräfte und Einrichtungen des Bundesgrenzschutzes zur Unterstützung seiner Polizei anfordern, wenn die Polizei ohne diese Unterstützung eine Aufgabe nicht oder nur unter erheblichen Schwierigkeiten erfüllen könnte. Zur Hilfe bei einer Naturkatastrophe oder bei einem besonders schweren Unglücksfall kann ein Land Polizeikräfte anderer Länder, Kräfte und Einrichtungen anderer Verwaltungen sowie des Bundesgrenzschutzes und der Streitkräfte anfordern.

(3) Gefährdet die Naturkatastrophe oder der Unglücksfall das Gebiet mehr als eines Landes, so kann die Bundesregierung, soweit es zur wirksamen Bekämpfung erforderlich ist, den Landesregierungen die Weisung erteilen, Polizeikräfte anderen Ländern zur Verfügung zu stellen sowie Einheiten des Bundesgrenzschutzes und der Streitkräfte zur Unterstützung der Polizeikräfte einsetzen. Maßnahmen der Bundesregierung nach Satz 1 sind jederzeit auf Verlangen des Bundesrates, im Übrigen unverzüglich nach Beseitigung der Gefahr aufzuheben.

Artikel 79
(Änderungen des Grundgesetzes, Bestandsklausel)

(1) Das Grundgesetz kann nur durch ein Gesetz geändert werden, das den Wortlaut des Grundgesetzes ausdrücklich ändert oder ergänzt. Bei völkerrechtlichen Verträgen, die eine Friedensregelung, die Vorbereitung einer Friedensregelung oder den Abbau einer besatzungsrechtlichen Ordnung zum Gegenstand haben oder der Verteidigung der Bundesrepublik zu dienen bestimmt sind, genügt zur Klarstellung, dass die Bestimmungen des Grundgesetzes dem Abschluss und dem In-Kraft-Treten der Verträge nicht entgegenstehen, eine Ergänzung des Wortlautes des Grundgesetzes, die sich auf diese Klarstellung beschränkt.

(2) Ein solches Gesetz bedarf der Zustimmung von zwei Dritteln der Mitglieder des Bundestages und zwei Dritteln der Stimmen des Bundesrates.

(3) Eine Änderung dieses Grundgesetzes, durch welche die Gliederung des Bundes in Länder, die grundsätzliche Mitwirkung der Länder bei der Gesetzgebung oder die in den Artikeln 1 und 20 niedergelegten Grundsätze berührt werden, ist unzulässig.

Artikel 83
(Allgemeine Regelung des Vollzugs von Bundesgesetzen)

Die Länder führen die Bundesgesetze als eigene Angelegenheit aus, soweit dieses Grundgesetz nichts anderes bestimmt oder zulässt.

Artikel 91
(Abwehr von Gefahren für den Bestand oder die freiheitliche demokratische Grundordnung des Bundes oder eines Landes, Bundesintervention)

(1) Zur Abwehr einer drohenden Gefahr für den Bestand oder die freiheitliche demokratische Grundordnung des Bundes oder eines Landes kann ein Land Polizeikräfte anderer Länder sowie Kräfte und Einrichtungen anderer Verwaltungen und des Bundesgrenzschutzes anfordern.

(2) Ist das Land, in dem Gefahr droht, nicht selbst zur Bekämpfung der Gefahr bereit oder in der Lage, so kann die Bundesregierung die Polizei in diesem Lande und die Polizeikräfte anderer Länder ihren Weisungen unterstellen sowie Einheiten des Bundesgrenzschutzes einsetzen. Die Anordnung ist nach Beseitigung der Gefahr, im Übrigen jederzeit auf Verlangen des Bundesrates aufzuheben. Erstreckt sich die Gefahr auf das Gebiet mehr als eines Landes, so kann die Bundesregierung, soweit es zur wirksamen Bekämpfung erforderlich ist, den Landesregierungen Weisungen erteilen; Satz 1 und 2 bleiben unberührt.

Artikel 92
(Organisation der rechtsprechenden Gewalt)

Die rechtsprechende Gewalt ist den Richtern anvertraut; sie wird durch das Bundesverfassungsgericht, durch die in diesem Grundgesetze vorgesehenen Bundesgerichte und durch die Gerichte der Länder ausgeübt.

Artikel 103
(Rechtliches Gehör, Verbot rückwirkender Strafgesetze und der Doppelbestrafung)

(1) Vor Gericht hat jedermann Anspruch auf rechtliches Gehör.

(2) Eine Tat kann nur bestraft werden, wenn die Strafbarkeit gesetzlich bestimmt war, bevor die Tat begangen wurde.

(3) Niemand darf wegen derselben Tat auf Grund der allgemeinen Strafgesetze mehrmals bestraft werden.

Artikel 104
(Rechtsgewährleistungen bei Freiheitsbeschränkungen und Freiheitsentziehungen)

(1) Die Freiheit der Person kann nur auf Grund eines förmlichen Gesetzes und nur unter Beachtung der darin vorgeschriebenen Formen beschränkt werden. Festgehaltene Personen dürfen weder seelisch noch körperlich misshandelt werden.

(2) Über die Zulässigkeit und Fortdauer einer Freiheitsentziehung hat nur der Richter zu entscheiden. Bei jeder nicht auf richterlicher Anordnung beruhenden Freiheitsentziehung ist unverzüglich eine richterliche Entscheidung herbeizuführen. Die Polizei darf aus eigener Machtvollkommenheit niemanden länger als bis zum Ende des Tages nach dem Ergreifen in eigenem Gewahrsam halten. Das Nähere ist gesetzlich zu regeln.

(3) Jeder wegen des Verdachtes einer strafbaren Handlung vorläufig Festgenommene ist spätestens am Tage nach der Festnahme dem Richter vorzuführen, der ihm die Gründe der Festnahme mitzuteilen, ihn zu vernehmen und ihm Gelegenheit zu Einwendungen zu geben hat. Der Richter hat unverzüglich entweder einen mit Gründen versehenen schriftlichen Haftbefehl zu erlassen oder die Freilassung anzuordnen.

(4) Von jeder richterlichen Entscheidung über die Anordnung oder Fortdauer einer Freiheitsentziehung ist unverzüglich ein Angehöriger des Festgehaltenen oder eine Person seines Vertrauens zu benachrichtigen.

2. Bürgerliches Gesetzbuch (BGB)

vom 18. August 1896 (RGBl. S. 195), in der Fassung der Bekanntmachung
vom 2. Januar 2002 (BGBl. I S. 42), zuletzt geändert durch Gesetz
vom 28. September 2009 (BGBl. I S. 3161)

– Auszug –

§ 90   Begriff der Sache

Sachen im Sinne dieses Gesetzes sind nur körperliche Gegenstände.

§ 194   Gegenstand der Verjährung

(1) Das Recht, von einem anderen ein Tun oder ein Unterlassen zu verlangen (Anspruch), unterliegt der Verjährung.

(2) Ansprüche aus einem familienrechtlichen Verhältnis unterliegen der Verjährung nicht, soweit sie auf die Herstellung des dem Verhältnis entsprechenden Zustandes für die Zukunft oder auf die Einwilligung in eine genetische Untersuchung zur Klärung der leiblichen Abstammung gerichtet sind.

§ 226   Schikaneverbot

Die Ausübung eines Rechtes ist unzulässig, wenn sie nur den Zweck haben kann, einem anderen Schaden zuzufügen.

§ 227   Notwehr

(1) Eine durch Notwehr gebotene Handlung ist nicht widerrechtlich.

(2) Notwehr ist diejenige Verteidigung, welche erforderlich ist, um einen gegenwärtigen rechtswidrigen Angriff von sich oder einem anderen abzuwenden.

§ 228   Notstand

Wer eine fremde Sache beschädigt oder zerstört, um eine durch sie drohende Gefahr von sich oder einem anderen abzuwenden, handelt nicht widerrechtlich, wenn die Beschädigung oder die Zerstörung zur Abwendung der Gefahr erforderlich ist und der Schaden nicht außer Verhältnis zu der Gefahr steht. Hat der Handelnde die Gefahr verschuldet, so ist er zum Schadenersatze verpflichtet.

§ 229   Selbsthilfe

Wer zum Zwecke der Selbsthilfe eine Sache wegnimmt, zerstört oder beschädigt oder wer zum Zwecke der Selbsthilfe einen Verpflichteten, welcher der Flucht verdächtig ist, festnimmt oder den Widerstand des Verpflichteten gegen eine Handlung, die dieser zu dulden verpflichtet ist, beseitigt, handelt nicht widerrechtlich, wenn obrigkeitliche Hilfe nicht rechtzeitig zu erlangen ist und ohne sofortiges Eingreifen die Gefahr besteht, dass die Verwirklichung des Anspruchs vereitelt oder wesentlich erschwert werde.

§ 230   Grenzen der Selbsthilfe

(1) Die Selbsthilfe darf nicht weitergehen, als zur Abwendung der Gefahr erforderlich ist.

(2) Im Falle der Wegnahme von Sachen ist, sofern nicht Zwangsvollstreckung erwirkt wird, der dingliche Arrest zu beantragen.

(3) Im Falle der Festnahme des Verpflichteten ist, sofern er nicht wieder in Freiheit gesetzt wird, der persönliche Sicherheitsarrest bei dem Amtsgerichte zu beantragen, in dessen Bezirke die Festnahme erfolgt ist; der Verpflichtete ist unverzüglich dem Gerichte vorzuführen.

(4) Wird der Arrestantrag verzögert oder abgelehnt, so hat die Rückgabe der weggenommenen Sachen und die Freilassung des Festgenommenen unverzüglich zu erfolgen.

§ 231   Irrtümliche Selbsthilfe

Wer eine der im § 229 bezeichneten Handlungen in der irrigen Annahme vornimmt, dass die für den Ausschluss der Widerrechtlichkeit erforderlichen Voraussetzungen vorhanden seien, ist dem anderen Teile zum Schadensersatze verpflichtet, auch wenn der Irrtum nicht auf Fahrlässigkeit beruht.

§ 242   Leistung nach Treu und Glauben

Der Schuldner ist verpflichtet, die Leistung so zu bewirken, wie Treu und Glauben mit Rücksicht auf die Verkehrssitte es erfordern.

§ 276   Verantwortlichkeit des Schuldners

(1) Der Schuldner hat Vorsatz und Fahrlässigkeit zu vertreten, wenn eine strengere oder mildere Haftung weder bestimmt noch aus dem sonstigen Inhalt des Schuldverhältnisses, insbesondere aus der Übernahme einer Garantie oder eines Beschaffungsrisikos, zu entnehmen ist. Die Vorschriften der §§ 827 und 828 finden entsprechende Anwendung.

(2) Fahrlässig handelt, wer die im Verkehr erforderliche Sorgfalt außer Acht lässt.

(3) Die Haftung wegen Vorsatzes kann dem Schuldner nicht im Voraus erlassen werden.

§ 278   Verantwortlichkeit des Schuldners für Dritte

Der Schuldner hat ein Verschulden seines gesetzlichen Vertreters und der Personen, deren er sich zur Erfüllung seiner Verbindlichkeit bedient, in gleichem Umfang zu vertreten wie eigenes Verschulden. Die Vorschrift des § 276 Abs. 3 findet keine Anwendung.

§ 611   Vertragstypische Pflichten beim Dienstvertrag

(1) Durch den Dienstvertrag wird derjenige, welcher Dienste zusagt, zur Leistung der versprochenen Dienste, der andere Teil zur Gewährung der vereinbarten Vergütung verpflichtet.

(2) Gegenstand des Dienstvertrages können Dienste jeder Art sein.

§ 618   Pflicht zu Schutzmaßnahmen

(1) Der Dienstberechtigte hat Räume, Vorrichtungen oder Gerätschaften, die er zur Verrichtung der Dienste zu beschaffen hat, so einzurichten und zu unterhalten und Dienstleistungen, die unter seiner Anordnung oder seiner Leitung vorzunehmen sind, so zu regeln, dass der Verpflichtete gegen Gefahr für Leben und Gesundheit soweit geschützt ist, als die Natur der Dienstleistung es gestattet.

(2) Ist der Verpflichtete in die häusliche Gemeinschaft aufgenommen, so hat der Dienstberechtigte in Ansehung des Wohn- und Schlafraums, der Verpflegung sowie der Arbeits- und Erholungszeit diejenigen Einrichtungen und Anordnungen zu treffen, welche mit Rücksicht auf die Gesundheit, die Sittlichkeit und die Religion des Verpflichteten erforderlich sind.

(3) Erfüllt der Dienstberechtigte die ihm in Ansehung des Lebens und der Gesundheit des Verpflichteten obliegenden Verpflichtungen nicht, so finden auf seine Verpflichtung zum Schadensersatze die für unerlaubte Handlungen geltenden Vorschriften der §§ 842 bis 846 entsprechende Anwendung.

§ 677   Pflichten des Geschäftsführers

Wer ein Geschäft für einen anderen besorgt, ohne von ihm beauftragt oder ihm gegenüber sonst dazu berechtigt zu sein, hat das Geschäft so zu führen, wie das Interesse des Geschäftsherrn mit Rücksicht auf dessen wirklichen oder mutmaßlichen Willen es erfordert.

§ 823   Schadensersatzpflicht

(1) Wer vorsätzlich oder fahrlässig das Leben, den Körper, die Gesundheit, die Freiheit, das Eigentum oder ein sonstiges Recht eines anderen widerrechtlich verletzt, ist dem anderen zum Ersatz des daraus entstehenden Schadens verpflichtet.

19

(2) Die gleiche Verpflichtung trifft denjenigen, welcher gegen ein den Schutz eines anderen bezweckendes Gesetz verstößt. Ist nach dem Inhalte des Gesetzes ein Verstoß gegen dieses auch ohne Verschulden möglich, so tritt die Ersatzpflicht nur im Falle des Verschuldens ein.

§ 830 Mittäter und Beteiligte

(1) Haben mehrere durch eine gemeinschaftlich begangene unerlaubte Handlung einen Schaden verursacht, so ist jeder für den Schaden verantwortlich. Das Gleiche gilt, wenn sich nicht ermitteln lässt, wer von mehreren Beteiligten den Schaden durch seine Handlung verursacht hat.

(2) Anstifter und Gehilfen stehen Mittätern gleich.

§ 831 Haftung für den Verrichtungsgehilfen

(1) Wer einen anderen zu einer Verrichtung bestellt, ist zum Ersatze des Schadens verpflichtet, den der andere in Ausführung der Verrichtung einem Dritten widerrechtlich zufügt. Die Ersatzpflicht tritt nicht ein, wenn der Geschäftsherr bei der Auswahl der bestellten Person und, sofern er Vorrichtungen oder Gerätschaften zu beschaffen oder die Ausführung der Verrichtung zu leiten hat, bei der Beschaffung oder der Leitung die im Verkehr erforderliche Sorgfalt beobachtet oder wenn der Schaden auch bei Anwendung dieser Sorgfalt entstanden sein würde.

(2) Die gleiche Verantwortlichkeit trifft denjenigen, welcher für den Geschäftsherrn die Besorgung eines der im Abs. 1 Satz 2 bezeichneten Geschäfte durch Vertrag übernimmt.

§ 854 Erwerb des Besitzes

(1) Der Besitz einer Sache wird durch die Erlangung der tatsächlichen Gewalt über die Sache erworben.

(2) Die Einigung des bisherigen Besitzers und des Erwerbers genügt zum Erwerbe, wenn der Erwerber in der Lage ist, die Gewalt über die Sache auszuüben.

§ 855 Besitzdiener

Übt jemand die tatsächliche Gewalt über eine Sache für einen anderen in dessen Haushalt oder Erwerbsgeschäft oder in einem ähnlichen Verhältnis aus, vermöge dessen er den sich auf die Sache beziehenden Weisungen des anderen Folge zu leisten hat, so ist nur der andere Besitzer.

§ 858   Verbotene Eigenmacht

(1) Wer dem Besitzer ohne dessen Willen den Besitz entzieht oder ihn im Besitze stört, handelt, sofern nicht das Gesetz die Entziehung oder die Störung gestattet, widerrechtlich (verbotene Eigenmacht).

(2) Der durch verbotene Eigenmacht erlangte Besitz ist fehlerhaft. Die Fehlerhaftigkeit muss der Nachfolger im Besitze gegen sich gelten lassen, wenn er Erbe des Besitzers ist oder die Fehlerhaftigkeit des Besitzes seines Vorgängers bei dem Erwerbe kennt.

§ 859   Selbsthilfe des Besitzers

(1) Der Besitzer darf sich verbotener Eigenmacht mit Gewalt erwehren.

(2) Wird eine bewegliche Sache dem Besitzer mittels verbotener Eigenmacht weggenommen, so darf er sie dem auf frischer Tat betroffenen oder verfolgten Täter mit Gewalt wieder abnehmen.

(3) Wird dem Besitzer eines Grundstücks der Besitz durch verbotene Eigenmacht entzogen, so darf er sofort nach der Entziehung sich des Besitzes durch Entsetzung des Täters wieder bemächtigen.

(4) Die gleichen Rechte stehen dem Besitzer gegen denjenigen zu, welcher nach § 858 Abs. 2 die Fehlerhaftigkeit des Besitzes gegen sich gelten lassen muss.

§ 860   Selbsthilfe des Besitzdieners

Zur Ausübung der dem Besitzer nach § 859 zustehenden Rechte ist auch derjenige befugt, welcher die tatsächliche Gewalt nach § 855 für den Besitzer ausübt.

§ 903   Befugnisse des Eigentümers

Der Eigentümer einer Sache kann, soweit nicht das Gesetz oder Rechte Dritter entgegenstehen, mit der Sache nach Belieben verfahren und andere von jeder Einwirkung ausschließen. Der Eigentümer eines Tieres hat bei der Ausübung seiner Befugnisse die besonderen Vorschriften zum Schutz der Tiere zu beachten.

§ 904   Duldungspflicht bei Notstand (aggressiver Notstand)

Der Eigentümer einer Sache ist nicht berechtigt, die Einwirkung eines anderen auf die Sache zu verbieten, wenn die Einwirkung zur Abwendung einer gegenwärtigen Gefahr notwendig und der drohende Schaden gegenüber dem aus der Einwirkung dem Eigentümer entstehenden Schaden unverhältnismäßig groß ist. Der Eigentümer kann Ersatz des ihm entstehenden Schadens verlangen.

§ 965   Anzeigepflicht des Finders

(1) Wer eine verlorene Sache findet und an sich nimmt, hat dem Verlierer oder dem Eigentümer oder einem sonstigen Empfangsberechtigten unverzüglich Anzeige zu machen.

(2) Kennt der Finder die Empfangsberechtigten nicht oder ist ihm ihr Aufenthalt unbekannt, so hat er den Fund und die Umstände, welche für die Ermittlung der Empfangsberechtigten erheblich sein können, unverzüglich der zuständigen Behörde anzuzeigen. Ist die Sache nicht mehr als 10 Euro wert, so bedarf es der Anzeige nicht.

§ 966   Verwahrungspflicht

(1) Der Finder ist zur Verwahrung der Sache verpflichtet.

(2) Ist der Verderb der Sache zu besorgen oder ist die Aufbewahrung mit unverhältnismäßigen Kosten verbunden, so hat der Finder die Sache öffentlich versteigern zu lassen. Vor der Versteigerung ist der zuständigen Behörde Anzeige zu machen. Der Erlös tritt an die Stelle der Sache.

§ 967   Ablieferungspflicht

Der Finder ist berechtigt und auf Anordnung der zuständigen Behörde verpflichtet, die Sache oder den Versteigerungserlös an die zuständige Behörde abzuliefern.

3. Betriebsverfassungsgesetz (BetrVG)

in der Fassung der Bekanntmachung vom 25. September 2001 (BGBl. I S. 2518),
zuletzt geändert durch Gesetz vom 29. Juli 2009 (BGBl. I S. 2424)

– Auszug –

§ 2 Stellung der Gewerkschaften und Vereinigungen der Arbeitgeber

(1) Arbeitgeber und Betriebsrat arbeiten unter Beachtung der geltenden Tarifverträge vertrauensvoll und im Zusammenwirken mit den im Betrieb vertretenen Gewerkschaften und Arbeitgebervereinigungen zum Wohl der Arbeitnehmer und des Betriebs zusammen.

(2) Zur Wahrnehmung der in diesem Gesetz genannten Aufgaben und Befugnisse der im Betrieb vertretenen Gewerkschaften ist deren Beauftragten nach Unterrichtung des Arbeitgebers oder seines Vertreters Zugang zum Betrieb zu gewähren, soweit dem nicht unumgängliche Notwendigkeiten des Betriebsablaufs, zwingende Sicherheitsvorschriften oder der Schutz von Betriebsgeheimnissen entgegenstehen.

(3) Die Aufgaben der Gewerkschaften und der Vereinigungen der Arbeitgeber, insbesondere die Wahrnehmung der Interessen ihrer Mitglieder, werden durch dieses Gesetz nicht berührt.

§ 74 Grundsätze für die Zusammenarbeit

(1) Arbeitgeber und Betriebsrat sollen mindestens einmal im Monat zu einer Besprechung zusammentreten. Sie haben über strittige Fragen mit dem ernsten Willen zur Einigung zu verhandeln und Vorschläge für die Beilegung von Meinungsverschiedenheiten zu machen.

(2) Maßnahmen des Arbeitskampfes zwischen Arbeitgeber und Betriebsrat sind unzulässig; Arbeitskämpfe tariffähiger Parteien werden hierdurch nicht berührt. Arbeitgeber und Betriebsrat haben Betätigungen zu unterlassen, durch die der Arbeitsablauf oder der Frieden des Betriebs beeinträchtigt werden. Sie haben jede parteipolitische Betätigung im Betrieb zu unterlassen; die Behandlung von Angelegenheiten tarifpolitischer, sozialpolitischer, umweltpolitischer und wirtschaftlicher Art, die den Betrieb oder seine Arbeitnehmer unmittelbar betreffen, wird hierdurch nicht berührt.

(3) Arbeitnehmer, die im Rahmen dieses Gesetzes Aufgaben übernehmen, werden hierdurch in der Betätigung für ihre Gewerkschaft auch im Betrieb nicht beschränkt.

§ 75 Grundsätze für die Behandlung der Betriebsangehörigen

(1) Arbeitgeber und Betriebsrat haben darüber zu wachen, dass alle im Betrieb tätigen Personen nach den Grundsätzen von Recht und Billigkeit

behandelt werden, insbesondere, dass jede Benachteiligung von Personen aus Gründen ihrer Rasse oder wegen ihrer ethnischen Herkunft, ihrer Abstammung oder sonstigen Herkunft, ihrer Nationalität, ihrer Religion oder Weltanschauung, ihrer Behinderung, ihres Alters, ihrer politischen oder gewerkschaftlichen Betätigung oder Einstellung oder wegen ihres Geschlechts oder ihrer sexuellen Identität unterbleibt. Sie haben darauf zu achten, dass Arbeitnehmer nicht wegen Überschreitung bestimmter Altersstufen benachteiligt werden.

(2) Arbeitgeber und Betriebsrat haben die freie Entfaltung der Persönlichkeit der im Betrieb beschäftigten Arbeitnehmer zu schützen und zu fördern. Sie haben die Selbstständigkeit und Eigeninitiative der Arbeitnehmer und Arbeitsgruppen zu fördern.

§ 77 Durchführung gemeinsamer Beschlüsse, Betriebsvereinbarungen

(1) Vereinbarungen zwischen Betriebsrat und Arbeitgeber, auch soweit sie auf einem Spruch der Einigungsstelle beruhen, führt der Arbeitgeber durch, es sei denn, dass im Einzelfall etwas anderes vereinbart ist. Der Betriebsrat darf nicht durch einseitige Handlungen in die Leitung des Betriebs eingreifen.

(2) Betriebsvereinbarungen sind von Betriebsrat und Arbeitgeber gemeinsam zu beschließen und schriftlich niederzulegen. Sie sind von beiden Seiten zu unterzeichnen; dies gilt nicht, soweit Betriebsvereinbarungen auf einem Spruch der Einigungsstelle beruhen. Der Arbeitgeber hat die Betriebsvereinbarungen an geeigneter Stelle im Betrieb auszulegen.

(3) Arbeitsentgelte und sonstige Arbeitsbedingungen, die durch Tarifvertrag geregelt sind oder üblicherweise geregelt werden, können nicht Gegenstand einer Betriebsvereinbarung sein. Dies gilt nicht, wenn ein Tarifvertrag den Abschluss ergänzender Betriebsvereinbarungen ausdrücklich zulässt.

(4) Betriebsvereinbarungen gelten unmittelbar und zwingend. Werden Arbeitnehmern durch die Betriebsvereinbarung Rechte eingeräumt, so ist ein Verzicht auf sie nur mit Zustimmung des Betriebsrats zulässig. Die Verwirkung dieser Rechte ist ausgeschlossen. Ausschlussfristen für ihre Geltendmachung sind nur insoweit zulässig, als sie in einem Tarifvertrag oder einer Betriebsvereinbarung vereinbart werden; dasselbe gilt für die Abkürzung der Verjährungsfristen.

(5) Betriebsvereinbarungen können, soweit nichts anderes vereinbart ist, mit einer Frist von drei Monaten gekündigt werden.

(6) Nach Ablauf einer Betriebsvereinbarung gelten ihre Regelungen in Angelegenheiten, in denen ein Spruch der Einigungsstelle die Einigung zwischen Arbeitgeber und Betriebsrat ersetzen kann, weiter, bis sie durch eine andere Abmachung ersetzt werden.

§ 81 Unterrichtungs- und Erörterungspflicht des Arbeitgebers

(1) Der Arbeitgeber hat den Arbeitnehmer über dessen Aufgabe und Verantwortung sowie über die Art seiner Tätigkeit und ihre Einordnung in den Arbeitsablauf des Betriebs zu unterrichten. Er hat den Arbeitnehmer vor Beginn der Beschäftigung über die Unfall- und Gesundheitsgefahren, denen dieser bei der Beschäftigung ausgesetzt ist, sowie über die Maßnahmen und Einrichtungen zur Abwendung dieser Gefahren und die nach § 10 Abs. 2 des Arbeitsschutzgesetzes getroffenen Maßnahmen zu belehren.

(2) Über Veränderungen in seinem Arbeitsbereich ist der Arbeitnehmer rechtzeitig zu unterrichten. Absatz 1 gilt entsprechend.

(3) In Betrieben, in denen kein Betriebsrat besteht, hat der Arbeitgeber die Arbeitnehmer zu allen Maßnahmen zu hören, die Auswirkungen auf Sicherheit und Gesundheit der Arbeitnehmer haben können.

(4) Der Arbeitgeber hat den Arbeitnehmer über die auf Grund einer Planung von technischen Anlagen, von Arbeitsverfahren und Arbeitsabläufen oder der Arbeitsplätze vorgesehenen Maßnahmen und ihre Auswirkungen auf seinen Arbeitsplatz, die Arbeitsumgebung sowie auf Inhalt und Art seiner Tätigkeit zu unterrichten. Sobald feststeht, dass sich die Tätigkeit des Arbeitnehmers ändern wird und seine beruflichen Kenntnisse und Fähigkeiten zur Erfüllung seiner Aufgaben nicht ausreichen, hat der Arbeitgeber mit dem Arbeitnehmer zu erörtern, wie dessen berufliche Kenntnisse und Fähigkeiten im Rahmen der betrieblichen Möglichkeiten den künftigen Anforderungen angepasst werden können. Der Arbeitnehmer kann bei der Erörterung ein Mitglied des Betriebsrats hinzuziehen.

§ 82 Anhörungs- und Erörterungsrecht des Arbeitnehmers

(1) Der Arbeitnehmer hat das Recht, in betrieblichen Angelegenheiten, die seine Person betreffen, von den nach Maßgabe des organisatorischen Aufbaus des Betriebs hierfür zuständigen Personen gehört zu werden. Er ist berechtigt, zu Maßnahmen des Arbeitgebers, die ihn betreffen, Stellung zu nehmen sowie Vorschläge für die Gestaltung des Arbeitsplatzes und des Arbeitsablaufs zu machen.

(2) Der Arbeitnehmer kann verlangen, dass ihm die Berechnung und Zusammensetzung seines Arbeitsentgelts erläutert und dass mit ihm die Beurteilung seiner Leistungen sowie die Möglichkeiten seiner beruflichen Entwicklung im Betrieb erörtert werden. Er kann ein Mitglied des Betriebsrats hinzuziehen. Das Mitglied des Betriebsrats hat über den Inhalt dieser Verhandlungen Stillschweigen zu bewahren, soweit es vom Arbeitnehmer im Einzelfall nicht von dieser Verpflichtung entbunden wird.

§ 87   Mitbestimmungsrechte

(1) Der Betriebsrat hat, soweit eine gesetzliche oder tarifliche Regelung nicht besteht, in folgenden Angelegenheiten mitzubestimmen:

1. Fragen der Ordnung des Betriebs und des Verhaltens der Arbeitnehmer im Betrieb;

   ...

6. Einführung und Anwendung von technischen Einrichtungen, die dazu bestimmt sind, das Verhalten oder die Leistung der Arbeitnehmer zu überwachen;

   ...

§ 89   Arbeits- und betrieblicher Umweltschutz

(1) Der Betriebsrat hat sich dafür einzusetzen, dass die Vorschriften über den Arbeitsschutz und die Unfallverhütung im Betrieb sowie über den betrieblichen Umweltschutz durchgeführt werden. Er hat bei der Bekämpfung von Unfall- und Gesundheitsgefahren die für den Arbeitsschutz zuständigen Behörden, die Träger der gesetzlichen Unfallversicherung und die sonstigen in Betracht kommenden Stellen durch Anregung, Beratung und Auskunft zu unterstützen.

(2) Der Arbeitgeber und die in Absatz 1 Satz 2 genannten Stellen sind verpflichtet, den Betriebsrat oder die von ihm bestimmten Mitglieder des Betriebsrats bei allen im Zusammenhang mit dem Arbeitsschutz oder der Unfallverhütung stehenden Besichtigungen und Fragen und bei Unfalluntersuchungen hinzuzuziehen. Der Arbeitgeber hat den Betriebsrat auch bei allen im Zusammenhang mit dem betrieblichen Umweltschutz stehenden Besichtigungen und Fragen hinzuzuziehen und ihm unverzüglich die den Arbeitsschutz, die Unfallverhütung und den betrieblichen Umweltschutz betreffenden Auflagen und Anordnungen der zuständigen Stellen mitzuteilen.

(3) Als betrieblicher Umweltschutz im Sinne dieses Gesetzes sind alle personellen und organisatorischen Maßnahmen sowie alle die betrieblichen Bauten, Räume, technische Anlagen, Arbeitsverfahren, Arbeitsabläufe und Arbeitsplätze betreffenden Maßnahmen zu verstehen, die dem Umweltschutz dienen.

(4) An Besprechungen des Arbeitgebers mit den Sicherheitsbeauftragten im Rahmen des § 22 Abs. 2 des Siebten Buches Sozialgesetzbuch nehmen vom Betriebsrat beauftragte Betriebsratsmitglieder teil.

(5) Der Betriebsrat erhält vom Arbeitgeber die Niederschriften über Untersuchungen, Besichtigungen und Besprechungen, zu denen er nach den Absätzen 2 und 4 hinzuzuziehen ist.

(6) Der Arbeitgeber hat dem Betriebsrat eine Durchschrift der nach § 193 Abs. 5 des Siebten Buches Sozialgesetzbuch vom Betriebsrat zu unterschreibenden Unfallanzeige auszuhändigen.

§ 95 Auswahlrichtlinien

(1) Richtlinien über die personelle Auswahl bei Einstellungen, Versetzungen, Umgruppierungen und Kündigungen bedürfen der Zustimmung des Betriebsrats. Kommt eine Einigung über die Richtlinien oder ihren Inhalt nicht zustande, so entscheidet auf Antrag des Arbeitgebers die Einigungsstelle. Der Spruch der Einigungsstelle ersetzt die Einigung zwischen Arbeitgeber und Betriebsrat.

(2) In Betrieben mit mehr als 500 Arbeitnehmern kann der Betriebsrat die Aufstellung von Richtlinien über die bei Maßnahmen des Absatzes 1 Satz 1 zu beachtenden fachlichen und persönlichen Voraussetzungen und sozialen Gesichtspunkte verlangen. Kommt eine Einigung über die Richtlinien oder ihren Inhalt nicht zustande, so entscheidet die Einigungsstelle. Der Spruch der Einigungsstelle ersetzt die Einigung zwischen Arbeitgeber und Betriebsrat.

(3) Versetzung im Sinne dieses Gesetzes ist die Zuweisung eines anderen Arbeitsbereichs, die voraussichtlich die Dauer von einem Monat überschreitet, oder die mit einer erheblichen Änderung der Umstände verbunden ist, unter denen die Arbeit zu leisten ist. Werden Arbeitnehmer nach der Eigenart ihres Arbeitsverhältnisses üblicherweise nicht ständig an einem bestimmten Arbeitsplatz beschäftigt, so gilt die Bestimmung des jeweiligen Arbeitsplatzes nicht als Versetzung.

§ 99 Mitbestimmung bei personellen Einzelmaßnahmen

(1) In Betrieben mit in der Regel mehr als zwanzig wahlberechtigten Arbeitnehmern hat der Arbeitgeber den Betriebsrat vor jeder Einstellung, Eingruppierung, Umgruppierung und Versetzung zu unterrichten, ihm die erforderlichen Bewerbungsunterlagen vorzulegen und Auskunft über die Person der Beteiligten zu geben; er hat dem Betriebsrat unter Vorlage der erforderlichen Unterlagen Auskunft über die Auswirkungen der geplanten Maßnahme zu geben und die Zustimmung des Betriebsrats zu der geplanten Maßnahme einzuholen. Bei Einstellungen und Versetzungen hat der Arbeitgeber insbesondere den in Aussicht genommenen Arbeitsplatz und die vorgesehene Eingruppierung mitzuteilen. Die Mitglieder des Betriebsrats sind verpflichtet, über die ihnen im Rahmen der personellen Maßnahmen nach den Sätzen 1 und 2 bekannt gewordenen persönlichen Verhältnisse und Angelegenheiten der Arbeitnehmer, die ihrer Bedeutung oder ihrem Inhalt nach einer vertraulichen Behandlung bedürfen, Stillschweigen zu bewahren; § 79 Abs. 1 Satz 2 bis 4 gilt entsprechend.

(2) Der Betriebsrat kann die Zustimmung verweigern, wenn

1. die personelle Maßnahme gegen ein Gesetz, eine Verordnung, eine Unfall-verhütungsvorschrift oder gegen eine Bestimmung in einem Tarifvertrag oder in einer Betriebsvereinbarung oder gegen eine gerichtliche Entschei-dung oder eine behördliche Anordnung verstoßen würde,

2. die personelle Maßnahme gegen eine Richtlinie nach § 95 verstoßen würde,

3. die durch Tatsachen begründete Besorgnis besteht, dass infolge der perso-nellen Maßnahme im Betrieb beschäftigte Arbeitnehmer gekündigt wer-den oder sonstige Nachteile erleiden, ohne dass dies aus betrieblichen oder persönlichen Gründen gerechtfertigt ist; als Nachteil gilt bei unbe-fristeter Einstellung auch die Nichtberücksichtigung eines gleich geeig-neten befristet Beschäftigten,

4. der betroffene Arbeitnehmer durch die personelle Maßnahme benachtei-ligt wird, ohne dass dies aus betrieblichen oder in der Person des Arbeit-nehmers liegenden Gründen gerechtfertigt ist,

5. eine nach § 93 erforderliche Ausschreibung im Betrieb unterblieben ist oder

·6. die durch Tatsachen begründete Besorgnis besteht, dass der für die perso-nelle Maßnahme in Aussicht genommene Bewerber oder Arbeitnehmer den Betriebsfrieden durch gesetzwidriges Verhalten oder durch grobe Ver-letzung der in § 75 Abs. 1 enthaltenen Grundsätze, insbesondere durch rassistische oder fremdenfeindliche Betätigung, stören werde.

(3) Verweigert der Betriebsrat seine Zustimmung, so hat er dies unter An-gabe von Gründen innerhalb einer Woche nach Unterrichtung durch den Ar-beitgeber diesem schriftlich mitzuteilen. Teilt der Betriebsrat dem Arbeitge-ber die Verweigerung seiner Zustimmung nicht innerhalb der Frist schrift-lich mit, so gilt die Zustimmung als erteilt.

(4) Verweigert der Betriebsrat seine Zustimmung, so kann der Arbeitgeber beim Arbeitsgericht beantragen, die Zustimmung zu ersetzen.

§ 102   Mitbestimmung bei Kündigungen

(1) Der Betriebsrat ist vor jeder Kündigung zu hören. Der Arbeitgeber hat ihm die Gründe für die Kündigung mitzuteilen. Eine ohne Anhörung des Be-triebsrats ausgesprochene Kündigung ist unwirksam.

(2) Hat der Betriebsrat gegen eine ordentliche Kündigung Bedenken, so hat er diese unter Angabe der Gründe dem Arbeitgeber spätestens innerhalb einer Woche schriftlich mitzuteilen. Äußert er sich innerhalb dieser Frist nicht, gilt seine Zustimmung zur Kündigung als erteilt. Hat der Betriebsrat gegen eine außerordentliche Kündigung Bedenken, so hat er diese unter An-gabe der Gründe dem Arbeitgeber unverzüglich, spätestens jedoch innerhalb

von drei Tagen, schriftlich mitzuteilen. Der Betriebsrat soll, soweit dies erforderlich erscheint, vor seiner Stellungnahme den betroffenen Arbeitnehmer hören. § 99 Abs. 1 Satz 3 gilt entsprechend.

(3) Der Betriebsrat kann innerhalb der Frist des Absatzes 2 Satz 1 der ordentlichen Kündigung widersprechen, wenn

1. der Arbeitgeber bei der Auswahl des zu kündigenden Arbeitnehmers soziale Gesichtspunkte nicht oder nicht ausreichend berücksichtigt hat,

2. die Kündigung gegen eine Richtlinie nach § 95 verstößt,

3. der zu kündigende Arbeitnehmer an einem anderen Arbeitsplatz im selben Betrieb oder in einem anderen Betrieb des Unternehmens weiterbeschäftigt werden kann,

4. die Weiterbeschäftigung des Arbeitnehmers nach zumutbaren Umschulungs- oder Fortbildungsmaßnahmen möglich ist oder

5. eine Weiterbeschäftigung des Arbeitnehmers unter geänderten Vertragsbedingungen möglich ist und der Arbeitnehmer sein Einverständnis hiermit erklärt hat.

(4) Kündigt der Arbeitgeber, obwohl der Betriebsrat nach Absatz 3 der Kündigung widersprochen hat, so hat er dem Arbeitnehmer mit der Kündigung eine Abschrift der Stellungnahme des Betriebsrats zuzuleiten.

(5) Hat der Betriebsrat einer ordentlichen Kündigung frist- und ordnungsgemäß widersprochen und hat der Arbeitnehmer nach dem Kündigungsschutzgesetz Klage auf Feststellung erhoben, dass das Arbeitsverhältnis durch die Kündigung nicht aufgelöst ist, so muss der Arbeitgeber auf Verlangen des Arbeitnehmers diesen nach Ablauf der Kündigungsfrist bis zum rechtskräftigen Abschluss des Rechtsstreits bei unveränderten Arbeitsbedingungen weiterbeschäftigen. Auf Antrag des Arbeitgebers kann das Gericht ihn durch einstweilige Verfügung von der Verpflichtung zur Weiterbeschäftigung nach Satz 1 entbinden, wenn

1. die Klage des Arbeitnehmers keine hinreichende Aussicht auf Erfolg bietet oder mutwillig erscheint oder

2. die Weiterbeschäftigung des Arbeitnehmers zu einer unzumutbaren wirtschaftlichen Belastung des Arbeitgebers führen würde oder

3. der Widerspruch des Betriebsrats offensichtlich unbegründet war.

(6) Arbeitgeber und Betriebsrat können vereinbaren, dass Kündigungen der Zustimmung des Betriebsrats bedürfen und dass bei Meinungsverschiedenheiten über die Berechtigung der Nichterteilung der Zustimmung die Einigungsstelle entscheidet.

(7) Die Vorschriften über die Beteiligung des Betriebsrats nach dem Kündigungsschutzgesetz bleiben unberührt.

§ 104   Entfernung betriebsstörender Arbeitnehmer

Hat ein Arbeitnehmer durch gesetzwidriges Verhalten oder durch grobe Verletzung der in § 75 Abs. 1 enthaltenen Grundsätze, insbesondere durch rassistische oder fremdenfeindliche Betätigungen, den Betriebsfrieden wiederholt ernstlich gestört, so kann der Betriebsrat vom Arbeitgeber die Entlassung oder Versetzung verlangen. Gibt das Arbeitsgericht einem Antrag des Betriebsrats statt, dem Arbeitgeber aufzugeben, die Entlassung oder Versetzung durchzuführen, und führt der Arbeitgeber die Entlassung oder Versetzung einer rechtskräftigen gerichtlichen Entscheidung zuwider nicht durch, so ist auf Antrag des Betriebsrats vom Arbeitsgericht zu erkennen, dass er zur Vornahme der Entlassung oder Versetzung durch Zwangsgeld anzuhalten sei. Das Höchstmaß des Zwangsgeldes beträgt für jeden Tag der Zuwiderhandlung 250 Euro.

4. Strafgesetzbuch (StGB)

in der Fassung der Bekanntmachung vom 1. September 2005 (BGBl. I S. 2674),
zuletzt geändert durch Gesetz vom 2. Oktober 2009 (BGBl. S. 3214)
– Auszug –

Allgemeiner Teil

§ 12 Verbrechen und Vergehen

(1) Verbrechen sind rechtswidrige Taten, die im Mindestmaß mit Freiheitsstrafe von einem Jahr oder darüber bedroht sind.

(2) Vergehen sind rechtswidrige Taten, die im Mindestmaß mit einer geringeren Freiheitsstrafe oder die mit Geldstrafe bedroht sind.

(3) Schärfungen oder Milderungen, die nach den Vorschriften des Allgemeinen Teils oder für besonders schwere oder minder schwere Fälle vorgesehen sind, bleiben für die Einteilung außer Betracht.

§ 13 Begehen durch Unterlassen

(1) Wer es unterlässt, einen Erfolg abzuwenden, der zum Tatbestand eines Strafgesetzes gehört, ist nach diesem Gesetz nur dann strafbar, wenn er rechtlich dafür einzustehen hat, dass der Erfolg nicht eintritt, und wenn das Unterlassen der Verwirklichung des gesetzlichen Tatbestandes durch ein Tun entspricht.

(2) Die Strafe kann nach § 49 Abs. 1 gemildert werden.

§ 14 Handeln für einen anderen

(1) Handelt jemand

1. als vertretungsberechtigtes Organ einer juristischen Person oder als Mitglied eines solchen Organs,

2. als vertretungsberechtigter Gesellschafter einer Personenhandelsgesellschaft oder

3. als gesetzlicher Vertreter eines anderen,

so ist ein Gesetz, nach dem besondere persönliche Eigenschaften, Verhältnisse oder Umstände (besondere persönliche Merkmale) die Strafbarkeit begründen, auch auf den Vertreter anzuwenden, wenn diese Merkmale zwar nicht bei ihm, aber bei dem Vertretenen vorliegen.

(2) Ist jemand von dem Inhaber eines Betriebs oder einem sonst dazu Befugten

1. beauftragt, den Betrieb ganz oder zum Teil zu leiten, oder

2. ausdrücklich beauftragt, in eigener Verantwortung Aufgaben wahrzunehmen, die dem Inhaber des Betriebs obliegen,

und handelt er auf Grund dieses Auftrags, so ist ein Gesetz, nach dem besondere persönliche Merkmale die Strafbarkeit begründen, auch auf den Beauftragten anzuwenden, wenn diese Merkmale zwar nicht bei ihm, aber bei dem Inhaber des Betriebs vorliegen. Dem Betrieb im Sinne des Satzes 1 steht das Unternehmen gleich. Handelt jemand auf Grund eines entsprechenden Auftrags für eine Stelle, die Aufgaben der öffentlichen Verwaltung wahrnimmt, so ist Satz 1 sinngemäß anzuwenden.

(3) Die Absätze 1 und 2 sind auch dann anzuwenden, wenn die Rechtshandlung, welche die Vertretungsbefugnis oder das Auftragsverhältnis begründen sollte, unwirksam ist.

§ 15 Vorsätzliches und fahrlässiges Handeln

Strafbar ist nur vorsätzliches Handeln, wenn nicht das Gesetz fahrlässiges Handeln ausdrücklich mit Strafe bedroht.

§ 19 Schuldunfähigkeit des Kindes

Schuldunfähig ist, wer bei Begehung der Tat noch nicht vierzehn Jahre alt ist.

§ 20 Schuldunfähigkeit wegen seelischer Störungen

Ohne Schuld handelt, wer bei Begehung der Tat wegen einer krankhaften seelischen Störung, wegen einer tief greifenden Bewusstseinsstörung oder wegen Schwachsinns oder einer schweren anderen seelischen Abartigkeit unfähig ist, das Unrecht der Tat einzusehen oder nach dieser Einsicht zu handeln.

§ 22 Begriffsbestimmung

Eine Straftat versucht, wer nach seiner Vorstellung von der Tat zur Verwirklichung des Tatbestandes unmittelbar ansetzt.

§ 23 Strafbarkeit des Versuchs

(1) Der Versuch eines Verbrechens ist stets strafbar, der Versuch eines Vergehens nur dann, wenn das Gesetz es ausdrücklich bestimmt.

(2) Der Versuch kann milder bestraft werden als die vollendete Tat (§ 49 Abs. 1).

(3) Hat der Täter aus grobem Unverstand verkannt, dass der Versuch nach der Art des Gegenstandes, an dem, oder des Mittels, mit dem die Tat begangen werden sollte, überhaupt nicht zur Vollendung führen konnte, so kann das Gericht von Strafe absehen oder die Strafe nach seinem Ermessen mildern (§ 49 Abs. 2).

§ 25 Täterschaft

(1) Als Täter wird bestraft, wer die Straftat selbst oder durch einen anderen begeht.

(2) Begehen mehrere die Straftat gemeinschaftlich, so wird jeder als Täter bestraft (Mittäter).

§ 26 Anstiftung

Als Anstifter wird gleich einem Täter bestraft, wer vorsätzlich einen anderen zu dessen vorsätzlich begangener rechtswidriger Tat bestimmt hat.

§ 27 Beihilfe

(1) Als Gehilfe wird bestraft, wer vorsätzlich einem anderen zu dessen vorsätzlich begangener rechtswidriger Tat Hilfe geleistet hat.

(2) Die Strafe für den Gehilfen richtet sich nach der Strafdrohung für den Täter. Sie ist nach § 49 Abs. 1 zu mildern.

§ 32 Notwehr

(1) Wer eine Tat begeht, die durch Notwehr geboten ist, handelt nicht rechtswidrig.

(2) Notwehr ist die Verteidigung, die erforderlich ist, um einen gegenwärtigen rechtswidrigen Angriff von sich oder einem anderen abzuwenden.

§ 33 Überschreitung der Notwehr

Überschreitet der Täter die Grenzen der Notwehr aus Verwirrung, Furcht oder Schrecken, so wird er nicht bestraft.

§ 34 Rechtfertigender Notstand

Wer in einer gegenwärtigen, nicht anders abwendbaren Gefahr für Leben, Leib, Freiheit, Ehre, Eigentum oder ein anderes Rechtsgut eine Tat begeht, um die Gefahr von sich oder einem anderen abzuwenden, handelt nicht rechtswidrig, wenn bei Abwägung der widerstreitenden Interessen, namentlich der betroffenen Rechtsgüter und des Grades der ihnen drohenden Gefahren, das geschützte Interesse das beeinträchtigte wesentlich überwiegt. Dies gilt jedoch nur, soweit die Tat ein angemessenes Mittel ist, die Gefahr abzuwenden.

§ 35 Entschuldigender Notstand

(1) Wer in einer gegenwärtigen, nicht anders abwendbaren Gefahr für Leben, Leib oder Freiheit eine rechtswidrige Tat begeht, um die Gefahr von sich, einem Angehörigen oder einer anderen ihm nahe stehenden Person abzuwenden, handelt ohne Schuld. Dies gilt nicht, soweit dem Täter nach den Umständen, namentlich weil er die Gefahr selbst verursacht hat oder weil er in einem besonderen Rechtsverhältnis stand, zugemutet werden konnte, die Gefahr hinzunehmen; jedoch kann die Strafe nach § 49 Abs. 1 gemildert werden, wenn der Täter nicht mit Rücksicht auf ein besonderes Rechtsverhältnis die Gefahr hinzunehmen hatte.

(2) Nimmt der Täter bei Begehung der Tat irrig Umstände an, welche ihn nach Absatz 1 entschuldigen würden, so wird er nur dann bestraft, wenn er den Irrtum vermeiden konnte. Die Strafe ist nach § 49 Abs. 1 zu mildern.

§ 77 Antragsberechtigte

(1) Ist die Tat nur auf Antrag verfolgbar, so kann, soweit das Gesetz nichts anderes bestimmt, der Verletzte den Antrag stellen.

(2) Stirbt der Verletzte, so geht sein Antragsrecht in den Fällen, die das Gesetz bestimmt, auf den Ehegatten, den Lebenspartner und die Kinder über. Hat der Verletzte weder einen Ehegatten oder einen Lebenspartner noch Kinder hinterlassen oder sind sie vor Ablauf der Antragsfrist gestorben, so geht das Antragsrecht auf die Eltern und, wenn auch sie vor Ablauf der Antragsfrist gestorben sind, auf die Geschwister und die Enkel über. Ist ein Angehöriger an der Tat beteiligt oder ist seine Verwandtschaft erloschen, so scheidet er bei dem Übergang des Antragsrechts aus. Das Antragsrecht geht nicht über, wenn die Verfolgung dem erklärten Willen des Verletzten widerspricht.

(3) Ist der Antragsberechtigte geschäftsunfähig oder beschränkt geschäftsfähig, so können der gesetzliche Vertreter in den persönlichen Angelegenheiten und derjenige, dem die Sorge für die Person des Antragsberechtigten zusteht, den Antrag stellen.

(4) Sind mehrere antragsberechtigt, so kann jeder den Antrag selbstständig stellen.

§ 77 b Antragsfrist

(1) Eine Tat, die nur auf Antrag verfolgbar ist, wird nicht verfolgt, wenn der Antragsberechtigte es unterlässt, den Antrag bis zum Ablauf einer Frist von drei Monaten zu stellen. Fällt das Ende der Frist auf einen Sonntag, einen allgemeinen Feiertag oder einen Sonnabend, so endet die Frist mit Ablauf des nächsten Werktags.

(2) Die Frist beginnt mit Ablauf des Tages, an dem der Berechtigte von der Tat und der Person des Täters Kenntnis erlangt. Hängt die Verfolgbarkeit der Tat auch von einer Entscheidung über die Nichtigkeit oder Auflösung einer Ehe ab, so beginnt die Frist nicht vor Ablauf des Tages, an dem der Berechtigte von der Rechtskraft der Entscheidung Kenntnis erlangt. Für den Antrag des gesetzlichen Vertreters und des Sorgeberechtigten kommt es auf dessen Kenntnis an.

(3) Sind mehrere antragsberechtigt oder mehrere an der Tat beteiligt, so läuft die Frist für und gegen jeden gesondert.

(4) Ist durch Tod des Verletzten das Antragsrecht auf Angehörige übergegangen, so endet die Frist frühestens drei Monate und spätestens sechs Monate nach dem Tod des Verletzten.

(5) Der Lauf der Frist ruht, wenn ein Antrag auf Durchführung eines Sühneversuchs gemäß § 380 der Strafprozessordnung bei der Vergleichsbehörde eingeht, bis zur Ausstellung der Bescheinigung nach § 380 Abs. 1 Satz 3 der Strafprozessordnung.

§ 77 c Wechselseitig begangene Taten

Hat bei wechselseitig begangenen Taten, die miteinander zusammenhängen und nur auf Antrag verfolgbar sind, ein Berechtigter die Strafverfolgung des anderen beantragt, so erlischt das Antragsrecht des anderen, wenn er es nicht bis zur Beendigung des letzten Wortes im ersten Rechtszug ausübt. Er kann den Antrag auch dann noch stellen, wenn für ihn die Antragsfrist schon verstrichen ist.

§ 77 d Zurücknahme des Antrags

(1) Der Antrag kann zurückgenommen werden. Die Zurücknahme kann bis zum rechtskräftigen Abschluss des Strafverfahrens erklärt werden. Ein zurückgenommener Antrag kann nicht nochmals gestellt werden.

(2) Stirbt der Verletzte oder der im Falle seines Todes Berechtigte, nachdem er den Antrag gestellt hat, so können der Ehegatte, der Lebenspartner, die Kinder, die Eltern, die Geschwister und die Enkel des Verletzten in der Rangfolge des § 77 Abs. 2 den Antrag zurücknehmen. Mehrere Angehörige des gleichen Ranges können das Recht nur gemeinsam ausüben. Wer an der Tat beteiligt ist, kann den Antrag nicht zurücknehmen.

Besonderer Teil
§ 123 Hausfriedensbruch

(1) Wer in die Wohnung, in die Geschäftsräume oder in das befriedete Besitztum eines anderen oder in abgeschlossene Räume, welche zum öffentlichen Dienst oder Verkehr bestimmt sind, widerrechtlich eindringt, oder

wer, wenn er ohne Befugnis darin verweilt, auf die Aufforderung des Berechtigten sich nicht entfernt, wird mit Freiheitsstrafe bis zu einem Jahr oder mit Geldstrafe bestraft.

(2) Die Tat wird nur auf Antrag verfolgt.

§ 124   Schwerer Hausfriedensbruch

Wenn sich eine Menschenmenge öffentlich zusammenrottet und in der Absicht, Gewalttätigkeiten gegen Personen oder Sachen mit vereinten Kräften zu begehen, in die Wohnung, in die Geschäftsräume oder in das befriedete Besitztum eines anderen oder in abgeschlossene Räume, welche zum öffentlichen Dienst bestimmt sind, widerrechtlich eindringt, so wird jeder, welcher an diesen Handlungen teilnimmt, mit Freiheitsstrafe bis zu zwei Jahren oder mit Geldstrafe bestraft.

§ 132   Amtsanmaßung

Wer unbefugt sich mit der Ausübung eines öffentlichen Amtes befasst oder eine Handlung vornimmt, welche nur kraft eines öffentlichen Amtes vorgenommen werden darf, wird mit Freiheitsstrafe bis zu zwei Jahren oder mit Geldstrafe bestraft.

§ 132 a   Missbrauch von Titeln, Berufsbezeichnungen und Abzeichen

(1) Wer unbefugt

1. inländische oder ausländische Amts- oder Dienstbezeichnungen, akademische Grade, Titel oder öffentliche Würden führt,
2. die Berufsbezeichnung Arzt, Zahnarzt, Psychologischer Psychotherapeut, Kinder- und Jugendlichenpsychotherapeut, Psychotherapeut, Tierarzt, Apotheker, Rechtsanwalt, Patentanwalt, Wirtschaftsprüfer, vereidigter Buchprüfer, Steuerberater oder Steuerbevollmächtigter führt,
3. die Bezeichnung öffentlich bestellter Sachverständiger führt oder
4. inländische oder ausländische Uniformen, Amtskleidungen oder Amtsabzeichen trägt,

wird mit Freiheitsstrafe bis zu einem Jahr oder mit Geldstrafe bestraft.

(2) Den in Absatz 1 genannten Bezeichnungen, akademischen Graden, Titeln, Würden, Uniformen, Amtskleidungen oder Amtsabzeichen stehen solche gleich, die ihnen zum Verwechseln ähnlich sind.

(3) Die Absätze 1 und 2 gelten auch für Amtsbezeichnungen, Titel, Würden, Amtskleidungen und Amtsabzeichen der Kirchen und anderen Religionsgesellschaften des öffentlichen Rechts.

(4) Gegenstände, auf die sich eine Straftat nach Absatz 1 Nr. 4, allein oder in Verbindung mit Absatz 2 oder 3, bezieht, können eingezogen werden.

§ 138   Nichtanzeige geplanter Straftaten

(1) Wer von dem Vorhaben oder der Ausführung

1. einer Vorbereitung eines Angriffskrieges (§ 80),

2. eines Hochverrats in den Fällen der §§ 81 bis 83 Abs. 1,

3. eines Landesverrats oder einer Gefährdung der äußeren Sicherheit in den Fällen des §§ 94 bis 96, 97 a oder 100,

4. einer Geld- oder Wertpapierfälschung in den Fällen der §§ 146, 151, 152 oder einer Fälschung von Zahlungskarten mit Garantiefunktion und Vordrucken für Euroschecks in den Fällen des § 152 b Abs. 1 bis 3,

5. eines Mordes (§ 211) oder Totschlags (§ 212) oder eines Völkermordes (§ 6 des Völkerstrafgesetzbuches) oder eines Verbrechens gegen die Menschlichkeit (§ 7 des Völkerstrafgesetzbuches) oder eines Kriegsverbrechens (§§ 8, 9, 10, 11 oder 12 des Völkerstrafgesetzbuches).

6. einer Straftat gegen die persönliche Freiheit in den Fällen des § 232 Abs. 3, 4 oder Abs. 5, des § 233 Abs. 3, jeweils soweit es sich um Verbrechen handelt, der §§ 234, 234 a, 239 a oder 239 b,

7. eines Raubes oder einer räuberischen Erpressung (§§ 249 bis 251 oder 255) oder

8. einer gemeingefährlichen Straftat in den Fällen der §§ 306 bis 306 c oder 307 Abs. 1 bis 3, des § 308 Abs. 1 bis 4, des § 309 Abs. 1 bis 5, der §§ 310, 313, 314 oder 315 Abs. 3, des § 315 b Abs. 3 oder der §§ 316 a oder 316 e

zu einer Zeit, zu der die Ausführung oder der Erfolg noch abgewendet werden kann, glaubhaft erfährt und es unterlässt, der Behörde oder dem Bedrohten rechtzeitig Anzeige zu machen, wird mit Freiheitsstrafe bis zu fünf Jahren oder mit Geldstrafe bestraft.

(2) Ebenso wird bestraft, wer

1. von der Ausführung einer Straftat nach § 89 a oder

2. von dem Vorhaben oder der Ausführung einer Straftat nach § 129 a, auch in Verbindung mit § 129 b Abs. 1 Satz 1 und 2,

zu einer Zeit, zu der die Ausführung noch abgewendet werden kann, glaubhaft erfährt und es unterlässt, der Behörde unverzüglich Anzeige zu erstatten. § 129 b Abs. 1 Satz 3 bis 5 gilt im Fall der Nummer 2 entsprechend.

(3) Wer die Anzeige leichtfertig unterlässt, obwohl er von dem Vorhaben oder der Ausführung der rechtswidrigen Tat glaubhaft erfahren hat, wird mit Freiheitsstrafe bis zu einem Jahr oder mit Geldstrafe bestraft.

§ 142   Unerlaubtes Entfernen vom Unfallort

(1) Ein Unfallbeteiligter, der sich nach einem Unfall im Straßenverkehr vom Unfallort entfernt, bevor er

1. zugunsten der anderen Unfallbeteiligten und der Geschädigten die Feststellung seiner Person, seines Fahrzeugs und der Art seiner Beteiligung durch seine Anwesenheit und durch die Angabe, dass er an dem Unfall beteiligt ist, ermöglicht hat oder

2. eine nach den Umständen angemessene Zeit gewartet hat, ohne dass jemand bereit war, die Feststellungen zu treffen,

wird mit Freiheitsstrafe bis zu drei Jahren oder mit Geldstrafe bestraft.

(2) Nach Absatz 1 wird auch ein Unfallbeteiligter bestraft, der sich

1. nach Ablauf der Wartefrist (Absatz 1 Nr. 2) oder

2. berechtigt oder entschuldigt

vom Unfallort entfernt hat und die Feststellungen nicht unverzüglich nachträglich ermöglicht.

(3) Der Verpflichtung, die Feststellungen nachträglich zu ermöglichen, genügt der Unfallbeteiligte, wenn er den Berechtigten (Absatz 1 Nr. 1) oder einer nahe gelegenen Polizeidienststelle mitteilt, dass er an dem Unfall beteiligt gewesen ist, und wenn er seine Anschrift, seinen Aufenthalt sowie das Kennzeichen und den Standort seines Fahrzeugs angibt und dieses zu unverzüglichen Feststellungen für eine ihm zumutbare Zeit zur Verfügung hält. Dies gilt nicht, wenn er durch sein Verhalten die Feststellungen absichtlich vereitelt.

(4) Das Gericht mildert in den Fällen der Absätze 1 und 2 die Strafe (§ 49 Abs. 1) oder kann von Strafe nach diesen Vorschriften absehen, wenn der Unfallbeteiligte innerhalb von vierundzwanzig Stunden nach einem Unfall außerhalb des fließenden Verkehrs, der ausschließlich nicht bedeutenden Sachschaden zur Folge hat, freiwillig die Feststellungen nachträglich ermöglicht (Absatz 3).

(5) Unfallbeteiligter ist jeder, dessen Verhalten nach den Umständen zur Verursachung des Unfalls beigetragen haben kann.

§ 145 Missbrauch von Notrufen und Beeinträchtigung von Unfallverhütungs- und Nothilfemitteln

(1) Wer absichtlich oder wissentlich

1. Notrufe oder Notzeichen missbraucht oder

2. vortäuscht, dass wegen eines Unglücksfalles oder wegen gemeiner Gefahr oder Not die Hilfe anderer erforderlich sei,

wird mit Freiheitsstrafe bis zu einem Jahr oder mit Geldstrafe bestraft.

(2) Wer absichtlich oder wissentlich

1. die zur Verhütung von Unglücksfällen oder gemeiner Gefahr dienenden Warn- oder Verbotszeichen beseitigt, unkenntlich macht oder in ihrem Sinn entstellt oder

2. die zur Verhütung von Unglücksfällen oder gemeiner Gefahr dienenden Schutzvorrichtungen oder die zur Hilfeleistung bei Unglücksfällen oder gemeiner Gefahr bestimmten Rettungsgeräte oder anderen Sachen beseitigt, verändert oder unbrauchbar macht,

wird mit Freiheitsstrafe bis zu zwei Jahren oder mit Geldstrafe bestraft, wenn die Tat nicht in § 303 oder § 304 mit Strafe bedroht ist.

§ 145 d   Vortäuschen einer Straftat

(1) Wer wider besseres Wissen einer Behörde oder einer zur Entgegennahme von Anzeigen zuständigen Stelle vortäuscht,

1. dass eine rechtswidrige Tat begangen worden sei oder

2. dass die Verwirklichung einer der in § 126 Abs. 1 genannten rechtswidrigen Taten bevorstehe,

wird mit Freiheitsstrafe bis zu drei Jahren oder mit Geldstrafe bestraft, wenn die Tat nicht in § 164, § 258 oder § 258 a mit Strafe bedroht ist.

(2) Ebenso wird bestraft, wer wider besseres Wissen eine der in Absatz 1 bezeichneten Stellen über den Beteiligten

1. an einer rechtswidrigen Tat oder

2. an einer bevorstehenden, in § 126 Abs. 1 genannten rechtswidrigen Tat

zu täuschen sucht.

(3) Mit Freiheitsstrafe von drei Monaten bis zu fünf Jahren wird bestraft, wer

1. eine Tat nach Absatz 1 Nr. 1 oder Absatz 2 Nr. 1 begeht oder

2. wider besseres Wissen einer der in Absatz 1 bezeichneten Stellen vortäuscht, dass die Verwirklichung einer der in § 46 b Abs. 1 Satz 1 Nr. 2 dieses Gesetzes oder in § 31 Satz 1 Nr. 2 des Betäubungsmittelgesetzes genannten rechtswidrigen Taten bevorstehe, oder

3. wider besseres Wissen eine dieser Stellen über den Beteiligten an einer bevorstehenden Tat nach Nummer 2 zu täuschen sucht, um eine Strafmilderung oder ein Absehen von Strafe nach § 46 b dieses Gesetzes oder § 31 des Betäubungsmittelgesetzes zu erlangen.

(4) In minder schweren Fällen des Absatzes 3 ist die Strafe Freiheitsstrafe bis zu drei Jahren oder Geldstrafe.

§ 153   Falsche uneidliche Aussage

Wer vor Gericht oder vor einer anderen zur eidlichen Vernehmung von Zeugen oder Sachverständigen zuständigen Stelle als Zeuge oder Sachverständiger uneidlich falsch aussagt, wird mit Freiheitsstrafe von drei Monaten bis zu fünf Jahren bestraft.

§ 154   Meineid

(1) Wer vor Gericht oder vor einer anderen zur Abnahme von Eiden zuständigen Stelle falsch schwört, wird mit Freiheitsstrafe nicht unter einem Jahr bestraft.

(2) In minder schweren Fällen ist die Strafe Freiheitsstrafe von sechs Monaten bis zu fünf Jahren.

§ 164   Falsche Verdächtigung

(1) Wer einen anderen bei einer Behörde oder einem zur Entgegennahme von Anzeigen zuständigen Amtsträger oder militärischen Vorgesetzten oder öffentlich wider besseres Wissen einer rechtswidrigen Tat oder der Verletzung einer Dienstpflicht in der Absicht verdächtigt, ein behördliches Verfahren oder andere behördliche Maßnahmen gegen ihn herbeizuführen oder fortdauern zu lassen, wird mit Freiheitsstrafe bis zu fünf Jahren oder mit Geldstrafe bestraft.

(2) Ebenso wird bestraft, wer in gleicher Absicht bei einer der in Absatz 1 bezeichneten Stellen oder öffentlich über einen anderen wider besseres Wissen eine sonstige Behauptung tatsächlicher Art aufstellt, die geeignet ist, ein behördliches Verfahren oder andere behördliche Maßnahmen gegen ihn herbeizuführen oder fortdauern zu lassen.

(3) Mit Freiheitsstrafe von sechs Monaten bis zu zehn Jahren wird bestraft, wer die falsche Verdächtigung begeht, um eine Strafmilderung oder ein Absehen von Strafe nach § 46 b dieses Gesetzes oder § 31 des Betäubungsmittelgesetzes zu erlangen. In minder schweren Fällen ist die Strafe Freiheitsstrafe von drei Monaten bis zu fünf Jahren.

§ 185   Beleidigung

Die Beleidigung wird mit Freiheitsstrafe bis zu einem Jahr oder mit Geldstrafe und, wenn die Beleidigung mittels einer Tätlichkeit begangen wird, mit Freiheitsstrafe bis zu zwei Jahren oder mit Geldstrafe bestraft.

§ 186   Üble Nachrede

Wer in Beziehung auf einen anderen eine Tatsache behauptet oder verbreitet, welche denselben verächtlich zu machen oder in der öffentlichen Meinung herabzuwürdigen geeignet ist, wird, wenn nicht diese Tatsache erweislich wahr ist, mit Freiheitsstrafe bis zu einem Jahr oder mit Geldstrafe und, wenn die Tat öffentlich oder durch Verbreiten von Schriften (§ 11 Abs. 3) begangen ist, mit Freiheitsstrafe bis zu zwei Jahren oder mit Geldstrafe bestraft.

§ 187 Verleumdung

Wer wider besseres Wissen in Beziehung auf einen anderen eine unwahre Tatsache behauptet oder verbreitet, welche denselben verächtlich zu machen oder in der öffentlichen Meinung herabzuwürdigen oder dessen Kredit zu gefährden geeignet ist, wird mit Freiheitsstrafe bis zu zwei Jahren oder mit Geldstrafe und, wenn die Tat öffentlich, in einer Versammlung oder durch Verbreiten von Schriften (§ 11 Abs. 3) begangen ist, mit Freiheitsstrafe bis zu fünf Jahren oder mit Geldstrafe bestraft.

§ 193 Wahrnehmung berechtigter Interessen

Tadelnde Urteile über wissenschaftliche, künstlerische oder gewerbliche Leistungen, desgleichen Äußerungen, welche zur Ausführung oder Verteidigung von Rechten oder zur Wahrnehmung berechtigter Interessen gemacht werden, sowie Vorhaltungen und Rügen der Vorgesetzten gegen ihre Untergebenen, dienstliche Anzeigen oder Urteile von seiten eines Beamten und ähnliche Fälle sind nur insofern strafbar, als das Vorhandensein einer Beleidigung aus der Form der Äußerung oder aus den Umständen, unter welchen sie geschah, hervorgeht.

§ 194 Strafantrag

(1) Die Beleidigung wird nur auf Antrag verfolgt. Ist die Tat durch Verbreiten oder öffentliches Zugänglichmachen einer Schrift (§ 11 Abs. 3), in einer Versammlung oder durch eine Darbietung im Rundfunk begangen, so ist ein Antrag nicht erforderlich, wenn der Verletzte als Angehöriger einer Gruppe unter der nationalsozialistischen oder einer anderen Gewalt- und Willkürherrschaft verfolgt wurde, diese Gruppe Teil der Bevölkerung ist und die Beleidigung mit dieser Verfolgung zusammenhängt. Die Tat kann jedoch nicht von Amts wegen verfolgt werden, wenn der Verletzte widerspricht. Der Widerspruch kann nicht zurückgenommen werden. Stirbt der Verletzte, so gehen das Antragsrecht und das Widerspruchsrecht auf die in § 77 Abs. 2 bezeichneten Angehörigen über.

...

§ 201 Verletzung der Vertraulichkeit des Wortes

(1) Mit Freiheitsstrafe bis zu drei Jahren oder mit Geldstrafe wird bestraft, wer unbefugt

1. das nichtöffentlich gesprochene Wort eines anderen auf einen Tonträger aufnimmt oder

2. eine so hergestellte Aufnahme gebraucht oder einem Dritten zugänglich macht.

(2) Ebenso wird bestraft, wer unbefugt

1. das nicht zu seiner Kenntnis bestimmte nichtöffentlich gesprochene Wort eines anderen mit einem Abhörgerät abhört oder

2. das nach Absatz 1 Nr. 1 aufgenommene oder nach Absatz 2 Nr. 1 abgehörte nichtöffentlich gesprochene Wort eines anderen im Wortlaut oder seinem wesentlichen Inhalt nach öffentlich mitteilt.

Die Tat nach Satz 1 Nr. 2 ist nur strafbar, wenn die öffentliche Mitteilung geeignet ist, berechtigte Interessen eines anderen zu beeinträchtigen. Sie ist nicht rechtswidrig, wenn die öffentliche Mitteilung zur Wahrnehmung überragender öffentlicher Interessen gemacht wird.

(3) Mit Freiheitsstrafe bis zu fünf Jahren oder mit Geldstrafe wird bestraft, wer als Amtsträger oder als für den öffentlichen Dienst besonders Verpflichteter die Vertraulichkeit des Wortes verletzt (Absätze 1 und 2).

(4) Der Versuch ist strafbar.

(5) Die Tonträger und Abhörgeräte, die der Täter oder Teilnehmer verwendet hat, können eingezogen werden. § 74 a ist anzuwenden.

§ 201 a   Verletzung des höchstpersönlichen Lebensbereichs durch Bildaufnahmen

(1) Wer von einer anderen Person, die sich in einer Wohnung oder einem gegen Einblick besonders geschützten Raum befindet, unbefugt Bildaufnahmen herstellt oder überträgt und dadurch deren höchstpersönlichen Lebensbereich verletzt, wird mit Freiheitsstrafe bis zu einem Jahr oder mit Geldstrafe bestraft.

(2) Ebenso wird bestraft, wer eine durch eine Tat nach Absatz 1 hergestellte Bildaufnahme gebraucht oder einem Dritten zugänglich macht.

(3) Wer eine befugt hergestellte Bildaufnahme von einer anderen Person, die sich in einer Wohnung oder einem gegen Einblick besonders geschützten Raum befindet, wissentlich unbefugt einem Dritten zugänglich macht und dadurch deren höchstpersönlichen Lebensbereich verletzt, wird mit Freiheitsstrafe bis zu einem Jahr oder mit Geldstrafe bestraft.

(4) Die Bildträger sowie Bildaufnahmegeräte oder andere technische Mittel, die der Täter oder Teilnehmer verwendet hat, können eingezogen werden. § 74 a ist anzuwenden.

...

§ 202   Verletzung des Briefgeheimnisses

(1) Wer unbefugt

1. einen verschlossenen Brief oder ein anderes verschlossenes Schriftstück, die nicht zu seiner Kenntnis bestimmt sind, öffnet oder

2. sich vom Inhalt eines solchen Schriftstücks ohne Öffnung des Verschlusses unter Anwendung technischer Mittel Kenntnis verschafft,

wird mit Freiheitsstrafe bis zu einem Jahr oder mit Geldstrafe bestraft, wenn die Tat nicht in § 206 mit Strafe bedroht ist.

(2) Ebenso wird bestraft, wer sich unbefugt vom Inhalt eines Schriftstücks, das nicht zu seiner Kenntnis bestimmt und durch ein verschlossenes Behältnis gegen Kenntnisnahme besonders gesichert ist, Kenntnis verschafft, nachdem er dazu das Behältnis geöffnet hat.

(3) Einem Schriftstück im Sinne der Absätze 1 und 2 steht eine Abbildung gleich.

§ 202 a Ausspähen von Daten

(1) Wer unbefugt sich oder einem anderen Zugang zu Daten, die nicht für ihn bestimmt und die gegen unberechtigten Zugang besonders gesichert sind, unter Überwindung der Zugangssicherung verschafft, wird mit Freiheitsstrafe bis zu drei Jahren oder mit Geldstrafe bestraft.

(2) Daten im Sinne des Absatzes 1 sind nur solche, die elektronisch, magnetisch oder sonst nicht unmittelbar wahrnehmbar gespeichert sind oder übermittelt werden.

§ 203 Verletzung von Privatgeheimnissen

(1) Wer unbefugt ein fremdes Geheimnis, namentlich ein zum persönlichen Lebensbereich gehörendes Geheimnis oder ein Betriebs- oder Geschäftsgeheimnis, offenbart, das ihm als

1. Arzt, Zahnarzt, Tierarzt, Apotheker oder Angehörigen eines anderen Heilberufs, der für die Berufsausübung oder die Führung der Berufsbezeichnung eine staatlich geregelte Ausbildung erfordert,

2. Berufspsychologen mit staatlich anerkannter wissenschaftlicher Abschlussprüfung,

3. Rechtsanwalt, Patentanwalt, Notar, Verteidiger in einem gesetzlich geordneten Verfahren, Wirtschaftsprüfer, vereidigtem Buchprüfer, Steuerberater, Steuerbevollmächtigten oder Organ oder Mitglied eines Organs einer Rechtsanwalts-, Patentanwalts-, Wirtschaftsprüfungs-, Buchprüfungs- oder Steuerberatungsgesellschaft,

4. Ehe-, Familien-, Erziehungs- oder Jugendberater sowie Berater für Suchtfragen in einer Beratungsstelle, die von einer Behörde oder Körperschaft, Anstalt oder Stiftung des öffentlichen Rechts anerkannt ist,

4 a. Mitglied oder Beauftragten einer anerkannten Beratungsstelle nach den §§ 3 und 8 des Schwangerschaftskonfliktgesetzes,

5. staatlich anerkanntem Sozialarbeiter oder staatlich anerkanntem Sozial-
pädagogen oder

6. Angehörigen eines Unternehmens der privaten Kranken-, Unfall- oder
Lebensversicherung oder einer privatärztlichen, steuerberaterlichen oder
anwaltlichen Verrechnungsstelle

anvertraut worden oder sonst bekannt geworden ist, wird mit Freiheitsstrafe
bis zu einem Jahr oder mit Geldstrafe bestraft.

(2) Ebenso wird bestraft, wer unbefugt ein fremdes Geheimnis, namentlich ein zum persönlichen Lebensbereich gehörendes Geheimnis oder ein
Betriebs- oder Geschäftsgeheimnis, offenbart, das ihm als

1. Amtsträger,

2. für den öffentlichen Dienst besonders Verpflichteten,

3. Person, die Aufgaben oder Befugnisse nach dem Personalvertretungsrecht
wahrnimmt,

4. Mitglied eines für ein Gesetzgebungsorgan des Bundes oder eines Landes
tätigen Untersuchungsausschusses, sonstigen Ausschusses oder Rates,
das nicht selbst Mitglied des Gesetzgebungsorgans ist, oder als Hilfskraft
eines solchen Ausschusses oder Rates

5. öffentlich bestelltem Sachverständigen, der auf die gewissenhafte Erfüllung seiner Obliegenheiten auf Grund eines Gesetzes förmlich verpflichtet worden ist, oder

6. Person, die auf die gewissenhafte Erfüllung ihrer Geheimhaltungspflicht
bei der Durchführung wissenschaftlicher Forschungsvorhaben auf Grund
eines Gesetzes förmlich verpflichtet worden ist,

anvertraut worden oder sonst bekannt geworden ist. Einem Geheimnis im Sinne des Satzes 1 stehen Einzelangaben über persönliche oder sachliche Verhältnisse eines anderen gleich, die für Aufgaben der öffentlichen Verwaltung erfasst
worden sind; Satz 1 ist jedoch nicht anzuwenden, soweit solche Einzelangaben anderen Behörden oder sonstigen Stellen für Aufgaben der öffentlichen
Verwaltung bekannt gegeben werden und das Gesetz dies nicht untersagt.

(2 a) Die Absätze 1 und 2 gelten entsprechend, wenn ein Beauftragter für
den Datenschutz unbefugt ein fremdes Geheimnis im Sinne dieser Vorschriften offenbart, das einem in den Absätzen 1 und 2 Genannten in dessen
beruflicher Eigenschaft anvertraut worden oder sonst bekannt geworden ist
und von dem er bei der Erfüllung seiner Aufgaben als Beauftragter für den
Datenschutz Kenntnis erlangt hat.

(3) Einem in Absatz 1 Nr. 3 genannten Rechtsanwalt stehen andere Mitglieder einer Rechtsanwaltskammer gleich. Den in Absatz 1 und Satz 1 Genannten stehen ihre berufsmäßig tätigen Gehilfen und die Personen gleich,
die bei ihnen zur Vorbereitung auf den Beruf tätig sind. Den in Absatz 1 und

den in Satz 1 und 2 Genannten steht nach dem Tod des zur Wahrung des Geheimnisses Verpflichteten ferner gleich, wer das Geheimnis von dem Verstorbenen oder aus dessen Nachlass erlangt hat.

(4) Die Absätze 1 bis 3 sind auch anzuwenden, wenn der Täter das fremde Geheimnis nach dem Tod des Betroffenen unbefugt offenbart.

(5) Handelt der Täter gegen Entgelt oder in der Absicht, sich oder einen anderen zu bereichern oder einen anderen zu schädigen, so ist die Strafe Freiheitsstrafe bis zu zwei Jahren oder Geldstrafe.

§ 205   Strafantrag

(1) In den Fällen des § 201 Abs. 1 und 2 und der §§ 201 a, 202, 203 und 204 wird die Tat nur auf Antrag verfolgt. Dies gilt auch in den Fällen der §§ 202 a und 202 b, es sei denn, dass die Strafverfolgungsbehörde wegen des besonderen öffentlichen Interesses an der Strafverfolgung ein Einschreiten von Amts wegen für geboten hält.

(2) Stirbt der Verletzte, so geht das Antragsrecht nach § 77 Abs. 2 auf die Angehörigen über; dies gilt nicht in den Fällen des § 202 a. Gehört das Geheimnis nicht zum persönlichen Lebensbereich des Verletzten, so geht das Antragsrecht bei Straftaten nach den §§ 203 und 204 auf die Erben über. Offenbart oder verwertet der Täter in den Fällen der §§ 203 und 204 das Geheimnis nach dem Tod des Betroffenen, so gelten die Sätze 1 und 2 sinngemäß.

§ 211   Mord

(1) Der Mörder wird mit lebenslanger Freiheitsstrafe bestraft.

(2) Mörder ist,

wer aus Mordlust, zur Befriedigung des Geschlechtstriebs, aus Habgier oder sonst aus niedrigen Beweggründen, heimtückisch oder grausam oder mit gemeingefährlichen Mitteln oder um eine andere Straftat zu ermöglichen oder zu verdecken, einen Menschen tötet.

§ 212   Totschlag

(1) Wer einen Menschen tötet, ohne Mörder zu sein, wird als Totschläger mit Freiheitsstrafe nicht unter fünf Jahren bestraft.

(2) In besonders schweren Fällen ist auf lebenslange Freiheitsstrafe zu erkennen.

§ 222   Fahrlässige Tötung

Wer durch Fahrlässigkeit den Tod eines Menschen verursacht, wird mit Freiheitsstrafe bis zu fünf Jahren oder mit Geldstrafe bestraft.

§ 223   Körperverletzung

(1) Wer eine andere Person körperlich misshandelt oder an der Gesundheit schädigt, wird mit Freiheitsstrafe bis zu fünf Jahren oder mit Geldstrafe bestraft.

(2) Der Versuch ist strafbar.

§ 224   Gefährliche Körperverletzung

(1) Wer die Körperverletzung

1. durch Beibringung von Gift oder anderen gesundheitsschädlichen Stoffen,

2. mittels einer Waffe oder eines anderen gefährlichen Werkzeugs,

3. mittels eines hinterlistigen Überfalls,

4. mit einem anderen Beteiligten gemeinschaftlich oder

5. mittels einer das Leben gefährdenden Behandlung

begeht, wird mit Freiheitsstrafe von sechs Monaten bis zu zehn Jahren, in minder schweren Fällen mit Freiheitsstrafe von drei Monaten bis zu fünf Jahren bestraft.

(2) Der Versuch ist strafbar.

§ 225   Misshandlung von Schutzbefohlenen

(1) Wer eine Person unter achtzehn Jahren oder eine wegen Gebrechlichkeit oder Krankheit wehrlose Person, die

1. seiner Fürsorge oder Obhut untersteht,

2. seinem Hausstand angehört,

3. von dem Fürsorgepflichtigen seiner Gewalt überlassen worden oder

4. ihm im Rahmen eines Dienst- oder Arbeitsverhältnisses untergeordnet ist,

quält oder roh misshandelt, oder wer durch böswillige Vernachlässigungen seiner Pflicht, für sie zu sorgen, sie an der Gesundheit schädigt, wird mit Freiheitsstrafe von sechs Monaten bis zu zehn Jahren bestraft.

(2) Der Versuch ist strafbar.

(3) Auf Freiheitsstrafe nicht unter einem Jahr ist zu erkennen, wenn der Täter die schutzbefohlene Person durch die Tat in die Gefahr

1. des Todes oder einer schweren Gesundheitsschädigung oder

2. einer erheblichen Schädigung der körperlichen oder seelischen Entwicklung

bringt.

(4) In minder schweren Fällen des Absatzes 1 ist auf Freiheitsstrafe von drei Monaten bis zu fünf Jahren, in minder schweren Fällen des Absatzes 3 auf Freiheitsstrafe von sechs Monaten bis zu fünf Jahren zu erkennen.

§ 226 Schwere Körperverletzung

(1) Hat die Körperverletzung zur Folge, dass die verletzte Person

1. das Sehvermögen auf einem Auge oder beiden Augen, das Gehör, das Sprechvermögen oder die Fortpflanzungsfähigkeit verliert,

2. ein wichtiges Glied des Körpers verliert oder dauernd nicht mehr gebrauchen kann oder

3. in erheblicher Weise dauernd entstellt wird oder in Siechtum, Lähmung oder geistige Krankheit oder Behinderung verfällt,

so ist die Strafe Freiheitsstrafe von einem Jahr bis zu zehn Jahren.

(2) Verursacht der Täter eine der in Absatz 1 bezeichneten Folgen absichtlich oder wissentlich, so ist die Strafe Freiheitsstrafe nicht unter drei Jahren.

(3) In minder schweren Fällen des Absatzes 1 ist auf Freiheitsstrafe von sechs Monaten bis zu fünf Jahren, in minder schweren Fällen des Absatzes 2 auf Freiheitsstrafe von einem Jahr bis zu zehn Jahren zu erkennen.

§ 227 Körperverletzung mit Todesfolge

(1) Verursacht der Täter durch die Körperverletzung (§§ 223 bis 226) den Tod der verletzten Person, so ist die Strafe Freiheitsstrafe nicht unter drei Jahren.

(2) In minder schweren Fällen ist auf Freiheitsstrafe von einem Jahr bis zu zehn Jahren zu erkennen.

§ 228 Einwilligung

Wer eine Körperverletzung mit Einwilligung der verletzten Person vornimmt, handelt nur dann rechtswidrig, wenn die Tat trotz der Einwilligung gegen die guten Sitten verstößt.

§ 229 Fahrlässige Körperverletzung

Wer durch Fahrlässigkeit die Körperverletzung einer anderen Person verursacht, wird mit Freiheitsstrafe bis zu drei Jahren oder mit Geldstrafe bestraft.

§ 230 Strafantrag

(1) Die vorsätzliche Körperverletzung nach § 223 und die fahrlässige Körperverletzung nach § 229 werden nur auf Antrag verfolgt, es sei denn, dass die Strafverfolgungsbehörde wegen des besonderen öffentlichen Interesses an der Strafverfolgung ein Einschreiten von Amts wegen für geboten hält. Stirbt die verletzte Person, so geht bei vorsätzlicher Körperverletzung das Antragsrecht nach § 77 Abs. 2 auf die Angehörigen über.

(2) Ist die Tat gegen einen Amtsträger, einen für den öffentlichen Dienst besonders Verpflichteten oder einen Soldaten der Bundeswehr während der Ausübung seines Dienstes oder in Beziehung auf seinen Dienst begangen, so wird sie auch auf Antrag des Dienstvorgesetzten verfolgt. Dasselbe gilt für Träger von Ämtern der Kirchen und anderen Religionsgesellschaften des öffentlichen Rechts.

§ 231 Beteiligung an einer Schlägerei

(1) Wer sich an einer Schlägerei oder an einem von mehreren verübten Angriff beteiligt, wird schon wegen dieser Beteiligung mit Freiheitsstrafe bis zu drei Jahren oder mit Geldstrafe bestraft, wenn durch die Schlägerei oder den Angriff der Tod eines Menschen oder eine schwere Körperverletzung (§ 226) verursacht worden ist.

(2) Nach Absatz 1 ist nicht strafbar, wer an der Schlägerei oder dem Angriff beteiligt war, ohne dass ihm dies vorzuwerfen ist.

§ 239 Freiheitsberaubung

(1) Wer einen Menschen einsperrt oder auf andere Weise der Freiheit beraubt, wird mit Freiheitsstrafe bis zu fünf Jahren oder mit Geldstrafe bestraft.

(2) Der Versuch ist strafbar.

(3) Auf Freiheitsstrafe von einem Jahr bis zu zehn Jahren ist zu erkennen, wenn der Täter

1. das Opfer länger als eine Woche der Freiheit beraubt oder

2. durch die Tat oder eine während der Tat begangene Handlung eine schwere Gesundheitsschädigung des Opfers verursacht.

(4) Verursacht der Täter durch die Tat oder eine während der Tat begangene Handlung den Tod des Opfers, so ist die Strafe Freiheitsstrafe nicht unter drei Jahren.

(5) In minder schweren Fällen des Absatzes 3 ist auf Freiheitsstrafe von sechs Monaten bis zu fünf Jahren, in minder schweren Fällen des Absatzes 4 auf Freiheitsstrafe von einem Jahr bis zu zehn Jahren zu erkennen.

§ 240 Nötigung

(1) Wer einen Menschen rechtswidrig mit Gewalt oder durch Drohung mit einem empfindlichen Übel zu einer Handlung, Duldung oder Unterlassung nötigt, wird mit Freiheitsstrafe bis zu drei Jahren oder mit Geldstrafe bestraft.

(2) Rechtswidrig ist die Tat, wenn die Anwendung der Gewalt oder die Androhung des Übels zu dem angestrebten Zweck als verwerflich anzusehen ist.

(3) Der Versuch ist strafbar.

(4) In besonders schweren Fällen ist die Strafe Freiheitsstrafe von sechs Monaten bis zu fünf Jahren. Ein besonders schwerer Fall liegt in der Regel vor, wenn der Täter

1. eine andere Person zu einer sexuellen Handlung oder zur Eingehung der Ehe nötigt,

2. eine Schwangere zum Schwangerschaftsabbruch nötigt oder

3. seine Befugnisse oder seine Stellung als Amtsträger missbraucht.

§ 241   Bedrohung

(1) Wer einen Menschen mit der Begehung eines gegen ihn oder eine ihm nahe stehende Person gerichteten Verbrechens bedroht, wird mit Freiheitsstrafe bis zu einem Jahr oder mit Geldstrafe bestraft.

(2) Ebenso wird bestraft, wer wider besseres Wissen einem Menschen vortäuscht, dass die Verwirklichung eines gegen ihn oder eine ihm nahe stehende Person gerichteten Verbrechens bevorstehe.

§ 242   Diebstahl

(1) Wer eine fremde bewegliche Sache einem anderen in der Absicht wegnimmt, die Sache sich oder einem Dritten rechtswidrig zuzueignen, wird mit Freiheitsstrafe bis zu fünf Jahren oder mit Geldstrafe bestraft.

(2) Der Versuch ist strafbar.

§ 243   Besonders schwerer Fall des Diebstahls

(1) In besonders schweren Fällen wird der Diebstahl mit Freiheitsstrafe von drei Monaten bis zu zehn Jahren bestraft. Ein besonders schwerer Fall liegt in der Regel vor, wenn der Täter

1. zur Ausführung der Tat in ein Gebäude, einen Dienst- oder Geschäftsraum oder in einen anderen umschlossenen Raum einbricht, einsteigt, mit einem falschen Schlüssel oder einem anderen nicht zur ordnungsmäßigen Öffnung bestimmten Werkzeug eindringt oder sich in dem Raum verborgen hält,

2. eine Sache stiehlt, die durch ein verschlossenes Behältnis oder eine andere Schutzvorrichtung gegen Wegnahme besonders gesichert ist,

3. gewerbsmäßig stiehlt,

4. aus einer Kirche oder einem anderen der Religionsausübung dienenden Gebäude oder Raum eine Sache stiehlt, die dem Gottesdienst gewidmet ist oder der religiösen Verehrung dient,

5. eine Sache von Bedeutung für Wissenschaft, Kunst oder Geschichte oder für die technische Entwicklung stiehlt, die sich in einer allgemein zugänglichen Sammlung befindet oder öffentlich ausgestellt ist,

6. stiehlt, indem er die Hilflosigkeit einer anderen Person, einen Unglücksfall oder eine gemeine Gefahr ausnutzt oder

7. eine Handfeuerwaffe, zu deren Erwerb es nach dem Waffengesetz der Erlaubnis bedarf, ein Maschinengewehr; eine Maschinenpistole, ein voll- oder halbautomatisches Gewehr oder eine Sprengstoff enthaltende Kriegswaffe im Sinne des Kriegswaffenkontrollgesetzes oder Sprengstoff stiehlt.

(2) In den Fällen des Absatzes 1 Satz 2 Nr. 1 bis 6 ist ein besonders schwerer Fall ausgeschlossen, wenn sich die Tat auf eine geringwertige Sache bezieht.

§ 244   Diebstahl mit Waffen; Bandendiebstahl; Wohnungseinbruchdiebstahl

(1) Mit Freiheitsstrafe von sechs Monaten bis zu zehn Jahren wird bestraft, wer

1. einen Diebstahl begeht, bei dem er oder ein anderer Beteiligter
   a) eine Waffe oder ein anderes gefährliches Werkzeug bei sich führt,
   b) sonst ein Werkzeug oder Mittel bei sich führt, um den Widerstand einer anderen Person durch Gewalt oder Drohung mit Gewalt zu verhindern oder zu überwinden,

2. als Mitglied einer Bande, die sich zur fortgesetzten Begehung von Raub oder Diebstahl verbunden hat, unter Mitwirkung eines anderen Bandenmitglieds stiehlt oder

3. einen Diebstahl begeht, bei dem er zur Ausführung der Tat in eine Wohnung einbricht, einsteigt, mit einem falschen Schlüssel oder einem anderen nicht zur ordnungsmäßigen Öffnung bestimmten Werkzeug eindringt oder sich in der Wohnung verborgen hält.

(2) Der Versuch ist strafbar.

(3) In den Fällen des Absatzes 1 Nr. 2 sind die §§ 43 a, 73 d anzuwenden.

§ 244 a   Schwerer Bandendiebstahl

(1) Mit Freiheitsstrafe von einem Jahr bis zu zehn Jahren wird bestraft, wer den Diebstahl unter den in § 243 Abs. 1 Satz 2 genannten Voraussetzungen oder in den Fällen des § 244 Abs. 1 Nr. 1 oder 3 als Mitglied einer Bande,

die sich zur fortgesetzten Begehung von Raub oder Diebstahl verbunden hat, unter Mitwirkung eines anderen Bandenmitglieds begeht.

(2) In minder schweren Fällen ist die Strafe Freiheitsstrafe von sechs Monaten bis zu fünf Jahren.

(3) Die §§ 43 a, 73 d sind anzuwenden.

§ 246   Unterschlagung

(1) Wer eine fremde bewegliche Sache sich oder einem Dritten rechtswidrig zueignet, wird mit Freiheitsstrafe bis zu drei Jahren oder mit Geldstrafe bestraft, wenn die Tat nicht in anderen Vorschriften mit schwererer Strafe bedroht ist.

(2) Ist in den Fällen des Absatzes 1 die Sache dem Täter anvertraut, so ist die Strafe Freiheitsstrafe bis zu fünf Jahren oder Geldstrafe.

(3) Der Versuch ist strafbar.

§ 247   Haus- und Familiendiebstahl

Ist durch einen Diebstahl oder eine Unterschlagung ein Angehöriger, der Vormund oder der Betreuer verletzt oder lebt der Verletzte mit dem Täter in häuslicher Gemeinschaft, so wird die Tat nur auf Antrag verfolgt.

§ 248 a   Diebstahl und Unterschlagung geringwertiger Sachen

Der Diebstahl und die Unterschlagung geringwertiger Sachen werden in den Fällen der §§ 242 und 246 nur auf Antrag verfolgt, es sei denn, dass die Strafverfolgungsbehörde wegen des besonderen öffentlichen Interesses an der Strafverfolgung ein Einschreiten von Amts wegen für geboten hält.

§ 248 b   Unbefugter Gebrauch eines Fahrzeugs

(1) Wer ein Kraftfahrzeug oder ein Fahrrad gegen den Willen des Berechtigten in Gebrauch nimmt, wird mit Freiheitsstrafe bis zu drei Jahren oder mit Geldstrafe bestraft, wenn die Tat nicht in anderen Vorschriften mit schwererer Strafe bedroht ist.

(2) Der Versuch ist strafbar.

(3) Die Tat wird nur auf Antrag verfolgt.

(4) Kraftfahrzeuge im Sinne dieser Vorschrift sind die Fahrzeuge, die durch Maschinenkraft bewegt werden, Landkraftfahrzeuge nur insoweit, als sie nicht an Bahngleise gebunden sind.

§ 248 c Entziehung elektrischer Energie

(1) Wer einer elektrischen Anlage oder Einrichtung fremde elektrische Energie mittels eines Leiters entzieht, der zur ordnungsmäßigen Entnahme von Energie aus der Anlage oder Einrichtung nicht bestimmt ist, wird, wenn er die Handlung in der Absicht begeht, die elektrische Energie sich oder einem Dritten rechtswidrig zuzueignen, mit Freiheitsstrafe bis zu fünf Jahren oder mit Geldstrafe bestraft.

(2) Der Versuch ist strafbar.

(3) Die §§ 247 und 248 a gelten entsprechend.

(4) Wird die in Absatz 1 bezeichnete Handlung in der Absicht begangen, einem anderen rechtswidrig Schaden zuzufügen, so ist die Strafe Freiheitsstrafe bis zu zwei Jahren oder Geldstrafe. Die Tat wird nur auf Antrag verfolgt.

§ 249 Raub

(1) Wer mit Gewalt gegen eine Person oder unter Anwendung von Drohungen mit gegenwärtiger Gefahr für Leib oder Leben eine fremde bewegliche Sache einem anderen in der Absicht wegnimmt, die Sache sich oder einem Dritten rechtswidrig zuzueignen, wird mit Freiheitsstrafe nicht unter einem Jahr bestraft.

(2) In minder schweren Fällen ist die Strafe Freiheitsstrafe von sechs Monaten bis zu fünf Jahren.

§ 250 Schwerer Raub

(1) Auf Freiheitsstrafe nicht unter drei Jahren ist zu erkennen, wenn
1. der Täter oder ein anderer Beteiligter am Raub
   a) eine Waffe oder ein anderes gefährliches Werkzeug bei sich führt,
   b) sonst ein Werkzeug oder Mittel bei sich führt, um den Widerstand einer anderen Person durch Gewalt oder Drohung mit Gewalt zu verhindern oder zu überwinden,
   c) eine andere Person durch die Tat in die Gefahr einer schweren Gesundheitsschädigung bringt oder
2. der Täter den Raub als Mitglied einer Bande, die sich zur fortgesetzten Begehung von Raub oder Diebstahl verbunden hat, unter Mitwirkung eines anderen Bandenmitglieds begeht.

(2) Auf Freiheitsstrafe nicht unter fünf Jahren ist zu erkennen, wenn der Täter oder ein anderer Beteiligter am Raub
1. bei der Tat eine Waffe oder ein anderes gefährliches Werkzeug verwendet,
2. in den Fällen des Absatzes 1 Nr. 2 eine Waffe bei sich führt oder

3. eine andere Person

   a) bei der Tat körperlich schwer misshandelt oder

   b) durch die Tat in die Gefahr des Todes bringt.

(3) In minder schweren Fällen der Absätze 1 und 2 ist die Strafe Freiheitsstrafe von einem Jahr bis zu zehn Jahren.

§ 251 Raub mit Todesfolge

Verursacht der Täter durch den Raub (§§ 249 und 250) wenigstens leichtfertig den Tod eines anderen Menschen, so ist die Strafe lebenslange Freiheitsstrafe oder Freiheitsstrafe nicht unter zehn Jahren.

§ 252 Räuberischer Diebstahl

Wer, bei einem Diebstahl auf frischer Tat betroffen, gegen eine Person Gewalt verübt oder Drohungen mit gegenwärtiger Gefahr für Leib oder Leben anwendet, um sich im Besitz des gestohlenen Gutes zu erhalten, ist gleich einem Räuber zu bestrafen.

§ 253 Erpressung

(1) Wer einen Menschen rechtswidrig mit Gewalt oder durch Drohung mit einem empfindlichen Übel zu einer Handlung, Duldung oder Unterlassung nötigt und dadurch dem Vermögen des Genötigten oder eines anderen Nachteil zufügt, um sich oder einen Dritten zu Unrecht zu bereichern, wird mit Freiheitsstrafe bis zu fünf Jahren oder mit Geldstrafe bestraft.

(2) Rechtswidrig ist die Tat, wenn die Anwendung der Gewalt oder die Androhung des Übels zu dem angestrebten Zweck als verwerflich anzusehen ist.

(3) Der Versuch ist strafbar.

(4) In besonders schweren Fällen ist die Strafe Freiheitsstrafe nicht unter einem Jahr. Ein besonders schwerer Fall liegt in der Regel vor, wenn der Täter gewerbsmäßig oder als Mitglied einer Bande handelt, die sich zur fortgesetzten Begehung einer Erpressung verbunden hat.

§ 255 Räuberische Erpressung

Wird die Erpressung durch Gewalt gegen eine Person oder unter Anwendung von Drohungen mit gegenwärtiger Gefahr für Leib oder Leben begangen, so ist der Täter gleich einem Räuber zu bestrafen.

§ 257   Begünstigung

(1) Wer einem anderen, der eine rechtswidrige Tat begangen hat, in der Absicht Hilfe leistet, ihm die Vorteile der Tat zu sichern, wird mit Freiheitsstrafe bis zu fünf Jahren oder mit Geldstrafe bestraft.

(2) Die Strafe darf nicht schwerer sein als die für die Vortat angedrohte Strafe.

(3) Wegen Begünstigung wird nicht bestraft, wer wegen Beteiligung an der Vortat strafbar ist. Dies gilt nicht für denjenigen, der einen an der Vortat Unbeteiligten zur Begünstigung anstiftet.

(4) Die Begünstigung wird nur auf Antrag, mit Ermächtigung oder auf Strafverlangen verfolgt, wenn der Begünstiger als Täter oder Teilnehmer der Vortat nur auf Antrag, mit Ermächtigung oder auf Strafverlangen verfolgt werden könnte. § 248 a gilt sinngemäß.

§ 258   Strafvereitelung

(1) Wer absichtlich oder wissentlich ganz oder zum Teil vereitelt, dass ein anderer dem Strafgesetz gemäß wegen einer rechtswidrigen Tat bestraft oder einer Maßnahme (§ 11 Abs. 1 Nr. 8) unterworfen wird, wird mit Freiheitsstrafe bis zu fünf Jahren oder mit Geldstrafe bestraft.

(2) Ebenso wird bestraft, wer absichtlich oder wissentlich die Vollstreckung einer gegen einen anderen verhängten Strafe oder Maßnahme ganz oder zum Teil vereitelt.

(3) Die Strafe darf nicht schwerer sein als die für die Vortat angedrohte Strafe.

(4) Der Versuch ist strafbar.

(5) Wegen Strafvereitelung wird nicht bestraft, wer durch die Tat zugleich ganz oder zum Teil vereiteln will, dass er selbst bestraft oder einer Maßnahme unterworfen wird oder dass eine gegen ihn verhängte Strafe oder Maßnahme vollstreckt wird.

(6) Wer die Tat zugunsten eines Angehörigen begeht, ist straffrei.

§ 259   Hehlerei

(1) Wer eine Sache, die ein anderer gestohlen oder sonst durch eine gegen fremdes Vermögen gerichtete rechtswidrige Tat erlangt hat, ankauft oder sonst sich oder einem Dritten verschafft, sie absetzt oder absetzen hilft, um sich oder einen Dritten zu bereichern, wird mit Freiheitsstrafe bis zu fünf Jahren oder mit Geldstrafe bestraft

(2) Die §§ 247 und 248 a gelten sinngemäß.

(3) Der Versuch ist strafbar.

§ 260 Gewerbsmäßige Hehlerei; Bandenhehlerei

(1) Mit Freiheitsstrafe von sechs Monaten bis zu zehn Jahren wird bestraft, wer die Hehlerei

1. gewerbsmäßig oder

2. als Mitglied einer Bande, die sich zur fortgesetzten Begehung von Raub, Diebstahl oder Hehlerei verbunden hat, begeht.

(2) Der Versuch ist strafbar.

(3) In den Fällen des Absatzes 1 Nr. 2 sind die §§ 43 a, 73 d anzuwenden. § 73 d ist auch in den Fällen des Absatzes 1 Nr. 1 anzuwenden.

§ 260 a Gewerbsmäßige Bandenhehlerei

(1) Mit Freiheitsstrafe von einem Jahr bis zu zehn Jahren wird bestraft, wer die Hehlerei als Mitglied einer Bande, die sich zur fortgesetzten Begehung von Raub, Diebstahl oder Hehlerei verbunden hat, gewerbsmäßig begeht.

(2) In minder schweren Fällen ist die Strafe Freiheitsstrafe von sechs Monaten bis zu fünf Jahren.

(3) Die §§ 43 a, 73 d sind anzuwenden.

§ 263 Betrug

(1) Wer in der Absicht, sich oder einem Dritten einen rechtswidrigen Vermögensvorteil zu verschaffen, das Vermögen eines anderen dadurch beschädigt, dass er durch Vorspiegelung falscher oder durch Entstellung oder Unterdrückung wahrer Tatsachen einen Irrtum erregt oder unterhält, wird mit Freiheitsstrafe bis zu fünf Jahren oder mit Geldstrafe bestraft.

(2) Der Versuch ist strafbar.

(3) In besonders schweren Fällen ist die Strafe Freiheitsstrafe von sechs Monaten bis zu zehn Jahren. Ein besonders schwerer Fall liegt in der Regel vor, wenn der Täter

1. gewerbsmäßig oder als Mitglied einer Bande handelt, die sich zur fortgesetzten Begehung von Urkundenfälschung oder Betrug verbunden hat,

2. einen Vermögensverlust großen Ausmaßes herbeiführt oder in der Absicht handelt, durch die fortgesetzte Begehung von Betrug eine große Zahl von Menschen in die Gefahr des Verlustes von Vermögenswerten zu bringen,

3. eine andere Person in wirtschaftliche Not bringt,

4. seine Befugnisse oder seine Stellung als Amtsträger missbraucht oder

5. einen Versicherungsfall vortäuscht, nachdem er oder ein anderer zu diesem Zweck eine Sache von bedeutendem Wert in Brand gesetzt oder durch

eine Brandlegung ganz oder teilweise zerstört oder ein Schiff zum Sinken oder Stranden gebracht hat.

(4) § 243 Abs. 2 sowie die §§ 247 und 248 a gelten entsprechend.

(5) Mit Freiheitsstrafe von einem Jahr bis zu zehn Jahren, in minder schweren Fällen mit Freiheitsstrafe von sechs Monaten bis zu fünf Jahren wird bestraft, wer den Betrug als Mitglied einer Bande, die sich zur fortgesetzten Begehung von Straftaten nach den §§ 263 bis 264 oder 267 bis 269 verbunden hat, gewerbsmäßig begeht.

(6) Das Gericht kann Führungsaufsicht anordnen (§ 68 Abs. 1).

(7) Die §§ 43 a und 73 d sind anzuwenden, wenn der Täter als Mitglied einer Bande handelt, die sich zur fortgesetzten Begehung von Straftaten nach den §§ 263 bis 264 oder 267 bis 269 verbunden hat. § 73 d ist auch dann anzuwenden, wenn der Täter gewerbsmäßig handelt.

§ 263 a Computerbetrug

(1) Wer in der Absicht, sich oder einem Dritten einen rechtswidrigen Vermögensvorteil zu verschaffen, das Vermögen eines anderen dadurch beschädigt, dass er das Ergebnis eines Datenverarbeitungsvorgangs durch unrichtige Gestaltung des Programms, durch Verwendung unrichtiger oder unvollständiger Daten, durch unbefugte Verwendung von Daten oder sonst durch unbefugte Einwirkung auf den Ablauf beeinflusst, wird mit Freiheitsstrafe bis zu fünf Jahren oder mit Geldstrafe bestraft.

(2) § 263 Abs. 2 bis 7 gilt entsprechend.

(3) Wer eine Straftat nach Absatz 1 vorbereitet, indem er Computerprogramme, deren Zweck die Begehung einer solchen Tat ist, herstellt, sich oder einem anderen verschafft, feilhält, verwahrt oder einem anderen überlässt, wird mit Freiheitsstrafe bis zu drei Jahren oder mit Geldstrafe bestraft.

(4) In den Fällen des Absatzes 3 gilt § 149 Abs. 2 und 3 (Vorbereitung der Fälschung von Geld und Wertzeichen) entsprechend.

§ 265 a Erschleichen von Leistungen

(1) Wer die Leistung eines Automaten oder eines öffentlichen Zwecken dienenden Telekommunikationsnetzes, die Beförderung durch ein Verkehrsmittel oder den Zutritt zu einer Veranstaltung oder einer Einrichtung in der Absicht erschleicht, das Entgelt nicht zu entrichten, wird mit Freiheitsstrafe bis zu einem Jahr oder mit Geldstrafe bestraft, wenn die Tat nicht in anderen Vorschriften mit schwererer Strafe bedroht ist.

(2) Der Versuch ist strafbar.

(3) Die §§ 247 und 248 a gelten entsprechend.

§ 267   Urkundenfälschung

(1) Wer zur Täuschung im Rechtsverkehr eine unechte Urkunde herstellt, eine echte Urkunde verfälscht oder eine unechte oder verfälschte Urkunde gebraucht, wird mit Freiheitsstrafe bis zu fünf Jahren oder mit Geldstrafe bestraft.

(2) Der Versuch ist strafbar.

(3) In besonders schweren Fällen ist die Strafe Freiheitsstrafe von sechs Monaten bis zu zehn Jahren. Ein besonders schwerer Fall liegt in der Regel vor, wenn der Täter

1. gewerbsmäßig oder als Mitglied einer Bande handelt, die sich zur fortgesetzten Begehung von Betrug oder Urkundenfälschung verbunden hat,

2. einen Vermögensverlust großen Ausmaßes herbeiführt,

3. durch eine große Zahl von unechten oder verfälschten Urkunden die Sicherheit des Rechtsverkehrs erheblich gefährdet oder

4. seine Befugnisse oder seine Stellung als Amtsträger missbraucht.

(4) Mit Freiheitsstrafe von einem Jahr bis zu zehn Jahren, in minder schweren Fällen mit Freiheitsstrafe von sechs Monaten bis zu fünf Jahren wird bestraft, wer die Urkundenfälschung als Mitglied einer Bande, die sich zur fortgesetzten Begehung von Straftaten nach den §§ 263 bis 264 oder 267 bis 269 verbunden hat, gewerbsmäßig begeht.

§ 268   Fälschung technischer Aufzeichnungen

(1) Wer zur Täuschung im Rechtsverkehr

1. eine unechte technische Aufzeichnung herstellt oder eine technische Aufzeichnung verfälscht oder

2. eine unechte oder verfälschte technische Aufzeichnung gebraucht,

wird mit Freiheitsstrafe bis zu fünf Jahren oder mit Geldstrafe bestraft.

(2) Technische Aufzeichnung ist eine Darstellung von Daten, Mess- oder Rechenwerten, Zuständen oder Geschehensabläufen, die durch ein technisches Gerät ganz oder zum Teil selbsttätig bewirkt wird, den Gegenstand der Aufzeichnung allgemein oder für Eingeweihte erkennen lässt und zum Beweis einer rechtlich erheblichen Tatsache bestimmt ist, gleichviel ob ihr die Bestimmung schon bei der Herstellung oder erst später gegeben wird.

(3) Der Herstellung einer unechten technischen Aufzeichnung steht es gleich, wenn der Täter durch störende Einwirkung auf den Aufzeichnungsvorgang das Ergebnis der Aufzeichnung beeinflusst.

(4) Der Versuch ist strafbar.

(5) § 267 Abs. 3 und 4 gilt entsprechend.

§ 269   Fälschung beweiserheblicher Daten

(1) Wer zur Täuschung im Rechtsverkehr beweiserhebliche Daten so speichert oder verändert, dass bei ihrer Wahrnehmung eine unechte oder verfälschte Urkunde vorliegen würde, oder derart gespeicherte oder veränderte Daten gebraucht, wird mit Freiheitsstrafe bis zu fünf Jahren oder mit Geldstrafe bestraft.

(2) Der Versuch ist strafbar.

(3) § 267 Abs. 3 und 4 gilt entsprechend.

§ 281   Missbrauch von Ausweispapieren

(1) Wer ein Ausweispapier, das für einen anderen ausgestellt ist, zur Täuschung im Rechtsverkehr gebraucht, oder wer zur Täuschung im Rechtsverkehr einem anderen ein Ausweispapier überlässt, das nicht für diesen ausgestellt ist, wird mit Freiheitsstrafe bis zu einem Jahr oder mit Geldstrafe bestraft. Der Versuch ist strafbar.

(2) Einem Ausweispapier stehen Zeugnisse und andere Urkunden gleich, die im Verkehr als Ausweis verwendet werden.

§ 303   Sachbeschädigung

(1) Wer rechtswidrig eine fremde Sache beschädigt oder zerstört, wird mit Freiheitsstrafe bis zu zwei Jahren oder mit Geldstrafe bestraft.

(2) Ebenso wird bestraft, wer unbefugt das Erscheinungsbild einer fremden Sache nicht nur unerheblich und nicht nur vorübergehend verändert.

(3) Der Versuch ist strafbar.

§ 303 a   Datenveränderung

(1) Wer rechtswidrig Daten (§ 202 a Abs. 2) löscht, unterdrückt, unbrauchbar macht oder verändert, wird mit Freiheitsstrafe bis zu zwei Jahren oder mit Geldstrafe bestraft.

(2) Der Versuch ist strafbar.

(3) Für die Vorbereitung einer Straftat nach Absatz 1 gilt § 202 c entsprechend.

§ 303 b   Computersabotage

(1) Wer eine Datenverarbeitung, die für einen anderen von wesentlicher Bedeutung ist, dadurch stört, dass er

1. eine Tat nach § 303 a Abs. 1 begeht oder

2. Daten (§ 202 a Abs. 2) in der Absicht, einem anderen Nachteil zuzufügen, eingibt oder übermittelt oder

3. eine Datenverarbeitungsanlage oder einen Datenträger zerstört, beschädigt, unbrauchbar macht, beseitigt oder verändert, wird mit Freiheitsstrafe bis zu drei Jahren oder mit Geldstrafe bestraft.

(2) Handelt es sich um eine Datenverarbeitung, die für einen fremden Betrieb, ein fremdes Unternehmen oder eine Behörde von wesentlicher Bedeutung ist, ist die Strafe Freiheitsstrafe bis zu fünf Jahren oder Geldstrafe.

(3) Der Versuch ist strafbar.

(4) In besonders schweren Fällen des Absatzes 2 ist die Strafe Freiheitsstrafe von sechs Monaten bis zu zehn Jahren.

Ein besonders schwerer Fall liegt in der Regel vor, wenn der Täter

1. einen Vermögensverlust großen Ausmaßes herbeiführt,

2. gewerbsmäßig oder als Mitglied einer Bande handelt, die sich zur fortgesetzten Begehung von Computersabotage verbunden hat,

3. durch die Tat die Versorgung der Bevölkerung mit lebenswichtigen Gütern oder Dienstleistungen oder die Sicherheit der Bundesrepublik Deutschland beeinträchtigt.

(5) Für die Vorbereitung einer Straftat nach Absatz 1 gilt § 202 c entsprechend.

§ 303 c   Strafantrag

In den Fällen der §§ 303, 303 a Abs. 1 und 2 sowie § 303 b Abs. 1 bis 3 wird die Tat nur auf Antrag verfolgt, es sei denn, dass die Strafverfolgungsbehörde wegen des besonderen öffentlichen Interesses an der Strafverfolgung ein Einschreiten von Amts wegen für geboten hält.

§ 304   Gemeinschädliche Sachbeschädigung

(1) Wer rechtswidrig Gegenstände der Verehrung einer im Staat bestehenden Religionsgesellschaft oder Sachen, die dem Gottesdienst gewidmet sind, oder Grabmäler, öffentliche Denkmäler, Naturdenkmäler, Gegenstände der Kunst, der Wissenschaft oder des Gewerbes, welche in öffentlichen Sammlungen aufbewahrt werden oder öffentlich aufgestellt sind, oder Gegenstände, welche zum öffentlichen Nutzen oder zur Verschönerung öffentlicher Wege, Plätze oder Anlagen dienen, beschädigt oder zerstört, wird mit Freiheitsstrafe bis zu drei Jahren oder mit Geldstrafe bestraft.

(2) Ebenso wird bestraft, wer unbefugt das Erscheinungsbild einer in Absatz 1 bezeichneten Sache oder eines dort bezeichneten Gegenstandes nicht nur unerheblich und nicht nur vorübergehend verändert.

(3) Der Versuch ist strafbar.

§ 305 a   Zerstörung wichtiger Arbeitsmittel

(1) Wer rechtswidrig

1. ein fremdes technisches Arbeitsmittel von bedeutendem Wert, das für die Errichtung einer Anlage oder eines Unternehmens im Sinne des § 316 b Abs. 1 Nr. 1 oder 2 oder einer Anlage, die dem Betrieb oder der Entsorgung einer solchen Anlage oder eines solchen Unternehmens dient, von wesentlicher Bedeutung ist, oder

2. ein Kraftfahrzeug der Polizei oder der Bundeswehr

ganz oder teilweise zerstört, wird mit Freiheitsstrafe bis zu fünf Jahren oder mit Geldstrafe bestraft.

(2) Der Versuch ist strafbar.

§ 306   Brandstiftung

(1) Wer fremde

1. Gebäude oder Hütten,

2. Betriebsstätten oder technische Einrichtungen, namentlich Maschinen,

3. Warenlager oder -vorräte,

4. Kraftfahrzeuge, Schienen-, Luft- oder Wasserfahrzeuge,

5. Wälder, Heiden oder Moore oder

6. land-, ernährungs- oder forstwirtschaftliche Anlagen oder Erzeugnisse

in Brand setzt oder durch eine Brandlegung ganz oder teilweise zerstört, wird mit Freiheitsstrafe von einem Jahr bis zu zehn Jahren bestraft.

(2) In minder schweren Fällen ist die Strafe Freiheitsstrafe von sechs Monaten bis zu fünf Jahren.

§ 306 a   Schwere Brandstiftung

(1) Mit Freiheitsstrafe nicht unter einem Jahr wird bestraft, wer

1. ein Gebäude, ein Schiff, eine Hütte oder eine andere Räumlichkeit, die der Wohnung von Menschen dient,

2. eine Kirche oder ein anderes der Religionsausübung dienendes Gebäude oder

3. eine Räumlichkeit, die zeitweise dem Aufenthalt von Menschen dient, zu einer Zeit, in der Menschen sich dort aufzuhalten pflegen,

in Brand setzt oder durch eine Brandlegung ganz oder teilweise zerstört.

(2) Ebenso wird bestraft, wer eine in § 306 Abs. 1 Nr. 1 bis 6 bezeichnete Sache in Brand setzt oder durch eine Brandlegung ganz oder teilweise zerstört und dadurch einen anderen Menschen in die Gefahr einer Gesundheitsschädigung bringt.

(3) In minder schweren Fällen der Absätze 1 und 2 ist die Strafe Freiheitsstrafe von sechs Monaten bis zu fünf Jahren.

§ 306 b   Besonders schwere Brandstiftung

(1) Wer durch eine Brandstiftung nach § 306 oder § 306 a eine schwere Gesundheitsschädigung eines anderen Menschen oder eine Gesundheitsschädigung einer großen Zahl von Menschen verursacht, wird mit Freiheitsstrafe nicht unter zwei Jahren bestraft.

(2) Auf Freiheitsstrafe nicht unter fünf Jahren ist zu erkennen, wenn der Täter in den Fällen des § 306 a

1. einen anderen Menschen durch die Tat in die Gefahr des Todes bringt,

2. in der Absicht handelt, eine andere Straftat zu ermöglichen oder zu verdecken oder

3. das Löschen des Brandes verhindert oder erschwert.

§ 306 c   Brandstiftung mit Todesfolge

Verursacht der Täter durch eine Brandstiftung nach den §§ 306 bis 306 b wenigstens leichtfertig den Tod eines anderen Menschen, so ist die Strafe lebenslange Freiheitsstrafe oder Freiheitsstrafe nicht unter zehn Jahren.

§ 306 d   Fahrlässige Brandstiftung

(1) Wer in den Fällen des § 306 Abs. 1 oder des § 306 a Abs. 1 fahrlässig handelt oder in den Fällen des § 306 a Abs. 2 die Gefahr fahrlässig verursacht, wird mit Freiheitsstrafe bis zu fünf Jahren oder mit Geldstrafe bestraft.

(2) Wer in den Fällen des § 306 a Abs. 2 fahrlässig handelt und die Gefahr fahrlässig verursacht, wird mit Freiheitsstrafe bis zu drei Jahren oder mit Geldstrafe bestraft.

§ 306 f   Herbeiführen einer Brandgefahr

(1) Wer fremde

1. feuergefährdete Betriebe oder Anlagen,

2. Anlagen oder Betriebe der Land- oder Ernährungswirtschaft, in denen sich deren Erzeugnisse befinden,

3. Wälder, Heiden oder Moore oder

4. bestellte Felder oder leicht entzündliche Erzeugnisse der Landwirtschaft, die auf Feldern lagern,

durch Rauchen, durch offenes Feuer oder Licht, durch Wegwerfen brennender oder glimmender Gegenstände oder in sonstiger Weise in Brandgefahr bringt, wird mit Freiheitsstrafe bis zu drei Jahren oder mit Geldstrafe bestraft.

(2) Ebenso wird bestraft, wer eine in Absatz 1 Nr. 1 bis 4 bezeichnete Sache in Brandgefahr bringt und dadurch Leib oder Leben eines anderen Menschen oder fremde Sachen von bedeutendem Wert gefährdet.

(3) Wer in den Fällen des Absatzes 1 fahrlässig handelt oder in den Fällen des Absatzes 2 die Gefahr fahrlässig verursacht, wird mit Freiheitsstrafe bis zu einem Jahr oder mit Geldstrafe bestraft.

§ 308   Herbeiführen einer Sprengstoffexplosion

(1) Wer anders als durch Freisetzen von Kernenergie, namentlich durch Sprengstoff, eine Explosion herbeiführt und dadurch Leib oder Leben eines anderen Menschen oder fremde Sachen von bedeutendem Wert gefährdet, wird mit Freiheitsstrafe nicht unter einem Jahr bestraft.

(2) Verursacht der Täter durch die Tat eine schwere Gesundheitsschädigung eines anderen Menschen oder eine Gesundheitsschädigung einer großen Zahl von Menschen, so ist auf Freiheitsstrafe nicht unter zwei Jahren zu erkennen.

(3) Verursacht der Täter durch die Tat wenigstens leichtfertig den Tod eines anderen Menschen, so ist die Strafe lebenslange Freiheitsstrafe oder Freiheitsstrafe nicht unter zehn Jahren.

(4) In minder schweren Fällen des Absatzes 1 ist auf Freiheitsstrafe von sechs Monaten bis zu fünf Jahren, in minder schweren Fällen des Absatzes 2 auf Freiheitsstrafe von einem Jahr bis zu zehn Jahren zu erkennen.

(5) Wer in den Fällen des Absatzes 1 die Gefahr fahrlässig verursacht, wird mit Freiheitsstrafe bis zu fünf Jahren oder mit Geldstrafe bestraft.

(6) Wer in den Fällen des Absatzes 1 fahrlässig handelt und die Gefahr fahrlässig verursacht, wird mit Freiheitsstrafe bis zu drei Jahren oder mit Geldstrafe bestraft.

§ 323 c   Unterlassene Hilfeleistung

Wer bei Unglücksfällen oder gemeiner Gefahr oder Not nicht Hilfe leistet, obwohl dies erforderlich und ihm den Umständen nach zuzumuten, insbesondere ohne erhebliche eigene Gefahr und ohne Verletzung anderer wichtiger Pflichten möglich ist, wird mit Freiheitsstrafe bis zu einem Jahr oder mit Geldstrafe bestraft.

§ 324   Gewässerverunreinigung

(1) Wer unbefugt ein Gewässer verunreinigt oder sonst dessen Eigenschaften nachteilig verändert, wird mit Freiheitsstrafe bis zu fünf Jahren oder mit Geldstrafe bestraft.

(2) Der Versuch ist strafbar.

(3) Handelt der Täter fahrlässig, so ist die Strafe Freiheitsstrafe bis zu drei Jahren oder Geldstrafe.

§ 324 a   Bodenverunreinigung

(1) Wer unter Verletzung verwaltungsrechtlicher Pflichten Stoffe in den Boden einbringt, eindringen lässt oder freisetzt und diesen dadurch

1. in einer Weise, die geeignet ist, die Gesundheit eines anderen, Tiere, Pflanzen oder andere Sachen von bedeutendem Wert oder ein Gewässer zu schädigen, oder

2. in bedeutendem Umfang

verunreinigt oder sonst nachteilig verändert, wird mit Freiheitsstrafe bis zu fünf Jahren oder mit Geldstrafe bestraft.

(2) Der Versuch ist strafbar.

(3) Handelt der Täter fahrlässig, so ist die Strafe Freiheitsstrafe bis zu drei Jahren oder Geldstrafe.

§ 325   Luftverunreinigung

(1) Wer beim Betrieb einer Anlage, insbesondere einer Betriebsstätte oder Maschine, unter Verletzung verwaltungsrechtlicher Pflichten Veränderungen der Luft verursacht, die geeignet sind, außerhalb des zur Anlage gehörenden Bereichs die Gesundheit eines anderen, Tiere, Pflanzen oder andere Sachen von bedeutendem Wert zu schädigen, wird mit Freiheitsstrafe bis zu fünf Jahren oder mit Geldstrafe bestraft. Der Versuch ist strafbar.

(2) Wer beim Betrieb einer Anlage, insbesondere einer Betriebsstätte oder Maschine, unter grober Verletzung verwaltungsrechtlicher Pflichten Schadstoffe in bedeutendem Umfang in die Luft außerhalb des Betriebsgeländes freisetzt, wird mit Freiheitsstrafe bis zu fünf Jahren oder mit Geldstrafe bestraft.

(3) Handelt der Täter fahrlässig, so ist die Strafe Freiheitsstrafe bis zu drei Jahren oder Geldstrafe.

(4) Schadstoffe im Sinne des Absatzes 2 sind Stoffe, die geeignet sind,

1. die Gesundheit eines anderen, Tiere, Pflanzen oder andere Sachen von bedeutendem Wert zu schädigen oder

2. nachhaltig ein Gewässer, die Luft oder den Boden zu verunreinigen oder sonst nachteilig zu verändern.

(5) Die Absätze 1 bis 3 gelten nicht für Kraftfahrzeuge, Schienen-, Luft- oder Wasserfahrzeuge.

§ 325 a Verursachen von Lärm, Erschütterungen und nichtionisierenden Strahlen

(1) Wer beim Betrieb einer Anlage, insbesondere einer Betriebsstätte oder Maschine, unter Verletzung verwaltungsrechtlicher Pflichten Lärm verursacht, der geeignet ist, außerhalb des zur Anlage gehörenden Bereichs die Gesundheit eines anderen zu schädigen, wird mit Freiheitsstrafe bis zu drei Jahren oder mit Geldstrafe bestraft.

(2) Wer beim Betrieb einer Anlage, insbesondere einer Betriebsstätte oder Maschine, unter Verletzung verwaltungsrechtlicher Pflichten, die dem Schutz vor Lärm, Erschütterungen oder nichtionisierenden Strahlen dienen, die Gesundheit eines anderen, ihm nicht gehörende Tiere oder fremde Sachen von bedeutendem Wert gefährdet, wird mit Freiheitsstrafe bis zu fünf Jahren oder mit Geldstrafe bestraft.

(3) Handelt der Täter fahrlässig, so ist die Strafe

1. in den Fällen des Absatzes 1 Freiheitsstrafe bis zu zwei Jahren oder Geldstrafe,

2. in den Fällen des Absatzes 2 Freiheitsstrafe bis zu drei Jahren oder Geldstrafe.

(4) Die Absätze 1 bis 3 gelten nicht für Kraftfahrzeuge, Schienen-, Luft- oder Wasserfahrzeuge.

§ 326 Unerlaubter Umgang mit gefährlichen Abfällen

(1) Wer unbefugt Abfälle, die

1. Gifte oder Erreger von auf Menschen oder Tiere übertragbaren gemeingefährlichen Krankheiten enthalten oder hervorbringen können,

2. für den Menschen krebserzeugend, fruchtschädigend oder erbgutverändernd sind,

3. explosionsgefährlich, selbstentzündlich oder nicht nur geringfügig radioaktiv sind oder

4. nach Art, Beschaffenheit oder Menge geeignet sind,

   a) nachhaltig ein Gewässer, die Luft oder den Boden zu verunreinigen oder sonst nachteilig zu verändern oder

   b) einen Bestand von Tieren oder Pflanzen zu gefährden,

außerhalb einer dafür zugelassenen Anlage oder unter wesentlicher Abweichung von einem vorgeschriebenen oder zugelassenen Verfahren behandelt, lagert, ablagert, ablässt oder sonst beseitigt, wird mit Freiheitsstrafe bis zu fünf Jahren oder mit Geldstrafe bestraft.

(2) Ebenso wird bestraft, wer Abfälle im Sinne des Absatzes 1 entgegen einem Verbot oder ohne die erforderliche Genehmigung in den, aus dem oder durch den Geltungsbereich dieses Gesetzes verbringt.

(3) Wer radioaktive Abfälle unter Verletzung verwaltungsrechtlicher Pflichten nicht abliefert, wird mit Freiheitsstrafe bis zu drei Jahren oder mit Geldstrafe bestraft.

(4) In den Fällen der Absätze 1 und 2 ist der Versuch strafbar.

(5) Handelt der Täter fahrlässig, so ist die Strafe

1. in den Fällen der Absätze 1 und 2 Freiheitsstrafe bis zu drei Jahren oder Geldstrafe,

2. in den Fällen des Absatzes 3 Freiheitsstrafe bis zu einem Jahr oder Geldstrafe.

(6) Die Tat ist dann nicht strafbar, wenn schädliche Einwirkungen auf die Umwelt, insbesondere auf Menschen, Gewässer, die Luft, den Boden, Nutztiere oder Nutzpflanzen, wegen der geringen Menge der Abfälle offensichtlich ausgeschlossen sind.

§ 329 Gefährdung schutzbedürftiger Gebiete

(1) Wer entgegen einer auf Grund des Bundes-Immissionsschutzgesetzes erlassenen Rechtsverordnung über ein Gebiet, das eines besonderen Schutzes vor schädlichen Umwelteinwirkungen durch Luftverunreinigungen oder Geräusche bedarf oder in dem während austauscharmer Wetterlagen ein starkes Anwachsen schädlicher Umwelteinwirkungen durch Luftverunreinigungen zu befürchten ist, Anlagen innerhalb des Gebiets betreibt, wird mit Freiheitsstrafe bis zu drei Jahren oder mit Geldstrafe bestraft. Ebenso wird bestraft, wer innerhalb eines solchen Gebiets Anlagen entgegen einer vollziehbaren Anordnung betreibt, die auf Grund einer in Satz 1 bezeichneten Rechtsverordnung ergangen ist. Die Sätze 1 und 2 gelten nicht für Kraftfahrzeuge, Schienen-, Luft- oder Wasserfahrzeuge.

(2) Wer entgegen einer zum Schutz eines Wasser- oder Heilquellenschutzgebietes erlassenen Rechtsvorschrift oder vollziehbaren Untersagung

1. betriebliche Anlagen zum Umgang mit wassergefährdenden Stoffen betreibt,

2. Rohrleitungsanlagen zum Befördern wassergefährdender Stoffe betreibt oder solche Stoffe befördert oder

3. im Rahmen eines Gewerbebetriebes Kies, Sand, Ton oder andere feste Stoffe abbaut,

wird mit Freiheitsstrafe bis zu drei Jahren oder mit Geldstrafe bestraft. Betriebliche Anlage im Sinne des Satzes 1 ist auch die Anlage in einem öffentlichen Unternehmen.

(3) Wer entgegen einer zum Schutz eines Naturschutzgebietes, einer als Naturschutzgebiet einstweilig sichergestellten Fläche oder eines Nationalparks erlassenen Rechtsvorschrift oder vollziehbaren Untersagung

1. Bodenschätze oder andere Bodenbestandteile abbaut oder gewinnt,
2. Abgrabungen oder Aufschüttungen vornimmt,
3. Gewässer schafft, verändert oder beseitigt,
4. Moore, Sümpfe, Brüche oder sonstige Feuchtgebiete entwässert,
5. Wald rodet,
6. Tiere einer im Sinne des Bundesnaturschutzgesetzes besonders geschützten Art tötet, fängt, diesen nachstellt oder deren Gelege ganz oder teilweise zerstört oder entfernt,
7. Pflanzen einer im Sinne des Bundesnaturschutzgesetzes besonders geschützten Art beschädigt oder entfernt oder
8. ein Gebäude errichtet

und dadurch den jeweiligen Schutzzweck nicht unerheblich beeinträchtigt, wird mit Freiheitsstrafe bis zu fünf Jahren oder mit Geldstrafe bestraft.

(4) Handelt der Täter fahrlässig, so ist die Strafe

1. in den Fällen der Absätze 1 und 2 Freiheitsstrafe bis zu zwei Jahren oder Geldstrafe,
2. in den Fällen des Absatzes 3 Freiheitsstrafe bis zu drei Jahren oder Geldstrafe.

§ 330 Besonders schwerer Fall einer Umweltstraftat

(1) In besonders schweren Fällen wird eine vorsätzliche Tat nach den §§ 324 bis 329 mit Freiheitsstrafe von sechs Monaten bis zu zehn Jahren bestraft.

Ein besonders schwerer Fall liegt in der Regel vor, wenn der Täter

1. ein Gewässer, den Boden oder ein Schutzgebiet im Sinne des § 329 Abs. 3 derart beeinträchtigt, dass die Beeinträchtigung nicht, nur mit außerordentlichem Aufwand oder erst nach längerer Zeit beseitigt werden kann,
2. die öffentliche Wasserversorgung gefährdet,
3. einen Bestand von Tieren oder Pflanzen der vom Aussterben bedrohten Arten nachhaltig schädigt oder
4. aus Gewinnsucht handelt.

(2) Wer durch eine vorsätzliche Tat nach den §§ 324 bis 329

1. einen anderen Menschen in die Gefahr des Todes oder einer schweren Gesundheitsschädigung oder eine große Zahl von Menschen in die Gefahr einer Gesundheitsschädigung bringt oder
2. den Tod eines anderen Menschen verursacht,

wird in den Fällen der Nummer 1 mit Freiheitsstrafe von einem Jahr bis zu zehn Jahren, in den Fällen der Nummer 2 mit Freiheitsstrafe nicht unter drei

Jahren bestraft, wenn die Tat nicht in § 330 a Abs. 1 bis 3 mit Strafe bedroht ist.

(3) In minder schweren Fällen des Absatzes 2 Nr. 1 ist auf Freiheitsstrafe von sechs Monaten bis zu fünf Jahren, in minder schweren Fällen des Absatzes 2 Nr. 2 auf Freiheitsstrafe von einem Jahr bis zu zehn Jahren zu erkennen.

§ 330 d Begriffsbestimmungen

Im Sinne dieses Abschnitts ist

1. ein Gewässer:
ein oberirdisches Gewässer, das Grundwasser und das Meer;

2. eine kerntechnische Anlage:
eine Anlage zur Erzeugung oder zur Bearbeitung oder Verarbeitung oder zur Spaltung von Kernbrennstoffen oder zur Aufarbeitung bestrahlter Kernbrennstoffe;

3. ein gefährliches Gut:
ein Gut im Sinne des Gesetzes über die Beförderung gefährlicher Güter und einer darauf beruhenden Rechtsverordnung und im Sinne der Rechtsvorschriften über die internationale Beförderung gefährlicher Güter im jeweiligen Anwendungsbereich;

4. eine verwaltungsrechtliche Pflicht:
eine Pflicht, die sich aus

a) einer Rechtsvorschrift,

b) einer gerichtlichen Entscheidung,

c) einem vollziehbaren Verwaltungsakt,

d) einer vollziehbaren Auflage oder

e) einem öffentlich-rechtlichen Vertrag, soweit die Pflicht auch durch Verwaltungsakt hätte auferlegt werden können,
ergibt und dem Schutz vor Gefahren oder schädlichen Einwirkungen auf die Umwelt, insbesondere auf Menschen, Tiere oder Pflanzen, Gewässer, die Luft oder den Boden, dient;

5. ein Handeln ohne Genehmigung, Planfeststellung oder sonstige Zulassung:
auch ein Handeln auf Grund einer durch Drohung, Bestechung oder Kollusion erwirkten oder durch unrichtige oder unvollständige Angaben erschlichenen Genehmigung, Planfeststellung oder sonstigen Zulassung.

5. Gesetz gegen den unlauteren Wettbewerb (UWG)

vom 3. Juli 2004 (BGBl. I S. 1414), zuletzt geändert durch Gesetz vom 29. Juli 2009 (BGBl. I S. 2413)

– Auszug –

§ 17 Verrat von Geschäfts- oder Betriebsgeheimnissen

(1) Wer als eine bei einem Unternehmen beschäftigte Person ein Geschäfts- oder Betriebsgeheimnis, das ihr im Rahmen des Dienstverhältnisses anvertraut worden oder zugänglich geworden ist, während der Geltungsdauer des Dienstverhältnisses unbefugt an jemand zu Zwecken des Wettbewerbs, aus Eigennutz, zugunsten eines Dritten oder in der Absicht, dem Inhaber des Unternehmens Schaden zuzufügen, mitteilt, wird mit Freiheitsstrafe bis zu drei Jahren oder mit Geldstrafe bestraft.

(2) Ebenso wird bestraft, wer zu Zwecken des Wettbewerbs, aus Eigennutz, zugunsten eines Dritten oder in der Absicht, dem Inhaber des Unternehmens Schaden zuzufügen,

1. sich ein Geschäfts- oder Betriebsgeheimnis durch

    a) Anwendung technischer Mittel,

    b) Herstellung einer verkörperten Wiedergabe des Geheimnisses oder

    c) Wegnahme einer Sache, in der das Geheimnis verkörpert ist,

    unbefugt verschafft oder sichert oder

2. ein Geschäfts- oder Betriebsgeheimnis, das er durch eine der in Absatz 1 bezeichneten Mitteilungen oder durch eine eigene oder fremde Handlung nach Nummer 1 erlangt oder sich sonst unbefugt verschafft oder gesichert hat, unbefugt verwertet oder jemandem mitteilt.

(3) Der Versuch ist strafbar.

(4) In besonders schweren Fällen ist die Strafe Freiheitsstrafe bis zu fünf Jahren oder Geldstrafe. Ein besonders schwerer Fall liegt in der Regel vor, wenn der Täter

1. gewerbsmäßig handelt,

2. bei der Mitteilung weiß, dass das Geheimnis im Ausland verwertet werden soll, oder

3. eine Verwertung nach Absatz 2 Nr. 2 im Ausland selbst vornimmt.

(5) Die Tat wird nur auf Antrag verfolgt, es sei denn, dass die Strafverfolgungsbehörde wegen des besonderen öffentlichen Interesses an der Strafverfolgung ein Einschreiten von Amts wegen für geboten hält.

(6) § 5 Nr. 7 des Strafgesetzbuches gilt entsprechend.

§ 18   Verwertung von Vorlagen

(1) Wer die ihm im geschäftlichen Verkehr anvertrauten Vorlagen oder Vorschriften technischer Art, insbesondere Zeichnungen, Modelle, Schablonen, Schnitte, Rezepte, zu Zwecken des Wettbewerbs oder aus Eigennutz unbefugt verwertet oder jemandem mitteilt, wird mit Freiheitsstrafe bis zu zwei Jahren oder mit Geldstrafe bestraft.

(2) Der Versuch ist strafbar.

(3) Die Tat wird nur auf Antrag verfolgt, es sei denn, dass die Strafverfolgungsbehörde wegen des besonderen öffentlichen Interesses an der Strafverfolgung ein Einschreiten von Amts wegen für geboten hält.

(4) § 5 Nr. 7 des Strafgesetzbuches gilt entsprechend.

§ 19   Verleiten und Erbieten zum Verrat

(1) Wer zu Zwecken des Wettbewerbs oder aus Eigennutz jemanden zu bestimmen versucht, eine Straftat nach § 17 oder § 18 zu begehen oder zu einer solchen Straftat anzustiften, wird mit Freiheitsstrafe bis zu zwei Jahren oder mit Geldstrafe bestraft.

(2) Ebenso wird bestraft, wer zu Zwecken des Wettbewerbs oder aus Eigennutz sich bereit erklärt oder das Erbieten eines anderen annimmt oder mit einem anderen verabredet, eine Straftat nach § 17 oder § 18 zu begehen oder zu ihr anzustiften.

(3) § 31 des Strafgesetzbuches gilt entsprechend.

(4) Die Tat wird nur auf Antrag verfolgt, es sei denn, dass die Strafverfolgungsbehörde wegen des besonderen öffentlichen Interesses an der Strafverfolgung ein Einschreiten von Amts wegen für geboten hält.

(5) § 5 Nr. 7 des Strafgesetzbuches gilt entsprechend.

6. Strafprozessordnung (StPO)

in der Fassung der Bekanntmachung vom 12. August 2005 (BGBl. I S. 2360),
zuletzt geändert durch Gesetz vom 30. Juli 2009 (BGBl. I S. 2437)
– Auszug –

§ 48 (Zeugen – Ladung, Erscheinungspflicht)

(1) Zeugen sind verpflichtet, zu dem zu ihrer Vernehmung bestimmten Termin vor dem Richter zu erscheinen. Sie haben die Pflicht auszusagen, wenn keine im Gesetz zugelassene Ausnahme vorliegt.

(2) Die Ladung der Zeugen geschieht unter Hinweis auf verfahrensrechtliche Bestimmungen, die dem Interesse des Zeugen dienen, auf vorhandene Möglichkeiten der Zeugenbetreuung und auf die gesetzlichen Folgen des Ausbleibens.

§ 51 (Ausbleiben des Zeugen)

(1) Einem ordnungsgemäß geladenen Zeugen, der nicht erscheint, werden die durch das Ausbleiben verursachten Kosten auferlegt. Zugleich wird gegen ihn ein Ordnungsgeld und für den Fall, dass dieses nicht beigetrieben werden kann, Ordnungshaft festgesetzt. Auch ist die zwangsweise Vorführung des Zeugen zulässig; § 135 gilt entsprechend. Im Falle wiederholten Ausbleibens kann das Ordnungsmittel noch einmal festgesetzt werden.

(2) Die Auferlegung der Kosten und die Festsetzung eines Ordnungsmittels unterbleiben, wenn das Ausbleiben des Zeugen rechtzeitig genügend entschuldigt wird. Erfolgt die Entschuldigung nach Satz 1 nicht rechtzeitig, so unterbleibt die Auferlegung der Kosten und die Festsetzung eines Ordnungsmittels nur dann, wenn glaubhaft gemacht wird, dass den Zeugen an der Verspätung der Entschuldigung kein Verschulden trifft. Wird der Zeuge nachträglich genügend entschuldigt, so werden die getroffenen Anordnungen unter den Voraussetzungen des Satzes 2 aufgehoben.

(3) Die Befugnis zu diesen Maßregeln steht auch dem Richter im Vorverfahren sowie dem beauftragten und ersuchten Richter zu.

§ 52 (Zeugnisverweigerungsrecht aus persönlichen Gründen)

(1) Zur Verweigerung des Zeugnisses sind berechtigt

1. der Verlobte des Beschuldigten oder die Person, mit der der Beschuldigte ein Versprechen eingegangen ist, eine Lebenspartnerschaft zu begründen;

2. der Ehegatte des Beschuldigten, auch wenn die Ehe nicht mehr besteht;

2 a. der Lebenspartner des Beschuldigten, auch wenn die Lebenspartnerschaft nicht mehr besteht;

3. wer mit dem Beschuldigten in gerader Linie verwandt oder verschwägert, in der Seitenlinie bis zum dritten Grad verwandt oder bis zum zweiten Grad verschwägert ist oder war.

(2) Haben Minderjährige wegen mangelnder Verstandesreife oder haben Minderjährige oder Betreute wegen einer psychischen Krankheit oder einer geistigen oder seelischen Behinderung von der Bedeutung des Zeugnisverweigerungsrechts keine genügende Vorstellung, so dürfen sie nur vernommen werden, wenn sie zur Aussage bereit sind und auch ihr gesetzlicher Vertreter der Vernehmung zustimmt. Ist der gesetzliche Vertreter selbst Beschuldigter, so kann er über die Ausübung des Zeugnisverweigerungsrechts nicht entscheiden; das Gleiche gilt für den nicht beschuldigten Elternteil, wenn die gesetzliche Vertretung beiden Eltern zusteht.

(3) Die zur Verweigerung des Zeugnisses berechtigten Personen, in den Fällen des Absatzes 2 auch deren zur Entscheidung über die Ausübung des Zeugnisverweigerungsrechts befugte Vertreter, sind vor jeder Vernehmung über ihr Recht zu belehren. Sie können den Verzicht auf dieses Recht auch während der Vernehmung widerrufen.

§ 53 (Zeugnisverweigerungsrecht aus beruflichen Gründen)

(1) Zur Verweigerung des Zeugnisses sind ferner berechtigt

1. Geistliche über das, was ihnen in ihrer Eigenschaft als Seelsorger anvertraut worden oder bekannt geworden ist;

2. Verteidiger des Beschuldigten über das, was ihnen in dieser Eigenschaft anvertraut worden oder bekannt geworden ist;

3. Rechtsanwälte, Patentanwälte, Notare, Wirtschaftsprüfer, vereidigte Buchprüfer, Steuerberater und Steuerbevollmächtigte, Ärzte, Zahnärzte, Psychologische Psychotherapeuten, Kinder- und Jugendlichenpsychotherapeuten, Apotheker und Hebammen über das, was ihnen in dieser Eigenschaft anvertraut worden oder bekannt geworden ist, Rechtsanwälten stehen dabei sonstige Mitglieder einer Rechtsanwaltskammer gleich;

3a. Mitglieder oder Beauftragte einer anerkannten Beratungsstelle nach §§ 3 und 8 des Schwangerschaftskonfliktgesetzes über das, was ihnen in dieser Eigenschaft anvertraut worden oder bekannt geworden ist;

3b. Berater für Fragen der Betäubungsmittelabhängigkeit in einer Beratungsstelle, die eine Behörde oder eine Körperschaft, Anstalt oder Stiftung des öffentlichen Rechts anerkannt oder bei sich eingerichtet hat, über das, was ihnen in dieser Eigenschaft anvertraut worden oder bekannt geworden ist;

4. Mitglieder des Deutschen Bundestages, der Bundesversammlung, des Europäischen Parlaments aus der Bundesrepublik Deutschland oder eines Landtages über Personen, die ihnen in ihrer Eigenschaft als Mitglieder

dieser Organe oder denen sie in dieser Eigenschaft Tatsachen anvertraut haben sowie über diese Tatsachen selbst;

5.* Personen, die bei der Vorbereitung, Herstellung oder Verbreitung von Druckwerken, Rundfunksendungen, Filmberichten oder der Unterrichtung oder Meinungsbildung dienenden Informations- und Kommunikationsdiensten berufsmäßig mitwirken oder mitgewirkt haben.

Die in Satz 1 Nr. 5 genannten Personen dürfen das Zeugnis verweigern über die Person des Verfassers oder Einsenders von Beiträgen und Unterlagen oder des sonstigen Informanten sowie über die ihnen im Hinblick auf ihre Tätigkeit gemachten Mitteilungen, über deren Inhalt sowie über den Inhalt selbst erarbeiteter Materialien und den Gegenstand berufsbezogener Wahrnehmungen. Dies gilt nur, soweit es sich um Beiträge, Unterlagen, Mitteilungen und Materialien für den redaktionellen Teil oder redaktionell aufbereitete Informations- und Kommunikationsdienste handelt.

(2) Die in Absatz 1 Satz 1 Nr. 2 bis 3 b Genannten dürfen das Zeugnis nicht verweigern, wenn sie von der Verpflichtung zur Verschwiegenheit entbunden sind. Die Berechtigung zur Zeugnisverweigerung der in Absatz 1 Satz 1 Nr. 5 Genannten über den Inhalt selbst erarbeiteter Materialien und den Gegenstand entsprechender Wahrnehmungen entfällt, wenn die Aussage zur Aufklärung eines Verbrechens beitragen soll oder wenn Gegenstand der Untersuchung

1. eine Straftat des Friedensverrats und der Gefährdung des demokratischen Rechtsstaats oder des Landesverrats und der Gefährdung der äußeren Sicherheit (§§ 80 a, 85, 87, 88, 95, auch in Verbindung mit § 97 b, §§ 97 a, 98 bis 100 a des Strafgesetzbuches),

2. eine Straftat gegen die sexuelle Selbstbestimmung nach den §§ 174 bis 176, 179 des Strafgesetzbuches oder

3. eine Geldwäsche, eine Verschleierung unrechtmäßig erlangter Vermögenswerte nach § 261 Abs. 1 bis 4 des Strafgesetzbuches

ist und die Erforschung des Sachverhalts oder die Ermittlung des Aufenthaltsortes des Beschuldigten auf andere Weise aussichtslos oder wesentlich erschwert wäre. Der Zeuge kann jedoch auch in diesen Fällen die Aussage verweigern, soweit sie zur Offenbarung der Person des Verfassers oder Einsenders von Beiträgen und Unterlagen oder des sonstigen Informanten oder der ihm in Hinblick auf seine Tätigkeit nach Absatz 1 Satz 1 Nr. 5 gemachten Mitteilungen oder deren Inhalts führen würde.

---

* in Kraft ab 23. 2. 2002.

§ 53 a (Zeugnisverweigerungsrecht von Hilfspersonen und Auszubildenden)*

(1) Den in § 53 Abs. 1 Satz 1 Nr. 1 bis 4 Genannten stehen ihre Gehilfen und die Personen gleich, die zur Vorbereitung auf den Beruf an der berufsmäßigen Tätigkeit teilnehmen. Über die Ausübung des Rechtes dieser Hilfspersonen, das Zeugnis zu verweigern, entscheiden die in § 53 Abs. 1 Nr. 1 bis 4 Genannten, es sei denn, dass diese Entscheidung in absehbarer Zeit nicht herbeigeführt werden kann.

(2) Die Entbindung von der Verpflichtung zur Verschwiegenheit (§ 53 Abs. 2) gilt auch für die Hilfspersonen.

§ 55 (Auskunftsverweigerung)

(1) Jeder Zeuge kann die Auskunft auf solche Fragen verweigern, deren Beantwortung ihm selbst oder einem der in § 52 Abs. 1 bezeichneten Angehörigen die Gefahr zuziehen würde, wegen einer Straftat oder einer Ordnungswidrigkeit verfolgt zu werden.

(2) Der Zeuge ist über sein Recht zur Verweigerung der Auskunft zu belehren.

§ 56 (Glaubhaftmachung von Verweigerungsgründen)

Die Tatsache, auf die der Zeuge die Verweigerung des Zeugnisses in den Fällen der §§ 52, 53 und 55 stützt, ist auf Verlangen glaubhaft zu machen. Es genügt die eidliche Versicherung des Zeugen.

§ 68 (Beginn der Vernehmung)

(1) Die Vernehmung beginnt damit, dass der Zeuge über Vornamen, Nachnamen, Geburtsnamen, Alter, Beruf und Wohnort befragt wird. Ein Zeuge, der Wahrnehmungen in amtlicher Eigenschaft gemacht hat, kann statt des Wohnortes den Dienstort angeben.

(2) Einem Zeugen soll zudem gestattet werden, statt des Wohnortes seinen Geschäfts- oder Dienstort oder eine andere ladungsfähige Anschrift anzugeben, wenn ein begründeter Anlass zu der Besorgnis besteht, dass durch die Angabe des Wohnortes Rechtsgüter des Zeugen oder einer anderen Person gefährdet werden oder dass auf Zeugen oder eine andere Person in unlauterer Weise eingewirkt werden wird. In der Hauptverhandlung soll der Vorsitzende dem Zeugen bei Vorliegen der Voraussetzungen des Satzes 1 gestatten, seinen Wohnort nicht anzugeben.

---

* in Kraft ab 23. 2. 2002.

(3) Besteht ein begründeter Anlass zu der Besorgnis, dass durch die Offenbarung der Identität oder des Wohn- oder Aufenthaltsortes des Zeugen Leben, Leib oder Freiheit des Zeugen oder einer anderen Person gefährdet wird, so kann ihm gestattet werden, Angaben zur Person nicht oder nur über eine frühere Identität zu machen. Er hat jedoch in der Hauptverhandlung auf Befragen anzugeben, in welcher Eigenschaft ihm die Tatsachen, die er bekundet, bekannt geworden sind.

(4) Liegen Anhaltspunkte dafür vor, dass die Voraussetzungen der Absätze 2 oder 3 vorliegen, ist der Zeuge auf die dort vorgesehenen Befugnisse hinzuweisen. Im Fall des Absatzes 2 soll der Zeuge bei der Benennung einer ladungsfähigen Anschrift unterstützt werden. Die Unterlagen, die die Feststellung des Wohnortes oder der Identität des Zeugen gewährleisten, werden bei der Staatsanwaltschaft verwahrt. Zu den Akten sind sie erst zu nehmen, wenn die Besorgnis der Gefährdung entfällt.

(5) Die Absätze 2 bis 4 gelten auch nach Abschluss der Zeugenvernehmung. Soweit dem Zeugen gestattet wurde, Daten nicht anzugeben, ist bei Auskünften aus und Einsichtnahmen in Akten sicherzustellen, dass diese Daten anderen Personen nicht bekannt werden, es sei denn, dass eine Gefährdung im Sinne der Absätze 2 und 3 ausgeschlossen erscheint.

§ 69 (Zeugenvernehmung)

(1) Der Zeuge ist zu veranlassen, das, was ihm von dem Gegenstand seiner Vernehmung bekannt ist, im Zusammenhang anzugeben. Vor seiner Vernehmung ist dem Zeugen der Gegenstand der Untersuchung und die Person des Beschuldigten, sofern ein solcher vorhanden ist, zu bezeichnen.

(2) Zur Aufklärung und zur Vervollständigung der Aussage sowie zur Erforschung des Grundes, auf dem das Wissen des Zeugen beruht, sind nötigenfalls weitere Fragen zu stellen.

(3) Die Vorschrift des § 136 a gilt für die Vernehmung des Zeugen entsprechend.

§ 94 (Objekt der Beschlagnahme)

(1) Gegenstände, die als Beweismittel für die Untersuchung von Bedeutung sein können, sind in Verwahrung zu nehmen oder in anderer Weise sicherzustellen.

(2) Befinden sich die Gegenstände in dem Gewahrsam einer Person und werden sie nicht freiwillig herausgegeben, so bedarf es der Beschlagnahme.

(3) Die Absätze 1 und 2 gelten auch für Führerscheine, die der Einziehung unterliegen.

§ 98 (Anordnung der Beschlagnahme)

(1) Beschlagnahmen dürfen nur durch das Gericht, bei Gefahr im Verzug auch durch die Staatsanwaltschaft und ihre Ermittlungspersonen (§ 152 des Gerichtsverfassungsgesetzes) angeordnet werden. Die Beschlagnahme nach § 97 Abs. 5 Satz 2 in den Räumen einer Redaktion, eines Verlages, einer Druckerei oder einer Rundfunkanstalt darf nur durch den Richter angeordnet werden.

(2) Der Beamte, der einen Gegenstand ohne richterliche Anordnung beschlagnahmt hat, soll binnen drei Tagen die richterliche Bestätigung beantragen, wenn bei der Beschlagnahme weder der davon Betroffene noch ein erwachsener Angehöriger anwesend war oder wenn der Betroffene und im Falle seiner Abwesenheit ein erwachsener Angehöriger des Betroffenen gegen die Beschlagnahme ausdrücklichen Widerspruch erhoben hat. Der Betroffene kann jederzeit die richterliche Entscheidung beantragen. Solange die öffentliche Klage noch nicht erhoben ist, entscheidet das nach § 162 Abs. 1 zuständige Gericht. Ist die öffentliche Klage erhoben, entscheidet das damit befasste Gericht. Der Betroffene kann den Antrag auch bei dem Amtsgericht einreichen, in dessen Bezirk die Beschlagnahme stattgefunden hat; dieses leitet den Antrag dem zuständigen Gericht zu. Der Betroffene ist über seine Rechte zu belehren.

(3) Ist nach erhobener öffentlicher Klage die Beschlagnahme durch die Staatsanwaltschaft oder eine ihrer Ermittlungspersonen erfolgt, so ist binnen drei Tagen dem Richter von der Beschlagnahme Anzeige zu machen; die beschlagnahmten Gegenstände sind ihm zur Verfügung zu stellen.

(4) Wird eine Beschlagnahme in einem Dienstgebäude oder einer nicht allgemein zugänglichen Einrichtung oder Anlage der Bundeswehr erforderlich, so wird die vorgesetzte Dienststelle der Bundeswehr um ihre Durchführung ersucht. Die ersuchende Stelle ist zur Mitwirkung berechtigt. Des Ersuchens bedarf es nicht, wenn die Beschlagnahme in Räumen vorzunehmen ist, die ausschließlich von anderen Personen als Soldaten bewohnt werden.

§ 102 (Durchsuchung bei verdächtigen Personen)

Bei dem, welcher als Täter oder Teilnehmer einer Straftat oder der Begünstigung, Strafvereitelung oder Hehlerei verdächtig ist, kann eine Durchsuchung der Wohnung und anderer Räume sowie seiner Person und der ihm gehörenden Sachen sowohl zum Zweck seiner Ergreifung als auch dann vorgenommen werden, wenn zu vermuten ist, dass die Durchsuchung zur Auffindung von Beweismitteln führen werde.

§ 103 (Durchsuchung bei unverdächtigen Personen)

(1) Bei anderen Personen sind Durchsuchungen nur zur Ergreifung des Beschuldigten oder zur Verfolgung von Spuren einer Straftat oder zur Beschlag-

nahme bestimmter Gegenstände und nur dann zulässig, wenn Tatsachen vorliegen, aus denen zu schließen ist, dass die gesuchte Person, Spur oder Sache sich in den zu durchsuchenden Räumen befindet. Zum Zwecke der Ergreifung eines Beschuldigten, der dringend verdächtig ist, eine Straftat nach § 129 a, auch in Verbindung mit § 129 b Abs. 1, des Strafgesetzbuches oder eine der in dieser Vorschrift bezeichneten Straftaten begangen zu haben, ist eine Durchsuchung von Wohnungen und anderen Räumen auch zulässig, wenn diese sich in einem Gebäude befinden, von dem auf Grund von Tatsachen anzunehmen ist, dass sich der Beschuldigte in ihm aufhält.

(2) Die Beschränkungen des Absatzes 1 Satz 1 gelten nicht für Räume, in denen der Beschuldigte ergriffen worden ist oder die er während der Verfolgung betreten hat.

§ 104 (Hausdurchsuchung zur Nachtzeit)

(1) Zur Nachtzeit dürfen die Wohnung, die Geschäftsräume und das befriedete Besitztum nur bei Verfolgung auf frischer Tat oder bei Gefahr im Verzug oder dann durchsucht werden, wenn es sich um die Wiederergreifung eines entwichenen Gefangenen handelt.

(2) Diese Beschränkung gilt nicht für Räume, die zur Nachtzeit jedermann zugänglich oder die der Polizei als Herbergen oder Versammlungsorte bestrafter Personen, als Niederlagen von Sachen, die mittels Straftaten erlangt sind, oder als Schlupfwinkel des Glücksspiels, des unerlaubten Betäubungsmittel- und Waffenhandels oder der Prostitution bekannt sind.

(3) Die Nachtzeit umfasst in dem Zeitraum vom ersten April bis dreißigsten September die Stunden von neun Uhr abends bis vier Uhr morgens und in dem Zeitraum vom ersten Oktober bis einunddreißigsten März die Stunden von neun Uhr abends bis sechs Uhr morgens.

§ 105 (Anordnung und Durchführung der Durchsuchung)

(1) Durchsuchungen dürfen nur durch den Richter, bei Gefahr im Verzug auch durch die Staatsanwaltschaft und ihre Hilfsbeamten (§ 152 des Gerichtsverfassungsgesetzes) angeordnet werden. Durchsuchungen nach § 103 Abs. 1 Satz 2 ordnet der Richter an; die Staatsanwaltschaft ist hierzu befugt, wenn Gefahr im Verzug ist.

(2) Wenn eine Durchsuchung der Wohnung, der Geschäftsräume oder des befriedeten Besitztums ohne Beisein des Richters oder des Staatsanwalts stattfindet, so sind, wenn möglich, ein Gemeindebeamter oder zwei Mitglieder der Gemeinde, in deren Bezirk die Durchsuchung erfolgt, zuzuziehen. Die als Gemeindemitglieder zugezogenen Personen dürfen nicht Polizeibeamte oder Hilfsbeamte der Staatsanwaltschaft sein.

(3) Wird eine Durchsuchung in einem Dienstgebäude oder einer nicht allgemein zugänglichen Einrichtung oder Anlage der Bundeswehr erforderlich, so wird die vorgesetzte Dienststelle der Bundeswehr um ihre Durchführung ersucht. Die ersuchende Stelle ist zur Mitwirkung berechtigt. Des Ersuchens bedarf es nicht, wenn die Durchsuchung von Räumen vorzunehmen ist, die ausschließlich von anderen Personen als Soldaten bewohnt werden.

§ 106 (Anwesenheit des Inhabers der Räume bei Durchsuchung)

(1) Der Inhaber der zu durchsuchenden Räume oder Gegenstände darf der Durchsuchung beiwohnen. Ist er abwesend, so ist, wenn möglich, sein Vertreter oder ein erwachsener Angehöriger, Hausgenosse oder Nachbar zuzuziehen.

(2) Dem Inhaber oder der in dessen Abwesenheit zugezogenen Person ist in den Fällen des § 103 Abs. 1 der Zweck der Durchsuchung vor deren Beginn bekannt zu machen. Diese Vorschrift gilt nicht für die Inhaber der in § 104 Abs. 2 bezeichneten Räume.

§ 127 (Vorläufige Festnahme)

(1) Wird jemand auf frischer Tat betroffen oder verfolgt, so ist, wenn er der Flucht verdächtig ist oder seine Identität nicht sofort festgestellt werden kann, jedermann befugt, ihn auch ohne richterliche Anordnung vorläufig festzunehmen. Die Feststellung der Identität einer Person durch die Staatsanwaltschaft oder die Beamten des Polizeidienstes bestimmt sich nach § 163 b Abs. 1.

(2) Die Staatsanwaltschaft und die Beamten des Polizeidienstes sind bei Gefahr im Verzug auch dann zur vorläufigen Festnahme befugt, wenn die Voraussetzungen eines Haftbefehls oder eines Unterbringungsbefehls vorliegen.

(3) Ist eine Straftat nur auf Antrag verfolgbar, so ist die vorläufige Festnahme auch dann zulässig, wenn ein Antrag noch nicht gestellt ist. Dies gilt entsprechend, wenn eine Straftat nur mit Ermächtigung oder auf Strafverlangen verfolgbar ist.

(4) Für die vorläufige Festnahme durch die Staatsanwaltschaft und die Beamten des Polizeidienstes gelten die §§ 114 a bis 114 c entsprechend.

§ 136 (Erste Vernehmung)

(1) Bei Beginn der ersten Vernehmung ist dem Beschuldigten zu eröffnen, welche Tat ihm zu Last gelegt wird und welche Strafvorschriften in Betracht kommen. Er ist darauf hinzuweisen, dass es ihm nach dem Gesetz freistehe, sich zu der Beschuldigung zu äußern oder nicht zur Sache auszusagen und je-

derzeit, auch schon vor seiner Vernehmung, einen von ihm zu wählenden Verteidiger zu befragen. Er ist ferner darüber zu belehren, dass er zu seiner Entlastung einzelne Beweiserhebungen beantragen kann. In geeigneten Fällen soll der Beschuldigte auch darauf, dass er sich schriftlich äußern kann, sowie auf die Möglichkeit eines Täter-Opfer-Ausgleichs hingewiesen werden.

(2) Die Vernehmung soll dem Beschuldigten Gelegenheit geben, die gegen ihn vorliegenden Verdachtsgründe zu beseitigen und die zu seinen Gunsten sprechenden Tatsachen geltend zu machen.

(3) Bei der ersten Vernehmung des Beschuldigten ist zugleich auf die Ermittlung seiner persönlichen Verhältnisse Bedacht zu nehmen.

§ 136 a (Verbotene Vernehmungsmethoden)

(1) Die Freiheit der Willensentschließung und der Willensbetätigung des Beschuldigten darf nicht beeinträchtigt werden durch Misshandlung, durch Ermüdung, durch körperlichen Eingriff, durch Verabreichung von Mitteln, durch Quälerei, durch Täuschung oder durch Hypnose. Zwang darf nur angewandt werden, soweit das Strafverfahrensrecht dies zulässt. Die Drohung mit einer nach seinen Vorschriften unzulässigen Maßnahme und das Versprechen eines gesetzlich nicht vorgesehenen Vorteils sind verboten.

(2) Maßnahmen, die das Erinnerungsvermögen oder die Einsichtsfähigkeit des Beschuldigten beeinträchtigen, sind nicht gestattet.

(3) Das Verbot der Absätze 1 und 2 gilt ohne Rücksicht auf die Einwilligung des Beschuldigten. Aussagen, die unter Verletzung dieses Verbots zustande gekommen sind, dürfen auch dann nicht verwertet werden, wenn der Beschuldigte der Verwertung zustimmt.

§ 151 (Grundsatz der Anklageerhebung)

Die Eröffnung einer gerichtlichen Untersuchung ist durch die Erhebung einer Klage bedingt.

§ 152 (Legalitätsprinzip)

(1) Zur Erhebung der öffentlichen Klage ist die Staatsanwaltschaft berufen.

(2) Sie ist, soweit nicht gesetzlich ein anderes bestimmt ist, verpflichtet, wegen aller verfolgbaren Straftaten einzuschreiten, sofern zureichende tatsächliche Anhaltspunkte vorliegen.

§ 158 (Anzeige, Strafantrag)

(1) Die Anzeige einer Straftat und der Strafantrag können bei der Staatsanwaltschaft, den Behörden und Beamten des Polizeidienstes und den Amtsge-

richten mündlich oder schriftlich angebracht werden. Die mündliche Anzeige ist zu beurkunden.

(2) Bei Straftaten, deren Verfolgung nur auf Antrag eintritt, muss der Antrag bei einem Gericht oder der Staatsanwaltschaft schriftlich oder zu Protokoll, bei einer anderen Behörde schriftlich angebracht werden.

(3) Zeigt ein im Inland wohnhafter Verletzter eine in einem anderen Mitgliedstaat der Europäischen Union begangene Straftat an, so übermittelt die Staatsanwaltschaft die Anzeige auf Antrag des Verletzten an die zuständige Strafverfolgungsbehörde des anderen Mitgliedstaats, wenn für die Tat das deutsche Strafrecht nicht gilt oder von der Verfolgung der Tat nach § 153 c Absatz 1 Satz 1 Nummer 1, auch in Verbindung mit § 153 f, abgesehen wird. Von der Übermittlung kann abgesehen werden, wenn

1. die Tat und die für ihre Verfolgung wesentlichen Umstände der zuständigen ausländischen Behörde bereits bekannt sind oder

2. der Unrechtsgehalt der Tat gering ist und der verletzten Person die Anzeige im Ausland möglich gewesen wäre.

§ 160 (Aufgaben der Staatsanwaltschaft)

(1) Sobald die Staatsanwaltschaft durch eine Anzeige oder auf anderem Wege von dem Verdacht einer Straftat Kenntnis erhält, hat sie zu ihrer Entschließung darüber, ob die öffentliche Klage zu erheben ist, den Sachverhalt zu erforschen.

(2) Die Staatsanwaltschaft hat nicht nur die zur Belastung, sondern auch die zur Entlastung dienenden Umstände zu ermitteln und für die Erhebung der Beweise Sorge zu tragen, deren Verlust zu besorgen ist.

(3) Die Ermittlungen der Staatsanwaltschaft sollen sich auch auf die Umstände erstrecken, die für die Bestimmung der Rechtsfolgen der Tat von Bedeutung sind. Dazu kann sie sich der Gerichtshilfe bedienen.

(4) Eine Maßnahme ist unzulässig, soweit besondere bundesgesetzliche oder entsprechende landesgesetzliche Verwendungsregelungen entgegenstehen.

§ 161 (Befugnisse der Staatsanwaltschaft)

(1) Zu dem in § 160 Abs. 1 bis 3 bezeichneten Zweck ist die Staatsanwaltschaft befugt, von allen Behörden Auskunft zu verlangen und Ermittlungen jeder Art entweder selbst vorzunehmen oder durch die Behörden und Beamten des Polizeidienstes vornehmen zu lassen, soweit nicht andere gesetzliche Vorschriften ihre Befugnisse besonders regeln. Die Behörden und Beamten des Polizeidienstes sind verpflichtet, dem Ersuchen oder Auftrag der Staatsanwaltschaft zu genügen, und in diesem Falle befugt, von allen Behörden Auskunft zu verlangen.

(2) Ist eine Maßnahme nach diesem Gesetz nur bei Verdacht bestimmter Straftaten zulässig, so dürfen die auf Grund einer entsprechenden Maßnahme nach anderen Gesetzen erlangten personenbezogenen Daten ohne Einwilligung der von der Maßnahme betroffenen Personen zu Beweiszwecken im Strafverfahren nur zur Aufklärung solcher Straftaten verwendet werden, zu deren Aufklärung eine solche Maßnahme nach diesem Gesetz hätte angeordnet werden dürfen. § 100 d Abs. 5 Nr. 3 bleibt unberührt.

(3) In oder aus einer Wohnung erlangte personenbezogene Daten aus einem Einsatz technischer Mittel zur Eigensicherung im Zuge nicht offener Ermittlungen auf polizeirechtlicher Grundlage dürfen unter Beachtung des Grundsatzes der Verhältnismäßigkeit zu Beweiszwecken nur verwendet werden (Artikel 13 Abs. 5 des Grundgesetzes), wenn das Amtsgericht (§ 162 Abs. 1), in dessen Bezirk die anordnende Stelle ihren Sitz hat, die Rechtmäßigkeit der Maßnahme festgestellt hat; bei Gefahr im Verzug ist die richterliche Entscheidung unverzüglich nachzuholen.

§ 163 (Aufgaben der Polizei)

(1) Die Behörden und Beamten des Polizeidienstes haben Straftaten zu erforschen und alle keinen Aufschub gestattenden Anordnungen zu treffen, um die Verdunkelung der Sache zu verhüten. Zu diesem Zweck sind sie befugt, alle Behörden um Auskunft zu ersuchen, bei Gefahr im Verzug auch, die Auskunft zu verlangen, sowie Ermittlungen jeder Art vorzunehmen, soweit nicht andere gesetzliche Vorschriften ihre Befugnisse besonders regeln.

(2) Die Behörden und Beamten des Polizeidienstes übersenden ihre Verhandlungen ohne Verzug der Staatsanwaltschaft. Erscheint die schleunige Vornahme richterlicher Untersuchungshandlungen erforderlich, so kann die Übersendung unmittelbar an das Amtsgericht erfolgen.

(3) Bei der Vernehmung eines Zeugen durch Beamte des Polizeidienstes sind § 52 Absatz 3, § 55 Absatz 2, § 57 Satz 1 und die §§ 58, 58 a, 68 bis 69 entsprechend anzuwenden. Über eine Gestattung nach § 68 Absatz 3 Satz 1 und über die Beiordnung eines Zeugenbeistands entscheidet die Staatsanwaltschaft; im Übrigen trifft die erforderlichen Entscheidungen die die Vernehmung leitende Person. Bei Entscheidungen durch Beamte des Polizeidienstes nach § 68 b Absatz 1 Satz 3 gilt § 161 a Absatz 3 Satz 2 bis 4 entsprechend. Für die Belehrung des Sachverständigen durch Beamte des Polizeidienstes gelten § 52 Absatz 3 und § 55 Absatz 2 entsprechend. In den Fällen des § 81 c Absatz 3 Satz 1 und 2 gilt § 52 Absatz 3 auch bei Untersuchungen durch Beamte des Polizeidienstes sinngemäß.

§ 164 (Festnahme von Störern)

Bei Amtshandlungen an Ort und Stelle ist der Beamte, der sie leitet, befugt, Personen, die seine amtliche Tätigkeit vorsätzlich stören oder sich den von ihm innerhalb seiner Zuständigkeit getroffenen Anordnungen widersetzen, festnehmen und bis zur Beendigung seiner Amtsverrichtungen, jedoch nicht über den nächstfolgenden Tag hinaus, festhalten zu lassen.

§ 203 (Eröffnungsbeschluss)

Das Gericht beschließt die Eröffnung des Hauptverfahrens, wenn nach den Ergebnissen des vorbereitenden Verfahrens der Angeschuldigte einer Straftat hinreichend verdächtig erscheint.

§ 244 (Beweisaufnahme)

(1) Nach der Vernehmung des Angeklagten folgt die Beweisaufnahme.

(2) Das Gericht hat zur Erforschung der Wahrheit die Beweisaufnahme von Amts wegen auf alle Tatsachen und Beweismittel zu erstrecken, die für die Entscheidung von Bedeutung sind.

(3) Ein Beweisantrag ist abzulehnen, wenn die Erhebung des Beweises unzulässig ist. Im Übrigen darf ein Beweisantrag nur abgelehnt werden, wenn eine Beweiserhebung wegen Offenkundigkeit überflüssig ist, wenn die Tatsache, die bewiesen werden soll, für die Entscheidung ohne Bedeutung oder schon erwiesen ist, wenn das Beweismittel völlig ungeeignet oder wenn es unerreichbar ist, wenn der Antrag zum Zweck der Prozessverschleppung gestellt ist oder wenn eine erhebliche Behauptung, die zur Entlastung des Angeklagten bewiesen werden soll, so behandelt werden kann, als wäre die behauptete Tatsache wahr.

(4) Ein Beweisantrag auf Vernehmung eines Sachverständigen kann, soweit nichts anderes bestimmt ist, auch abgelehnt werden, wenn das Gericht selbst die erforderliche Sachkunde besitzt. Die Anhörung eines weiteren Sachverständigen kann auch dann abgelehnt werden, wenn durch das frühere Gutachten das Gegenteil der behaupteten Tatsache bereits erwiesen ist; dies gilt nicht, wenn die Sachkunde des früheren Gutachters zweifelhaft ist, wenn sein Gutachten von unzutreffenden tatsächlichen Voraussetzungen ausgeht, wenn das Gutachten Widersprüche enthält oder wenn der neue Sachverständige über Forschungsmittel verfügt, die denen eines früheren Gutachters überlegen erscheinen.

(5) Ein Beweisantrag auf Einnahme eines Augenscheins kann abgelehnt werden, wenn der Augenschein nach dem pflichtgemäßen Ermessen des Gerichts zur Erforschung der Wahrheit nicht erforderlich ist. Unter derselben Voraussetzung kann auch ein Beweisantrag auf Vernehmung eines Zeugen abgelehnt werden, dessen Ladung im Ausland zu bewirken wäre.

(6) Die Ablehnung eines Beweisantrages bedarf eines Gerichtsbeschlusses.

§ 374 (Privatklage, Zulässigkeit)

(1) Im Wege der Privatklage können vom Verletzten verfolgt werden, ohne dass es einer vorgängigen Anrufung der Staatsanwaltschaft bedarf,

1. ein Hausfriedensbruch (§ 123 des Strafgesetzbuches),

2. eine Beleidigung (§§ 185 bis 189 des Strafgesetzbuches), wenn sie nicht gegen eine der in § 194 Abs. 4 des Strafgesetzbuches genannten politischen Körperschaften gerichtet ist,

3. eine Verletzung des Briefgeheimnisses (§ 202 des Strafgesetzbuches),

4. eine Körperverletzung (§§ 223 und 229 des Strafgesetzbuches),

5. eine Nachstellung (§ 238 Abs. 1 des Strafgesetzbuches) oder eine Bedrohung (§ 241 des Strafgesetzbuches),

5a. eine Bestechlichkeit oder Bestechung im geschäftlichen Verkehr (§ 229 des Strafgesetzbuches),

6. eine Sachbeschädigung (§ 303 des Strafgesetzbuches),

6a. eine Straftat nach § 323a des Strafgesetzbuches, wenn die im Rausch begangene Tat ein in den Nummern 1 bis 6 genanntes Vergehen ist,

7. eine Straftat nach den §§ 16 bis 19 des Gesetzes gegen den unlauteren Wettbewerb,

8. eine Straftat nach § 142 Abs. 1 des Patentgesetzes, § 25 Abs. 1 des Gebrauchsmustergesetzes, § 10 Abs. 1 des Halbleiterschutzgesetzes, § 39 Abs. 1 des Sortenschutzgesetzes, § 143 Abs. 1, § 143a Abs. 1 und § 144 Abs. 1 und 2 des Markengesetzes, § 51 Abs. 1 und § 65 Abs. 1 des Geschmacksmustergesetzes, den §§ 106 bis 108 sowie § 108b Abs. 1 und 2 des Urheberrechtsgesetzes und § 33 des Gesetzes betreffend das Urheberrecht an Werken der bildenden Künste und der Photographie.

(2) Die Privatklage kann auch erheben, wer neben dem Verletzten oder an seiner Stelle berechtigt ist, Strafantrag zu stellen. Die in § 77 Abs. 2 des Strafgesetzbuches genannten Personen können die Privatklage auch dann erheben, wenn der vor ihnen Berechtigte den Strafantrag gestellt hat.

(3) Hat der Verletzte einen gesetzlichen Vertreter, so wird die Befugnis zur Erhebung der Privatklage durch diesen und, wenn Körperschaften, Gesellschaften und andere Personenvereine, die als solche in bürgerlichen Rechtsstreitigkeiten klagen können, die Verletzten sind, durch dieselben Personen wahrgenommen, durch die sie in bürgerlichen Rechtsstreitigkeiten vertreten werden.

7. Gesetz über Ordnungswidrigkeiten (OWiG)

in der Fassung der Bekanntmachung vom 12. August 2005 (BGBl. I S. 2354),
zuletzt geändert durch Gesetz vom 29. Juli 2009 (BGBl. I S. 2353)
– Auszug –

§ 1 Begriffsbestimmung

(1) Eine Ordnungswidrigkeit ist eine rechtswidrige und vorwerfbare Handlung, die den Tatbestand eines Gesetzes verwirklicht, das die Ahndung mit einer Geldbuße zulässt.

(2) Eine mit Geldbuße bedrohte Handlung ist eine rechtswidrige Handlung, die den Tatbestand eines Gesetzes im Sinne des Absatzes 1 verwirklicht, auch wenn sie nicht vorwerfbar begangen ist.

§ 8 Begehen durch Unterlassen

Wer es unterlässt, einen Erfolg abzuwenden, der zum Tatbestand einer Bußgeldvorschrift gehört, handelt nach dieser Vorschrift nur dann ordnungswidrig, wenn er rechtlich dafür einzustehen hat, dass der Erfolg nicht eintritt, und wenn das Unterlassen der Verwirklichung des gesetzlichen Tatbestandes durch ein Tun entspricht.

§ 9 Handeln für einen anderen

(1) Handelt jemand

1. als vertretungsberechtigtes Organ einer juristischen Person oder als Mitglied eines solchen Organs,

2. als vertretungsberechtigter Gesellschafter einer rechtsfähigen Personengesellschaft oder

3. als gesetzlicher Vertreter eines anderen,

so ist ein Gesetz, nach dem besondere persönliche Eigenschaften, Verhältnisse oder Umstände (besondere persönliche Merkmale) die Möglichkeit der Ahndung begründen, auch auf den Vertreter anzuwenden, wenn diese Merkmale zwar nicht bei ihm, aber bei dem Vertretenen vorliegen.

(2) Ist jemand von dem Inhaber eines Betriebes oder einem sonst dazu Befugten

1. beauftragt, den Betrieb ganz oder zum Teil zu leiten, oder

2. ausdrücklich beauftragt, in eigener Verantwortung Aufgaben wahrzunehmen, die dem Inhaber des Betriebes obliegen,

und handelt er auf Grund dieses Auftrages, so ist ein Gesetz, nach dem besondere persönliche Merkmale die Möglichkeit der Ahndung begründen, auch auf den Beauftragten anzuwenden, wenn diese Merkmale zwar nicht bei ihm, aber bei dem Inhaber des Betriebes vorliegen. Dem Betrieb im Sinne des Satzes 1 steht das Unternehmen gleich. Handelt jemand auf Grund eines entsprechenden Auftrages für eine Stelle, die Aufgaben der öffentlichen Verwaltung wahrnimmt, so ist Satz 1 sinngemäß anzuwenden.

(3) Die Absätze 1 und 2 sind auch dann anzuwenden, wenn die Rechtshandlung, welche die Vertretungsbefugnis oder das Auftragsverhältnis begründen sollte, unwirksam ist.

§ 10   Vorsatz und Fahrlässigkeit

Als Ordnungswidrigkeit kann nur vorsätzliches Handeln geahndet werden, außer wenn das Gesetz fahrlässiges Handeln ausdrücklich mit Geldbuße bedroht.

§ 11   Irrtum

(1) Wer bei Begehung einer Handlung einen Umstand nicht kennt, der zum gesetzlichen Tatbestand gehört, handelt nicht vorsätzlich. Die Möglichkeit der Ahndung wegen fahrlässigen Handelns bleibt unberührt.

(2) Fehlt dem Täter bei Begehung der Handlung die Einsicht, etwas Unerlaubtes zu tun, namentlich weil er das Bestehen oder die Anwendbarkeit einer Rechtsvorschrift nicht kennt, so handelt er nicht vorwerfbar, wenn er diesen Irrtum nicht vermeiden konnte.

§ 12   Verantwortlichkeit

(1) Nicht vorwerfbar handelt, wer bei Begehung einer Handlung noch nicht vierzehn Jahre alt ist. Ein Jugendlicher handelt nur unter den Voraussetzungen des § 3 Satz 1 des Jugendgerichtsgesetzes vorwerfbar.

(2) Nicht vorwerfbar handelt, wer bei Begehung der Handlung wegen einer krankhaften seelischen Störung, wegen einer tiefgreifenden Bewusstseinsstörung oder wegen Schwachsinns oder einer schweren anderen seelischen Abartigkeit unfähig ist, das Unerlaubte der Handlung einzusehen oder nach dieser Einsicht zu handeln.

§ 13   Versuch

(1) Eine Ordnungswidrigkeit versucht, wer nach seiner Vorstellung von der Handlung zur Verwirklichung des Tatbestandes unmittelbar ansetzt.

(2) Der Versuch kann nur geahndet werden, wenn das Gesetz es ausdrücklich bestimmt.

(3) Der Versuch wird nicht geahndet, wenn der Täter freiwillig die weitere Ausführung der Handlung aufgibt oder deren Vollendung verhindert. Wird

die Handlung ohne Zutun des Zurücktretenden nicht vollendet, so genügt sein freiwilliges und ernsthaftes Bemühen, die Vollendung zu verhindern.

(4) Sind an der Handlung mehrere beteiligt, so wird der Versuch desjenigen nicht geahndet, der freiwillig die Vollendung verhindert. Jedoch genügt sein freiwilliges und ernsthaftes Bemühen, die Vollendung der Handlung zu verhindern, wenn sie ohne sein Zutun nicht vollendet oder unabhängig von seiner früheren Beteiligung begangen wird.

§ 14 Beteiligung

(1) Beteiligen sich mehrere an einer Ordnungswidrigkeit, so handelt jeder von ihnen ordnungswidrig. Dies gilt auch dann, wenn besondere persönliche Merkmale (§ 9 Abs. 1), welche die Möglichkeit der Ahndung begründen, nur bei einem Beteiligten vorliegen.

(2) Die Beteiligung kann nur dann geahndet werden, wenn der Tatbestand eines Gesetzes, das die Ahndung mit einer Geldbuße zulässt, rechtswidrig verwirklicht wird oder in Fällen, in denen auch der Versuch geahndet werden kann, dies wenigstens versucht wird.

(3) Handelt einer der Beteiligten nicht vorwerfbar, so wird dadurch die Möglichkeit der Ahndung bei den anderen nicht ausgeschlossen. Bestimmt das Gesetz, dass besondere persönliche Merkmale die Möglichkeit der Ahndung ausschließen, so gilt dies nur für den Beteiligten, bei dem sie vorliegen.

(4) Bestimmt das Gesetz, dass eine Handlung, die sonst eine Ordnungswidrigkeit wäre, bei besonderen persönlichen Merkmalen des Täters eine Straftat ist, so gilt dies nur für den Beteiligten, bei dem sie vorliegen.

§ 15 Notwehr

(1) Wer eine Handlung begeht, die durch Notwehr geboten ist, handelt nicht rechtswidrig.

(2) Notwehr ist die Verteidigung, die erforderlich ist, um einen gegenwärtigen rechtswidrigen Angriff von sich oder einem anderen abzuwenden.

(3) Überschreitet der Täter die Grenzen der Notwehr aus Verwirrung, Furcht oder Schrecken, so wird die Handlung nicht geahndet.

§ 16 Rechtfertigender Notstand

Wer in einer gegenwärtigen, nicht anders abwendbaren Gefahr für Leben, Leib, Freiheit, Ehre, Eigentum oder ein anderes Rechtsgut eine Handlung begeht, um die Gefahr von sich oder einem anderen abzuwenden, handelt nicht rechtswidrig, wenn bei Abwägung der widerstreitenden Interessen, namentlich der betroffenen Rechtsgüter und des Grades der ihnen drohenden Gefahren, das geschützte Interesse das beeinträchtigte wesentlich überwiegt. Dies gilt jedoch nur, soweit die Handlung ein angemessenes Mittel ist, die Gefahr abzuwenden.

§ 35 Verfolgung und Ahndung durch die Verwaltungsbehörde

(1) Für die Verfolgung von Ordnungswidrigkeiten ist die Verwaltungsbehörde zuständig, soweit nicht hierzu nach diesem Gesetz die Staatsanwaltschaft oder an ihrer Stelle für einzelne Verfolgungshandlungen der Richter berufen ist.

(2) Die Verwaltungsbehörde ist auch für die Ahndung von Ordnungswidrigkeiten zuständig, soweit nicht hierzu nach diesem Gesetz das Gericht berufen ist.

§ 53 Aufgaben der Polizei

(1) Die Behörden und Beamten des Polizeidienstes haben nach pflichtgemäßem Ermessen Ordnungswidrigkeiten zu erforschen und dabei alle unaufschiebbaren Anordnungen zu treffen, um die Verdunkelung der Sache zu verhüten. Sie haben bei der Erforschung von Ordnungswidrigkeiten, soweit dieses Gesetz nichts anderes bestimmt, dieselben Rechte und Pflichten wie bei der Verfolgung von Straftaten. Ihre Akten übersenden sie unverzüglich der Verwaltungsbehörde, in den Fällen des Zusammenhangs (§ 42) der Staatsanwaltschaft.

(2) Die Beamten des Polizeidienstes, die zu Ermittlungspersonen der Staatsanwaltschaft bestellt sind (§ 152 des Gerichtsverfassungsgesetzes), können nach den für sie geltenden Vorschriften der Strafprozessordnung Beschlagnahmen, Durchsuchungen, Untersuchungen und sonstige Maßnahmen anordnen.

§ 56 Verwarnung durch die Verwaltungsbehörde

(1) Bei geringfügigen Ordnungswidrigkeiten kann die Verwaltungsbehörde den Betroffenen verwarnen und ein Verwarnungsgeld von fünf bis fünfunddreißig Euro erheben. Sie kann eine Verwarnung ohne Verwarnungsgeld erteilen.

(2) Die Verwarnung nach Absatz 1 Satz 1 ist nur wirksam, wenn der Betroffene nach Belehrung über sein Weigerungsrecht mit ihr einverstanden ist und das Verwarnungsgeld entsprechend der Bestimmung der Verwaltungsbehörde entweder sofort zahlt oder innerhalb einer Frist, die eine Woche betragen soll, bei der hierfür bezeichneten Stelle oder bei der Post zur Überweisung an diese Stelle einzahlt. Eine solche Frist soll bewilligt werden, wenn

der Betroffene das Verwarnungsgeld nicht sofort zahlen kann oder wenn es höher ist als zehn Euro.

(3) Über die Verwarnung nach Absatz 1 Satz 1, die Höhe des Verwarnungsgeldes und die Zahlung oder die etwa bestimmte Zahlungsfrist wird eine Bescheinigung erteilt. Kosten (Gebühren und Auslagen) werden nicht erhoben.

(4) Ist die Verwarnung nach Absatz 1 Satz 1 wirksam, so kann die Tat nicht mehr unter den tatsächlichen und rechtlichen Gesichtspunkten verfolgt werden, unter denen die Verwarnung erteilt worden ist.

§ 65 Allgemeines

Die Ordnungswidrigkeit wird, soweit dieses Gesetz nichts anderes bestimmt, durch Bußgeldbescheid geahndet.

§ 67 Form und Frist

(1) Der Betroffene kann gegen den Bußgeldbescheid innerhalb von zwei Wochen nach Zustellung schriftlich oder zur Niederschrift bei der Verwaltungsbehörde, die den Bußgeldbescheid erlassen hat, Einspruch einlegen. Die §§ 297 bis 300 und 302 der Strafprozessordnung über Rechtsmittel gelten entsprechend.

(2) Der Einspruch kann auf bestimmte Beschwerdepunkte beschränkt werden.

§ 68 Zuständiges Gericht

(1) Bei einem Einspruch gegen den Bußgeldbescheid entscheidet das Amtsgericht, in dessen Bezirk die Verwaltungsbehörde ihren Sitz hat. Der Richter beim Amtsgericht entscheidet allein.

(2) Im Verfahren gegen Jugendliche und Heranwachsende ist der Jugendrichter zuständig.

(3) Sind in dem Bezirk der Verwaltungsbehörde eines Landes mehrere Amtsgerichtsbezirke oder mehrere Teile solcher Bezirke vorhanden, so kann die Landesregierung durch Rechtsverordnung die Zuständigkeit des Amtsgerichts abweichend von Absatz 1 danach bestimmen, in welchem Bezirk

1. die Ordnungswidrigkeit oder eine der Ordnungswidrigkeiten begangen worden ist (Begehungsort) oder

2. der Betroffene seinen Wohnsitz hat (Wohnort),

soweit es mit Rücksicht auf die große Zahl von Verfahren oder die weite Entfernung zwischen Begehungs- oder Wohnort und dem Sitz des nach Absatz 1 zuständigen Amtsgerichts sachdienlich erscheint, die Verfahren auf mehrere Amtsgerichte aufzuteilen; § 37 Abs. 3 gilt entsprechend. Der Bezirk, von dem die Zuständigkeit des Amtsgerichts nach Satz 1 abhängt, kann die Bezirke mehrerer Amtsgerichte umfassen. Die Landesregierung kann die Ermächtigung auf die Landesjustizverwaltung übertragen.

§ 117 Unzulässiger Lärm

(1) Ordnungswidrig handelt, wer ohne berechtigten Anlass oder in einem unzulässigen oder nach den Umständen vermeidbaren Ausmaß Lärm erregt, der geeignet ist, die Allgemeinheit oder die Nachbarschaft erheblich zu belästigen oder die Gesundheit eines anderen zu schädigen.

(2) Die Ordnungswidrigkeit kann mit einer Geldbuße bis zu fünftausend Euro geahndet werden, wenn die Handlung nicht nach anderen Vorschriften geahndet werden kann.

§ 118 Belästigung der Allgemeinheit

(1) Ordnungswidrig handelt, wer eine grob ungehörige Handlung vornimmt, die geeignet ist, die Allgemeinheit zu belästigen oder zu gefährden und die öffentliche Ordnung zu beeinträchtigen.

(2) Die Ordnungswidrigkeit kann mit einer Geldbuße geahndet werden, wenn die Handlung nicht nach anderen Vorschriften geahndet werden kann.

§ 119 Grob anstößige und belästigende Handlungen

(1) Ordnungswidrig handelt, wer

1. öffentlich in einer Weise, die geeignet ist, andere zu belästigen, oder

2. in grob anstößiger Weise durch Verbreiten von Schriften, Ton- oder Bildträgern, Abbildungen oder Darstellungen oder durch das öffentliche Zugänglichmachen von Datenspeichern

Gelegenheit zu sexuellen Handlungen anbietet, ankündigt, anpreist oder Erklärungen solchen Inhalts bekannt gibt.

(2) Ordnungswidrig handelt auch, wer auf die in Absatz 1 bezeichnete Weise Mittel oder Gegenstände, die dem sexuellen Gebrauch dienen, anbietet, ankündigt, anpreist oder Erklärungen solchen Inhalts bekannt gibt.

(3) Ordnungswidrig handelt ferner, wer öffentlich Schriften, Ton- oder Bildträger, Datenspeicher, Abbildungen oder Darstellungen sexuellen Inhalts an Orten ausstellt, anschlägt, vorführt oder sonst zugänglich macht, an denen dies grob anstößig wirkt.

(4) Die Ordnungswidrigkeit kann in den Fällen des Absatzes 1 Nr. 1 mit einer Geldbuße bis zu eintausend Euro, in den übrigen Fällen mit einer Geldbuße bis zu zehntausend Euro geahndet werden.

§ 130 (Verletzung der Aufsichtspflicht in Betrieben und Unternehmen)

(1) Wer als Inhaber eines Betriebes oder Unternehmens vorsätzlich oder fahrlässig die Aufsichtsmaßnahmen unterlässt, die erforderlich sind, um in dem Betrieb oder Unternehmen Zuwiderhandlungen gegen Pflichten zu verhindern, die den Inhaber treffen und deren Verletzung mit Strafe oder Geldbuße bedroht ist, handelt ordnungswidrig, wenn eine solche Zuwiderhandlung begangen wird, die durch gehörige Aufsicht verhindert oder wesentlich erschwert worden wäre. Zu den erforderlichen Aufsichtsmaßnahmen gehören auch die Bestellung, sorgfältige Auswahl und Überwachung von Aufsichtspersonen.

(2) Betrieb oder Unternehmen im Sinne des Absatzes 1 ist auch das öffentliche Unternehmen.

(3) Die Ordnungswidrigkeit kann, wenn die Pflichtverletzung mit Strafe bedroht ist, mit einer Geldbuße bis zu einer Million Euro geahndet werden. Ist die Pflichtverletzung mit Geldbuße bedroht, so bestimmt sich das Höchstmaß der Geldbuße wegen der Aufsichtspflichtverletzung nach dem für die Pflichtverletzung angedrohten Höchstmaß der Geldbuße. Satz 2 gilt auch im Falle einer Pflichtverletzung, die gleichzeitig mit Strafe und Geldbuße bedroht ist, wenn das für die Pflichtverletzung angedrohte Höchstmaß der Geldbuße das Höchstmaß nach Satz 1 übersteigt.

8. Sozialgesetzbuch (SGB) Siebtes Buch (VII) Gesetzliche Unfallversicherung

vom 8. September 2005 (BGBl. I S. 2729),
zuletzt geändert durch Gesetz vom 17. Juli 2009 (BGBl. I S. 1974)
– Auszug –

§ 15 Unfallverhütungsvorschriften

(1) Die Unfallversicherungsträger können unter Mitwirkung der Deutschen Gesetzlichen Unfallversicherung e. V. als autonomes Recht Unfallverhütungsvorschriften über Maßnahmen zur Verhütung von Arbeitsunfällen, Berufskrankheiten und arbeitsbedingten Gesundheitsgefahren oder für eine wirksame Erste Hilfe erlassen, soweit dies zur Prävention geeignet und erforderlich ist und staatliche Arbeitsschutzvorschriften hierüber keine Regelung treffen; in diesem Rahmen können Unfallverhütungsvorschriften erlassen werden über

1. Einrichtungen, Anordnungen und Maßnahmen, welche die Unternehmer zur Verhütung von Arbeitsunfällen, Berufskrankheiten und arbeitsbedingten Gesundheitsgefahren zu treffen haben, sowie die Form der Übertragung dieser Aufgaben auf andere Personen,

2. das Verhalten der Versicherten zur Verhütung von Arbeitsunfällen, Berufskrankheiten und arbeitsbedingten Gesundheitsgefahren,

3. vom Unternehmer zu veranlassende arbeitsmedizinische Untersuchungen und sonstige arbeitsmedizinische Maßnahmen vor, während und nach der Verrichtung von Arbeiten, die für Versicherte oder für Dritte mit arbeitsbedingten Gefahren für Leben und Gesundheit verbunden ist,

4. Voraussetzungen, die der Arzt, der mit Untersuchungen oder Maßnahmen nach Nummer 3 beauftragt ist, zu erfüllen hat, sofern die ärztliche Untersuchung nicht durch eine staatliche Rechtsvorschrift vorgesehen ist,

5. die Sicherstellung einer wirksamen Ersten Hilfe durch den Unternehmer,

6. die Maßnahmen, die der Unternehmer zur Erfüllung der sich aus dem Gesetz über Betriebsärzte, Sicherheitsingenieure und andere Fachkräfte für Arbeitssicherheit ergebenden Pflichten zu treffen hat,

7. die Zahl der Sicherheitsbeauftragten, die nach § 22 unter Berücksichtigung der in den Unternehmen für Leben und Gesundheit der Versicherten bestehenden arbeitsbedingten Gefahren und der Zahl der Beschäftigten zu bestellen sind.

In der Unfallverhütungsvorschrift nach Satz 1 Nr. 3 kann bestimmt werden, dass arbeitsmedizinische Vorsorgeuntersuchungen auch durch den Unfallversicherungsträger veranlasst werden können.

(1 a) Für die landwirtschaftlichen Berufsgenossenschaften ist Absatz 1 mit der Maßgabe anzuwenden, dass sich der Erlass der Unfallverhütungsvorschriften nach § 143 e Abs. 4 Nr. 4 richtet.

(2) Soweit die Unfallversicherungsträger Vorschriften nach Absatz 1 Satz 1 Nr. 3 erlassen, können sie zu den dort genannten Zwecken auch die Erhebung, Verarbeitung und Nutzung von folgenden Daten über die untersuchten Personen durch den Unternehmer vorsehen:

1. Vor- und Familienname, Geburtsdatum sowie Geschlecht,

2. Wohnanschrift,

3. Tag der Einstellung und des Ausscheidens,

4. Ordnungsnummer,

5. zuständige Krankenkasse,

6. Art der vom Arbeitsplatz ausgehenden Gefährdungen,

7. Art der Tätigkeit mit Angabe des Beginns und des Endes der Tätigkeit,

8. Angaben über Art und Zeiten früherer Tätigkeiten, bei denen eine Gefährdung bestand, soweit dies bekannt ist,

9. Datum und Ergebnis der ärztlichen Vorsorgeuntersuchungen; die Übermittlung von Diagnosedaten an den Unternehmer ist nicht zulässig,

10. Datum der nächsten regelmäßigen Nachuntersuchung,

11. Name und Anschrift des untersuchenden Arztes.

Soweit die Unfallversicherungsträger Vorschriften nach Absatz 1 Satz 2 erlassen, gelten Satz 1 sowie § 24 Abs. 1 Satz 3 und 4 entsprechend.

(3) Absatz 1 Satz 1 Nr. 1 bis 5 gilt nicht für die unter bergbehördlicher Aufsicht stehenden Unternehmen.

(4) Die Vorschriften nach Absatz 1 bedürfen der Genehmigung durch das Bundesministerium für Arbeit und Soziales. Die Entscheidung hierüber wird im Benehmen mit den zuständigen obersten Verwaltungsbehörden der Länder getroffen. Soweit die Vorschriften von einem Unfallversicherungsträger erlassen werden, welcher der Aufsicht eines Landes untersteht, entscheidet die zuständige oberste Landesbehörde über die Genehmigung im Benehmen mit dem Bundesministerium für Arbeit und Soziales. Die Genehmigung ist zu erteilen, wenn die Vorschriften sich im Rahmen der Ermächtigung nach Absatz 1 halten und ordnungsgemäß von der Vertreterversammlung beschlossen worden sind. Die Erfüllung der Genehmigungsvoraussetzungen nach Satz 4 ist im Antrag auf Erteilung der Genehmigung darzulegen. Dabei hat der Unfallversicherungsträger insbesondere anzugeben, dass

1. eine Regelung der in den Vorschriften vorgesehenen Maßnahmen in staatlichen Arbeitsschutzvorschriften nicht zweckmäßig ist,

2. das mit den Vorschriften angestrebte Präventionsziel ausnahmsweise nicht durch Regeln erreicht wird, die von einem gemäß § 18 Abs. 2 Nr. 5

des Arbeitsschutzgesetzes eingerichteten Ausschuss ermittelt werden, und

3. die nach Nummer 1 und 2 erforderlichen Feststellungen in einem besonderen Verfahren unter Beteiligung von Arbeitsschutzbehörden des Bundes und der Länder getroffen worden sind.

Für die Angabe nach Satz 6 reicht bei Unfallverhütungsvorschriften nach Absatz 1 Satz 1 Nr. 6 ein Hinweis darauf aus, dass das Bundesministerium für Arbeit und Soziales von der Ermächtigung zum Erlass einer Rechtsverordnung nach § 14 des Gesetzes über Betriebsärzte, Sicherheitsingenieure und andere Fachkräfte für Arbeitssicherheit keinen Gebrauch macht.

(5) Die Unternehmer sind über die Vorschriften nach Absatz 1 zu unterrichten und zur Unterrichtung der Versicherten verpflichtet.

§ 17 Überwachung und Beratung

(1) Die Unfallversicherungsträger haben die Durchführung der Maßnahmen zur Verhütung von Arbeitsunfällen, Berufskrankheiten, arbeitsbedingten Gesundheitsgefahren und für eine wirksame Erste Hilfe in den Unternehmen zu überwachen sowie die Unternehmer und die Versicherten zu beraten.

(2) Soweit in einem Unternehmen Versicherte tätig sind, für die ein anderer Unfallversicherungsträger zuständig ist, kann auch dieser die Durchführung der Maßnahmen zur Verhütung von Arbeitsunfällen, Berufskrankheiten, arbeitsbedingten Gesundheitsgefahren und für eine wirksame Erste Hilfe überwachen. Beide Unfallversicherungsträger sollen, wenn nicht sachliche Gründe entgegenstehen, die Überwachung und Beratung abstimmen und sich mit deren Wahrnehmung auf einen Unfallversicherungsträger verständigen.

(3) Erwachsen dem Unfallversicherungsträger durch Pflichtversäumnis eines Unternehmers bare Auslagen für die Überwachung seines Unternehmens, so kann der Vorstand dem Unternehmer diese Kosten auferlegen.

§ 18 Aufsichtspersonen

(1) Die Unfallversicherungsträger sind verpflichtet, Aufsichtspersonen in der für eine wirksame Überwachung und Beratung gemäß § 17 erforderlichen Zahl zu beschäftigen.

(2) Als Aufsichtsperson darf nur beschäftigt werden, wer seine Befähigung für diese Tätigkeit durch eine Prüfung nachgewiesen hat. Die Unfallversicherungsträger erlassen Prüfungsordnungen. Die Prüfungsordnungen bedürfen der Genehmigung durch die Aufsichtsbehörde.

§ 19   Befugnisse der Aufsichtspersonen

(1) Die Aufsichtspersonen können im Einzelfall anordnen, welche Maßnahmen Unternehmerinnen und Unternehmer oder Versicherte zu treffen haben

1. zur Erfüllung ihrer Pflichten aufgrund der Unfallverhütungsvorschriften nach § 15,

2. zur Abwendung besonderer Unfall- und Gesundheitsgefahren.

Die Aufsichtspersonen sind berechtigt, bei Gefahr im Verzug sofort vollziehbare Anordnungen zur Abwendung von arbeitsbedingten Gefahren für Leben und Gesundheit zu treffen. Anordnungen nach den Sätzen 1 und 2 können auch gegenüber Unternehmerinnen und Unternehmern sowie gegenüber Beschäftigten von ausländischen Unternehmen getroffen werden, die eine Tätigkeit im Inland ausüben, ohne einem Unfallversicherungsträger anzugehören.

(2) Zur Überwachung der Maßnahmen zur Verhütung von Arbeitsunfällen, Berufskrankheiten, arbeitsbedingten Gesundheitsgefahren und für eine wirksame Erste Hilfe sind die Aufsichtspersonen insbesondere befugt,

1. zu den Betriebs- und Geschäftszeiten Grundstücke und Betriebsstätten zu betreten, zu besichtigen und zu prüfen,

2. von dem Unternehmer die zur Durchführung ihrer Überwachungsaufgabe erforderlichen Auskünfte zu verlangen,

3. geschäftliche und betriebliche Unterlagen des Unternehmers einzusehen, soweit es die Durchführung ihrer Überwachungsaufgabe erfordert,

4. Arbeitsmittel und persönliche Schutzausrüstungen sowie ihre bestimmungsgemäße Verwendung zu prüfen,

5. Arbeitsverfahren und Arbeitsabläufe zu untersuchen und insbesondere das Vorhandensein und die Konzentration gefährlicher Stoffe und Zubereitungen zu ermitteln oder, soweit die Aufsichtspersonen und der Unternehmer die erforderlichen Feststellungen nicht treffen können, auf Kosten des Unternehmers ermitteln zu lassen,

6. gegen Empfangsbescheinigung Proben nach ihrer Wahl zu fordern oder zu entnehmen; soweit der Unternehmer nicht ausdrücklich darauf verzichtet, ist ein Teil der Proben amtlich verschlossen oder versiegelt zurückzulassen,

7. zu untersuchen, ob und auf welche betriebliche Ursachen ein Unfall, eine Erkrankung oder ein Schadensfall zurückzuführen ist,

8. die Begleitung durch den Unternehmer oder eine von ihm beauftragte Person zu verlangen.

Der Unternehmer hat die Maßnahmen nach Satz 1 Nr. 1 und 3 bis 7 zu dulden. Zur Verhütung dringender Gefahren können die Maßnahmen nach Satz 1 auch in Wohnräumen und zu jeder Tages- und Nachtzeit getroffen werden. Das Grundrecht der Unverletzlichkeit der Wohnung (Artikel 13 des Grundgesetzes) wird insoweit eingeschränkt. Die Eigentümer und Besitzer der Grundstücke, auf denen der Unternehmer tätig ist, haben das Betreten der Grundstücke zu gestatten.

(3) Der Unternehmer hat die Aufsichtsperson zu unterstützen, soweit dies zur Erfüllung ihrer Aufgaben erforderlich ist. Auskünfte auf Fragen, deren Beantwortung den Unternehmer selbst oder einen seiner in § 383 Abs. 1 Nr. 1 bis 3 der Zivilprozessordnung bezeichneten Angehörigen der Gefahr der Verfolgung wegen einer Straftat oder Ordnungswidrigkeit aussetzen würde, können verweigert werden.

§ 21 Verantwortung des Unternehmers, Mitwirkung der Versicherten

(1) Der Unternehmer ist für die Durchführung der Maßnahmen zur Verhütung von Arbeitsunfällen und Berufskrankheiten, für die Verhütung von arbeitsbedingten Gesundheitsgefahren sowie für eine wirksame Erste Hilfe verantwortlich.

(2) Ist bei einer Schule der Unternehmer nicht Schulhoheitsträger, ist auch der Schulhoheitsträger in seinem Zuständigkeitsbereich für die Durchführung der in Absatz 1 genannten Maßnahmen verantwortlich. Der Schulhoheitsträger ist verpflichtet, im Benehmen mit dem für die Versicherten nach § 2 Abs. 1 Nr. 8 Buchstabe b zuständigen Unfallversicherungsträger Regelungen über die Durchführung der in Absatz 1 genannten Maßnahmen im inneren Schulbereich zu treffen.

(3) Die Versicherten haben nach ihren Möglichkeiten alle Maßnahmen zur Verhütung von Arbeitsunfällen, Berufskrankheiten und arbeitsbedingten Gesundheitsgefahren sowie für eine wirksame Erste Hilfe zu unterstützen und die entsprechenden Anweisungen des Unternehmers zu befolgen.

§ 22 Sicherheitsbeauftragte

(1) In Unternehmen mit regelmäßig mehr als 20 Beschäftigten hat der Unternehmer unter Beteiligung des Betriebsrates oder Personalrates Sicherheitsbeauftragte unter Berücksichtigung der im Unternehmen für die Beschäftigten bestehenden Unfall- und Gesundheitsgefahren und der Zahl der Beschäftigten zu bestellen. Als Beschäftigte gelten auch die nach § 2 Abs. 1 Nr. 2, 8 und 12 Versicherten. In Unternehmen mit besonderen Gefahren für Leben und Gesundheit kann der Unfallversicherungsträger anordnen, dass Sicherheitsbeauftragte auch dann zu bestellen sind, wenn die Mindestbeschäftigtenzahl nach Satz 1 nicht erreicht wird. Für Unternehmen mit geringen Gefahren für Leben und Gesundheit kann der Unfallversicherungsträger die Zahl 20 in seiner Unfallverhütungsvorschrift erhöhen.

(2) Die Sicherheitsbeauftragten haben den Unternehmer bei der Durchführung der Maßnahmen zur Verhütung von Arbeitsunfällen und Berufskrankheiten zu unterstützen, insbesondere sich von dem Vorhandensein und der ordnungsgemäßen Benutzung der vorgeschriebenen Schutzeinrichtungen und persönlichen Schutzausrüstungen zu überzeugen und auf Unfall- und Gesundheitsgefahren für die Versicherten aufmerksam zu machen.

(3) Die Sicherheitsbeauftragten dürfen wegen der Erfüllung der ihnen übertragenen Aufgaben nicht benachteiligt werden.

§ 23   Aus- und Fortbildung

(1) Die Unfallversicherungsträger haben für die erforderliche Aus- und Fortbildung der Personen in den Unternehmen zu sorgen, die mit der Durchführung der Maßnahmen zur Verhütung von Arbeitsunfällen, Berufskrankheiten und arbeitsbedingten Gesundheitsgefahren sowie mit der Ersten Hilfe betraut sind. Für nach dem Gesetz über Betriebsärzte, Sicherheitsingenieure und andere Fachkräfte für Arbeitssicherheit zu verpflichtende Betriebsärzte und Fachkräfte für Arbeitssicherheit, die nicht dem Unternehmen angehören, können die Unfallversicherungsträger entsprechende Maßnahmen durchführen. Die Unfallversicherungsträger haben Unternehmer und Versicherte zur Teilnahme an Aus- und Fortbildungslehrgängen anzuhalten.

(2) Die Unfallversicherungsträger haben die unmittelbaren Kosten ihrer Aus- und Fortbildungsmaßnahmen sowie die erforderlichen Fahr-, Verpflegungs- und Unterbringungskosten zu tragen. Bei Aus- und Fortbildungsmaßnahmen für Ersthelfer, die von Dritten durchgeführt werden, haben die Unfallversicherungsträger nur die Lehrgangsgebühren zu tragen.

(3) Für die Arbeitszeit, die wegen der Teilnahme an einem Lehrgang ausgefallen ist, besteht gegen den Unternehmer ein Anspruch auf Fortzahlung des Arbeitsentgelts.

(4) Bei der Ausbildung von Sicherheitsbeauftragten und Fachkräften für Arbeitssicherheit sind die für den Arbeitsschutz zuständigen Landesbehörden zu beteiligen.

§ 193   Pflicht zur Anzeige eines Versicherungsfalls durch die Unternehmer

(1) Die Unternehmer haben Unfälle von Versicherten in ihren Unternehmen dem Unfallversicherungsträger anzuzeigen, wenn Versicherte getötet oder so verletzt sind, dass sie mehr als drei Tage arbeitsunfähig werden. Satz 1 gilt entsprechend für Unfälle von Versicherten, deren Versicherung weder eine Beschäftigung noch eine selbstständige Tätigkeit voraussetzt.

(2) Haben Unternehmer im Einzelfall Anhaltspunkte, dass bei Versicherten ihrer Unternehmen eine Berufskrankheit vorliegen könnte, haben sie diese dem Unfallversicherungsträger anzuzeigen.

(3) Bei Unfällen der nach § 2 Abs. 1 Nr. 8 Buchstabe b Versicherten hat der Schulhoheitsträger die Unfälle auch dann anzuzeigen, wenn er nicht Unternehmer ist. Bei Unfällen der nach § 2 Abs. 1 Nr. 15 Buchstabe a Versicherten hat der Träger der Einrichtung, in der die stationäre oder teilstationäre Behandlung oder die stationären Leistungen zur medizinischen Rehabilitation erbracht werden, die Unfälle anzuzeigen.

(4) Die Anzeige ist binnen drei Tagen zu erstatten, nachdem die Unternehmer von dem Unfall oder von den Anhaltspunkten für eine Berufskrankheit Kenntnis erlangt haben. Der Versicherte kann vom Unternehmer verlangen, dass ihm eine Kopie der Anzeige überlassen wird.

(5) Die Anzeige ist vom Betriebs- oder Personalrat mit zu unterzeichnen. Der Unternehmer hat die Sicherheitsfachkraft und den Betriebsarzt über jede Unfall- oder Berufskrankheitenanzeige in Kenntnis zu setzen. Verlangt der Unfallversicherungsträger zur Feststellung, ob eine Berufskrankheit vorliegt, Auskünfte über gefährdende Tätigkeiten von Versicherten, haben die Unternehmer den Betriebs- oder Personalrat über dieses Auskunftsersuchen unverzüglich zu unterrichten.

(6) *(weggefallen)*

(7) Bei Unfällen in Unternehmen, die der allgemeinen Arbeitsschutzaufsicht unterstehen, hat der Unternehmer eine Durchschrift der Anzeige der für den Arbeitsschutz zuständigen Landesbehörde zu übersenden. Bei Unfällen in Unternehmen, die der bergbehördlichen Aufsicht unterstehen, ist die Durchschrift an die zuständige untere Bergbehörde zu übersenden. Wird eine Berufskrankheit angezeigt, übersendet der Unfallversicherungsträger eine Durchschrift der Anzeige unverzüglich der für den medizinischen Arbeitsschutz zuständigen Landesbehörde. Wird der für den medizinischen Arbeitsschutz zuständigen Landesbehörde eine Berufskrankheit angezeigt, übersendet sie dem Unfallversicherungsträger unverzüglich eine Durchschrift der Anzeige.

(8) Das Bundesministerium für Arbeit und Soziales bestimmt durch Rechtsverordnung mit Zustimmung des Bundesrates den für Aufgaben der Prävention und der Einleitung eines Feststellungsverfahrens erforderlichen Inhalt der Anzeige, ihre Form und die Art und Weise ihrer Übermittlung sowie die Empfänger, die Anzahl und den Inhalt der Durchschriften.

(9) Unfälle nach Absatz 1, die während der Fahrt auf einem Seeschiff eingetreten sind, sind ferner in das Schiffstagebuch einzutragen und dort oder in einem Anhang kurz darzustellen. Ist ein Schiffstagebuch nicht zu führen, haben die Schiffsführer Unfälle nach Satz 1 in einer besonderen Niederschrift nachzuweisen.

§ 209 Bußgeldvorschriften

(1) Ordnungswidrig handelt, wer vorsätzlich oder fahrlässig

1. einer Unfallverhütungsvorschrift nach § 15 Abs. 1 oder 2 zuwiderhandelt, soweit sie für einen bestimmten Tatbestand auf diese Bußgeldvorschrift verweist,

2. einer vollziehbaren Anordnung nach § 19 zuwiderhandelt,

3. entgegen § 19 Abs. 1 Satz 2 eine Maßnahme nicht duldet,

4. entgegen § 138 die Versicherten nicht unterrichtet,

5. entgegen § 165 Abs. 1 Satz 1, entgegen § 165 Abs. 1 in Verbindung mit einer Satzung nach Satz 2 oder 3 oder entgegen § 194 eine Meldung nicht, nicht richtig, nicht vollständig, nicht in der vorgeschriebenen Weise oder nicht rechtzeitig macht,

6. entgegen § 165 Abs. 2 Satz 1 einen Nachweis über die sich aus der Satzung ergebenden Berechnungsgrundlagen nicht, nicht vollständig oder nicht rechtzeitig einreicht,

7. entgegen § 165 Abs. 4 eine Aufzeichnung nicht führt oder nicht mindestens fünf Jahre aufbewahrt,

8. entgegen § 192 Abs. 1 Nr. 1 bis 3 oder Abs. 4 Satz 1 eine Mitteilung nicht, nicht richtig, nicht vollständig oder nicht rechtzeitig macht,

9. entgegen § 193 Abs. 1 Satz 1, auch in Verbindung mit Satz 2, Abs. 2, 3 Satz 2, Abs. 4 oder 6 eine Anzeige nicht, nicht richtig oder nicht rechtzeitig erstattet,

10. entgegen § 193 Abs. 9 einen Unfall nicht in das Schiffstagebuch einträgt, nicht darstellt oder nicht in einer besonderen Niederschrift nachweist oder

11. entgegen § 198 oder 203 Abs. 1 Satz 1 eine Auskunft nicht, nicht richtig, nicht vollständig oder nicht rechtzeitig erteilt.

In den Fällen der Nummer 5, die sich auf geringfügige Beschäftigungen in Privathaushalten im Sinne von § 8 a des Vierten Buches beziehen, findet § 266 a (Vorenthalten und Veruntreuen von Arbeitsentgelt) Abs. 2 des Strafgesetzbuches keine Anwendung.

(2) Ordnungswidrig handelt, wer als Unternehmer Versicherten Beiträge ganz oder zum Teil auf das Arbeitsentgelt anrechnet.

(3) Die Ordnungswidrigkeit kann in den Fällen des Absatzes 1 Nr. 1 bis 3 mit einer Geldbuße bis zu zehntausend Euro, in den Fällen des Absatzes 2 mit einer Geldbuße bis zu fünftausend Euro, in den übrigen Fällen mit einer Geldbuße bis zu zweitausendfünfhundert Euro geahndet werden.

9. Berufsgenossenschaftliche Vorschriften für Sicherheit und Gesundheit bei der Arbeit (BGV)

9.1 Grundsätze der Prävention (BGV A 1)

vom 1. Januar 2004

I. Allgemeine Vorschriften

§ 1 Geltungsbereich von Unfallverhütungsvorschriften

Unfallverhütungsvorschriften gelten für Unternehmen und Versicherte; sie gelten auch
- für Unternehmer und Beschäftigte von ausländischen Unternehmen, die eine Tätigkeit im Inland ausüben, ohne einem Unfallversicherungsträger anzugehören;
- soweit in dem oder für das Unternehmen Versicherte tätig werden, für die ein anderer Unfallversicherungsträger zuständig ist.

II. Pflichten des Unternehmers

§ 2 Grundpflichten des Unternehmers

(1) Der Unternehmer hat die erforderlichen Maßnahmen zur Verhütung von Arbeitsunfällen, Berufskrankheiten und arbeitsbedingten Gesundheitsgefahren sowie für eine wirksame Erste Hilfe zu treffen. Die zu treffenden Maßnahmen sind insbesondere in staatlichen Arbeitsschutzvorschriften (Anlage 1), dieser Unfallverhütungsvorschrift und in weiteren Unfallverhütungsvorschriften näher bestimmt.

(2) Der Unternehmer hat bei den Maßnahmen nach Absatz 1 von den allgemeinen Grundsätzen nach § 4 Arbeitsschutzgesetz auszugehen und dabei insbesondere das staatliche und berufsgenossenschaftliche Regelwerk heranzuziehen.

(3) Der Unternehmer hat die Maßnahmen nach Absatz 1 entsprechend den Bestimmungen des § 3 Abs. 1 Sätze 2 und 3 und Absatz 2 Arbeitsschutzgesetz zu planen, zu organisieren, durchzuführen und erforderlichenfalls an veränderte Gegebenheiten anzupassen.

(4) Der Unternehmer darf keine sicherheitswidrigen Weisungen erteilen.

(5) Kosten für Maßnahmen nach dieser Unfallverhütungsvorschrift und den für ihn sonst geltenden Unfallverhütungsvorschriften darf der Unternehmer nicht den Versicherten auferlegen.

§ 3 Beurteilung der Arbeitsbedingungen, Dokumentation, Auskunftspflichten

(1) Der Unternehmer hat durch eine Beurteilung der für die Versicherten mit ihrer Arbeit verbundenen Gefährdungen entsprechend § 5 Abs. 2 und 3 Arbeitsschutzgesetz zu ermitteln, welche Maßnahmen nach § 2 Abs. 1 erforderlich sind.

(2) Der Unternehmer hat Gefährdungsbeurteilungen insbesondere dann zu überprüfen, wenn sich die betrieblichen Gegebenheiten hinsichtlich Sicherheit und Gesundheitsschutz verändert haben.

(3) Der Unternehmer hat entsprechend § 6 Abs. 1 Arbeitsschutzgesetz das Ergebnis der Gefährdungsbeurteilung nach Absatz 1, die von ihm festgelegten Maßnahmen und das Ergebnis ihrer Überprüfung zu dokumentieren.

(4) Der Unternehmer hat der Berufsgenossenschaft alle Informationen über die im Betrieb getroffenen Maßnahmen des Arbeitsschutzes auf Wunsch zur Kenntnis zu geben.

§ 4 Unterweisung der Versicherten

(1) Der Unternehmer hat die Versicherten über Sicherheit und Gesundheitsschutz bei der Arbeit, insbesondere über die mit ihrer Arbeit verbundenen Gefährdungen und die Maßnahmen zu ihrer Verhütung, entsprechend § 12 Abs. 1 Arbeitsschutzgesetz sowie bei einer Arbeitnehmerüberlassung entsprechend § 12 Abs. 2 Arbeitsschutzgesetz zu unterweisen; die Unterweisung muss erforderlichenfalls wiederholt werden, mindestens aber einmal jährlich erfolgen; sie muss dokumentiert werden.

(2) Der Unternehmer hat den Versicherten die für ihren Arbeitsbereich oder für ihre Tätigkeit relevanten Inhalte der geltenden Unfallverhütungsvorschriften und BG-Regeln sowie des einschlägigen staatlichen Vorschriften- und Regelwerks in verständlicher Weise zu vermitteln.

§ 5 Vergabe von Aufträgen

(1) Erteilt der Unternehmer den Auftrag,

1. Einrichtungen zu planen, herzustellen, zu ändern oder in Stand zu setzen,
2. Arbeitsverfahren zu planen oder zu gestalten, so hat er dem Auftragnehmer schriftlich aufzugeben, die in § 2 Abs. 1 und 2 genannten für die Durchführung des Auftrags maßgeblichen Vorgaben zu beachten.

(2) Erteilt der Unternehmer den Auftrag, Arbeitsmittel, Ausrüstungen oder Arbeitsstoffe zu liefern, so hat er dem Auftragnehmer schriftlich aufzugeben, im Rahmen seines Auftrags die für Sicherheit und Gesundheitsschutz einschlägigen Anforderungen einzuhalten.

(3) Bei der Erteilung von Aufträgen an ein Fremdunternehmen hat der den Auftrag erteilende Unternehmer den Fremdunternehmer bei der Gefährdungsbeurteilung bezüglich der betriebsspezifischen Gefahren zu unterstützen. Der Unternehmer hat ferner sicherzustellen, dass Tätigkeiten mit besonderen Gefahren durch Aufsichtsführende überwacht werden, die die Durchführung der festgelegten Schutzmaßnahmen sicherstellen. Der Unternehmer hat ferner mit dem Fremdunternehmen Einvernehmen herzustellen, wer den Aufsichtsführenden zu stellen hat.

§ 6   Zusammenarbeit mehrerer Unternehmer

(1) Werden Beschäftigte mehrerer Unternehmer oder selbstständige Einzelunternehmer an einem Arbeitsplatz tätig, haben die Unternehmer hinsichtlich der Sicherheit und des Gesundheitsschutzes der Beschäftigten, insbesondere hinsichtlich der Maßnahmen nach § 2 Abs. 1, entsprechend § 8 Abs. 1 Arbeitsschutzgesetz zusammenzuarbeiten. Insbesondere haben sie, soweit es zur Vermeidung einer möglichen gegenseitigen Gefährdung erforderlich ist, eine Person zu bestimmen, die die Arbeiten aufeinander abstimmt; zur Abwehr besonderer Gefahren ist sie mit entsprechender Weisungsbefugnis auszustatten.

(2) Der Unternehmer hat sich je nach Art der Tätigkeit zu vergewissern, dass Personen, die in seinem Betrieb tätig werden, hinsichtlich der Gefahren für ihre Sicherheit und Gesundheit während ihrer Tätigkeit in seinem Betrieb angemessene Anweisungen erhalten haben.

§ 7   Befähigung für Tätigkeiten

(1) Bei der Übertragung von Aufgaben auf Versicherte hat der Unternehmer je nach Art der Tätigkeiten zu berücksichtigen, ob die Versicherten befähigt sind, die für die Sicherheit und den Gesundheitsschutz bei der Aufgabenerfüllung zu beachtenden Bestimmungen und Maßnahmen einzuhalten.

(2) Der Unternehmer darf Versicherte, die erkennbar nicht in der Lage sind, eine Arbeit ohne Gefahr für sich oder andere auszuführen, mit dieser Arbeit nicht beschäftigen.

§ 8   Gefährliche Arbeiten

(1) Wenn eine gefährliche Arbeit von mehreren Personen gemeinschaftlich ausgeführt wird und sie zur Vermeidung von Gefahren eine gegenseitige Verständigung erfordert, hat der Unternehmer dafür zu sorgen, dass eine zuverlässige, mit der Arbeit vertraute Person die Aufsicht führt.

(2) Wird eine gefährliche Arbeit von einer Person allein ausgeführt, so hat der Unternehmer über die allgemeinen Schutzmaßnahmen hinaus für geeig-

nete technische oder organisatorische Personenschutzmaßnahmen zu sorgen.

§ 9 Zutritts- und Aufenthaltsverbote

Der Unternehmer hat dafür zu sorgen, dass Unbefugte Betriebsteile nicht betreten, wenn dadurch eine Gefahr für Sicherheit und Gesundheit entsteht.

§ 10 Besichtigung des Unternehmens, Erlass einer Anordnung, Auskunftspflicht

(1) Der Unternehmer hat der Aufsichtsperson der Berufsgenossenschaft die Besichtigung seines Unternehmens zu ermöglichen und sie auf ihr Verlangen zu begleiten oder durch einen geeigneten Vertreter begleiten zu lassen.

(2) Erlässt die Berufsgenossenschaft eine Anordnung und setzt sie hierbei eine Frist, innerhalb der die verlangten Maßnahmen zu treffen sind, so hat der Unternehmer nach Ablauf der Frist unverzüglich mitzuteilen, ob er die verlangten Maßnahmen getroffen hat.

(3) Der Unternehmer hat den Aufsichtspersonen der Berufsgenossenschaft auf Verlangen die zur Durchführung ihrer Überwachungsaufgabe erforderlichen Auskünfte zu erteilen. Er hat die Aufsichtspersonen zu unterstützen, soweit dies zur Erfüllung ihrer Aufgaben erforderlich ist.

§ 11 Maßnahmen bei Mängeln

Tritt bei einem Arbeitsmittel, einer Einrichtung, einem Arbeitsverfahren bzw. Arbeitsablauf ein Mangel auf, durch den für die Versicherten sonst nicht abzuwendende Gefahren entstehen, hat der Unternehmer das Arbeitsmittel oder die Einrichtung der weiteren Benutzung zu entziehen oder stillzulegen bzw. das Arbeitsverfahren oder den Arbeitsablauf abzubrechen, bis der Mangel behoben ist.

§ 12 Zurverfügungstellung von Vorschriften und Regeln

(1) Der Unternehmer hat den Versicherten die für sein Unternehmen geltenden Unfallverhütungsvorschriften an geeigneter Stelle zugänglich zu machen.

(2) Der Unternehmer hat den mit der Durchführung von Maßnahmen nach § 2 Abs. 1 betrauten Personen die für ihren Zuständigkeitsbereich geltenden Vorschriften und Regeln zur Verfügung zu stellen.

§ 13 Pflichtenübertragung

Der Unternehmer kann zuverlässige und fachkundige Personen schriftlich damit beauftragen, ihm nach Unfallverhütungsvorschriften obliegende Aufgaben in eigener Verantwortung wahrzunehmen. Die Beauftragung muss den Verantwortungsbereich und Befugnisse festlegen und ist vom Beauftragten zu unterzeichnen. Eine Ausfertigung der Beauftragung ist ihm auszuhändigen.

§ 14 Ausnahmen

(1) Der Unternehmer kann bei der Berufsgenossenschaft im Einzelfall Ausnahmen von Unfallverhütungsvorschriften schriftlich beantragen.

(2) Die Berufsgenossenschaft kann dem Antrag nach Absatz 1 entsprechen, wenn

1. der Unternehmer eine andere, ebenso wirksame Maßnahme trifft

oder

2. die Durchführung der Vorschriften im Einzelfall zu einer unverhältnismäßigen Härte führen würde und die Abweichung mit dem Schutz der Versicherten vereinbar ist. Dem Antrag ist eine Stellungnahme der betrieblichen Arbeitnehmervertretung beizufügen.

(3) Betrifft der Antrag nach Absatz 1 Regelungen in Unfallverhütungsvorschriften, die zugleich Gegenstand staatlicher Arbeitsschutzvorschriften sind, hat die Berufsgenossenschaft eine Stellungnahme der für die Durchführung der staatlichen Arbeitsschutzvorschriften zuständigen staatlichen Arbeitsschutzbehörde einzuholen und zu berücksichtigen.

(4) In staatlichen Arbeitsschutzvorschriften enthaltene Verfahrensvorschriften, insbesondere über Genehmigungen, Erlaubnisse, Ausnahmen, Anzeigen und Vorlagepflichten, bleiben von dieser Unfallverhütungsvorschrift unberührt; die nach diesen Bestimmungen zu treffenden behördlichen Maßnahmen obliegen den zuständigen Arbeitsschutzbehörden.

III. Pflichten der Versicherten

§ 15 Allgemeine Unterstützungspflichten und Verhalten

(1) Die Versicherten sind verpflichtet, nach ihren Möglichkeiten sowie gemäß der Unterweisung und Weisung des Unternehmers für ihre Sicherheit und Gesundheit bei der Arbeit sowie für Sicherheit und Gesundheitsschutz derjenigen zu sorgen, die von ihren Handlungen oder Unterlassungen betroffen sind. Die Versicherten haben die Maßnahmen zur Verhütung von Arbeitsunfällen, Berufskrankheiten und arbeitsbedingten Gesundheitsge-

fahren sowie für eine wirksame Erste Hilfe unterstützen. Versicherte haben die entsprechenden Anweisungen des Unternehmers zu befolgen. Die Versicherten dürfen erkennbar gegen Sicherheit und Gesundheit gerichtete Weisungen nicht befolgen.

(2) Versicherte dürfen sich durch den Konsum von Alkohol, Drogen oder anderen berauschenden Mitteln nicht in einen Zustand versetzen, durch den sie sich selbst oder andere gefährden können.

(3) Absatz 2 gilt auch für die Einnahme von Medikamenten.

§ 16   Besondere Unterstützungspflichten

(1) Die Versicherten haben dem Unternehmer oder dem zuständigen Vorgesetzten jede von ihnen festgestellte unmittelbare erhebliche Gefahr für die Sicherheit und Gesundheit sowie jeden an den Schutzvorrichtungen und Schutzsystemen festgestellten Defekt unverzüglich zu melden. Unbeschadet dieser Pflicht sollen die Versicherten von ihnen festgestellte Gefahren für Sicherheit und Gesundheit und Mängel an den Schutzvorrichtungen und Schutzsystemen auch der Fachkraft für Arbeitssicherheit, dem Betriebsarzt oder dem Sicherheitsbeauftragten mitteilen.

(2) Stellt ein Versicherter fest, dass im Hinblick auf die Verhütung von Arbeitsunfällen, Berufskrankheiten und arbeitsbedingten Gesundheitsgefahren

– ein Arbeitsmittel oder eine sonstige Einrichtung einen Mangel aufweist,

– Arbeitsstoffe nicht einwandfrei verpackt, gekennzeichnet oder beschaffen sind

oder

– ein Arbeitsverfahren oder Arbeitsabläufe Mängel aufweisen

hat er, soweit dies zu seiner Arbeitsaufgabe gehört und er über die notwendige Befähigung verfügt, den festgestellten Mangel unverzüglich zu beseitigen. Andernfalls hat er den Mangel dem Vorgesetzten unverzüglich zu melden.

§ 17   Benutzung von Einrichtungen, Arbeitsmitteln und Arbeitsstoffen

Versicherte haben Einrichtungen, Arbeitsmittel und Arbeitsstoffe sowie Schutzvorrichtungen bestimmungsgemäß und im Rahmen der ihnen übertragenen Arbeitsaufgaben zu benutzen.

§ 18   Zutritts- und Aufenthaltsverbote

Versicherte dürfen sich an gefährlichen Stellen nur im Rahmen der ihnen übertragenen Aufgaben aufhalten.

IV. Organisation des betrieblichen Arbeitsschutzes

ABSCHNITT 1

Sicherheitstechnische und betriebsärztliche Betreuung, Sicherheitsbeauftragte

§ 19 Bestellung von Fachkräften für Arbeitssicherheit und Betriebsärzten

(1) Der Unternehmer hat nach Maßgabe des Gesetzes über Betriebsärzte, Sicherheitsingenieure und andere Fachkräfte für Arbeitssicherheit (Arbeitssicherheitsgesetz) und der hierzu erlassenen Unfallverhütungsvorschriften Fachkräfte für Arbeitssicherheit und Betriebsärzte zu bestellen.

(2) Der Unternehmer hat die Zusammenarbeit der Fachkräfte für Arbeitssicherheit und der Betriebsärzte zu fördern.

§ 20 Sicherheitsbeauftragte

(1) Der Unternehmer hat Sicherheitsbeauftragte mindestens in der Anzahl nach Anlage 2 zu dieser Unfallverhütungsvorschrift zu bestellen.

(2) Die Sicherheitsbeauftragten haben den Unternehmer bei der Durchführung der Maßnahmen zur Verhütung von Arbeitsunfällen, Berufskrankheiten und arbeitsbedingten Gesundheitsgefahren zu unterstützen, insbesondere sich von dem Vorhandensein und der ordnungsgemäßen Benutzung der vorgeschriebenen Schutzeinrichtungen und persönlichen Schutzausrüstungen zu überzeugen und auf Unfall- und Gesundheitsgefahren für die Versicherten aufmerksam zu machen.

(3) Der Unternehmer hat den Sicherheitsbeauftragten Gelegenheit zu geben, ihre Aufgaben zu erfüllen, insbesondere in ihrem Bereich an den Betriebsbesichtigungen sowie den Untersuchungen von Unfällen und Berufskrankheiten durch die Aufsichtspersonen der Berufsgenossenschaften teilzunehmen; den Sicherheitsbeauftragten sind die hierbei erzielten Ergebnisse zur Kenntnis zu geben.

(4) Der Unternehmer hat sicherzustellen, dass die Fachkräfte für Arbeitssicherheit und Betriebsärzte mit den Sicherheitsbeauftragten eng zusammenwirken.

(5) Die Sicherheitsbeauftragten dürfen wegen der Erfüllung der ihnen übertragenen Aufgaben nicht benachteiligt werden.

(6) Der Unternehmer hat den Sicherheitsbeauftragten Gelegenheit zu geben, an Aus- und Fortbildungsmaßnahmen der Berufsgenossenschaft teilzunehmen, soweit dies im Hinblick auf die Betriebsart und die damit für die Versicherten verbundenen Unfall- und Gesundheitsgefahren sowie unter Berücksichtigung betrieblicher Belange erforderlich ist.

ABSCHNITT 2

Maßnahmen bei besonderen Gefahren

§ 21 Allgemeine Pflichten des Unternehmers

(1) Der Unternehmer hat Vorkehrungen zu treffen, dass alle Versicherten, die einer unmittelbaren erheblichen Gefahr ausgesetzt sind oder sein können, möglichst frühzeitig über diese Gefahr und die getroffenen oder zu treffenden Schutzmaßnahmen unterrichtet sind. Bei unmittelbarer erheblicher Gefahr für die eigene Sicherheit oder die Sicherheit anderer Personen müssen die Versicherten die geeigneten Maßnahmen zur Gefahrenabwehr und Schadensbegrenzung selbst treffen können, wenn der zuständige Vorgesetzte nicht erreichbar ist; dabei sind die Kenntnisse der Versicherten und die vorhandenen technischen Mittel zu berücksichtigen.

(2) Der Unternehmer hat Maßnahmen zu treffen, die es den Versicherten bei unmittelbarer erheblicher Gefahr ermöglichen, sich durch sofortiges Verlassen der Arbeitsplätze in Sicherheit zu bringen.

§ 22 Notfallmaßnahmen

(1) Der Unternehmer hat entsprechend § 10 Arbeitsschutzgesetz die Maßnahmen zu planen, zu treffen und zu überwachen, die insbesondere für den Fall des Entstehens von Bränden, von Explosionen, des unkontrollierten Austretens von Stoffen und von sonstigen gefährlichen Störungen des Betriebsablaufs geboten sind.

(2) Der Unternehmer hat eine ausreichende Anzahl von Versicherten durch Unterweisung und Übung im Umgang mit Feuerlöscheinrichtungen zur Bekämpfung von Entstehungsbränden vertraut zu machen.

§ 23 Maßnahmen gegen Einflüsse des Wettergeschehens

Beschäftigt der Unternehmer Versicherte im Freien und bestehen infolge des Wettergeschehens Unfall- und Gesundheitsgefahren, so hat er geeignete Maßnahmen am Arbeitsplatz vorzusehen, geeignete organisatorische Schutzmaßnahmen zu treffen oder erforderlichenfalls persönliche Schutzausrüstungen zur Verfügung zu stellen.

ABSCHNITT 3

Erste Hilfe

§ 24 Allgemeine Pflichten des Unternehmers

(1) Der Unternehmer hat dafür zu sorgen, dass zur Ersten Hilfe und zur Rettung aus Gefahr die erforderlichen Einrichtungen und Sachmittel sowie das erforderliche Personal zur Verfügung stehen.

(2) Der Unternehmer hat dafür zu sorgen, dass nach einem Unfall unverzüglich Erste Hilfe geleistet und eine erforderliche ärztliche Versorgung veranlasst wird.

(3) Der Unternehmer hat dafür zu sorgen, dass Verletzte sachkundig transportiert werden.

(4) Der Unternehmer hat im Rahmen seiner Möglichkeiten darauf hinzuwirken, dass Versicherte

– einem Durchgangsarzt vorgestellt werden, es sei denn, dass der erstbehandelnde Arzt festgestellt hat, dass die Verletzung nicht über den Unfalltag hinaus zur Arbeitsunfähigkeit führt oder die Behandlungsbedürftigkeit voraussichtlich nicht mehr als eine Woche beträgt,

– bei einer schweren Verletzung einem der von den Berufsgenossenschaften bezeichneten Krankenhäuser zugeführt werden,

– bei Vorliegen einer Augen- oder Hals-, Nasen-, Ohrenverletzung dem nächsterreichbaren Arzt des entsprechenden Fachgebiets zugeführt werden, es sei denn, dass sich die Vorstellung durch eine ärztliche Erstversorgung erübrigt hat.

(5) Der Unternehmer hat dafür zu sorgen, dass den Versicherten durch berufsgenossenschaftliche Aushänge oder in anderer geeigneter schriftlicher Form Hinweise über die Erste Hilfe und Angaben über Notruf, Erste-Hilfe- und Rettungs-Einrichtungen, über das Erste-Hilfe-Personal sowie über herbeizuziehende Ärzte und anzufahrende Krankenhäuser gemacht werden. Die Hinweise und die Angaben sind aktuell zu halten.

(6) Der Unternehmer hat dafür zu sorgen, dass jede Erste-Hilfe-Leistung dokumentiert und diese Dokumentation fünf Jahre lang verfügbar gehalten wird. Die Dokumente sind vertraulich zu behandeln.

§ 25 Erforderliche Einrichtungen und Sachmittel

(1) Der Unternehmer hat unter Berücksichtigung der betrieblichen Verhältnisse durch Meldeeinrichtungen und organisatorische Maßnahmen dafür zu sorgen, dass unverzüglich die notwendige Hilfe herbeigerufen und an den Einsatzort geleitet werden kann.

(2) Der Unternehmer hat dafür zu sorgen, dass das Erste-Hilfe-Material jederzeit schnell erreichbar und leicht zugänglich in geeigneten Behältnissen, gegen schädigende Einflüsse geschützt, in ausreichender Menge bereitgehalten sowie rechtzeitig ergänzt und erneuert wird.

(3) Der Unternehmer hat dafür zu sorgen, dass unter Berücksichtigung der betrieblichen Verhältnisse Rettungsgeräte und Rettungstransportmittel bereit gehalten werden.

(4) Der Unternehmer hat dafür zu sorgen, dass mindestens ein mit Rettungstransportmitteln leicht erreichbarer Sanitätsraum oder eine vergleichbare Einrichtung

1. in einer Betriebsstätte mit mehr als 1 000 dort beschäftigten Versicherten,
2. in einer Betriebsstätte mit 1 000 oder weniger, aber mehr als 100 dort beschäftigten Versicherten, wenn seine Art und das Unfallgeschehen nach Art, Schwere und Zahl der Unfälle einen gesonderten Raum für die Erste Hilfe erfordern,
3. auf einer Baustelle mit mehr als 50 dort beschäftigten Versicherten

vorhanden ist. Nummer 3 gilt auch, wenn der Unternehmer zur Erbringung einer Bauleistung aus einem von ihm übernommenen Auftrag Arbeiten an andere Unternehmer vergeben hat und insgesamt mehr als 50 Versicherte gleichzeitig tätig werden.

§ 26 Zahl und Ausbildung der Ersthelfer

(1) Der Unternehmer hat dafür zu sorgen, dass für die Erste-Hilfe-Leistung Ersthelfer mindestens in folgender Zahl zur Verfügung stehen:

1. Bei 2 bis zu 20 anwesenden Versicherten ein Ersthelfer,
2. bei mehr als 20 anwesenden Versicherten

   a) in Verwaltungs- und Handelsbetrieben 5 %,

   b) in sonstigen Betrieben 10 %.

Von der Zahl der Ersthelfer nach Nummer 2 kann im Einvernehmen mit der Berufsgenossenschaft unter Berücksichtigung der Organisation des betrieblichen Rettungswesens und der Gefährdung abgewichen werden.

(2) Der Unternehmer darf als Ersthelfer nur Personen einsetzen, die bei einer von der Berufsgenossenschaft für die Ausbildung zur Ersten Hilfe ermächtigten Stelle ausgebildet worden sind. Die Voraussetzungen für die Ermächtigung sind in der Anlage 3 zu dieser Unfallverhütungsvorschrift geregelt.

(3) Der Unternehmer hat dafür zu sorgen, dass die Ersthelfer in der Regel in Zeitabständen von zwei Jahren fortgebildet werden. Für die Fortbildung gilt Absatz 2 entsprechend.

(4) Ist nach Art des Betriebes, insbesondere auf Grund des Umganges mit Gefahrstoffen, damit zu rechnen, dass bei Unfällen Maßnahmen erforderlich werden, die nicht Gegenstand der allgemeinen Ausbildung zum Ersthelfer gemäß Absatz 2 sind, hat der Unternehmer für die erforderliche zusätzliche Aus- und Fortbildung zu sorgen.

§ 27 Zahl und Ausbildung der Betriebssanitäter

(1) Der Unternehmer hat dafür zu sorgen, dass mindestens ein Betriebssanitäter zur Verfügung steht, wenn

1. in einer Betriebsstätte mehr als 1 500 Versicherte anwesend sind,

2. in einer Betriebsstätte 1 500 oder weniger, aber mehr als 250 Versicherte anwesend sind und Art, Schwere und Zahl der Unfälle den Einsatz von Sanitätspersonal erfordern,

3. auf einer Baustelle mehr als 100 Versicherte anwesend sind.

Nummer 3 gilt auch, wenn der Unternehmer zur Erbringung einer Bauleistung aus einem von ihm übernommenen Auftrag Arbeiten an andere Unternehmer vergibt und insgesamt mehr als 100 Versicherte gleichzeitig tätig werden.

(2) In Betrieben nach Absatz 1 Satz 1 Nr. 1 kann im Einvernehmen mit der Berufsgenossenschaft von Betriebssanitätern abgesehen werden, sofern nicht nach Art, Schwere und Zahl der Unfälle ihr Einsatz erforderlich ist. Auf Baustellen nach Absatz 1 Satz 1 Nr. 3 kann im Einvernehmen mit der Berufsgenossenschaft unter Berücksichtigung der Erreichbarkeit des Unfallortes und der Anbindung an den öffentlichen Rettungsdienst von Betriebssanitätern abgesehen werden.

(3) Der Unternehmer darf als Betriebssanitäter nur Personen einsetzen, die von Stellen ausgebildet worden sind, welche von der Berufsgenossenschaft in personeller, sachlicher und organisatorischer Hinsicht als geeignet beurteilt werden.

(4) Der Unternehmer darf als Betriebssanitäter nur Personen einsetzen, die

1. an einer Grundausbildung

und

2. an dem Aufbaulehrgang

für den betrieblichen Sanitätsdienst teilgenommen haben.

Als Grundausbildung gilt auch eine mindestens gleichwertige Ausbildung oder eine die Sanitätsaufgaben einschließende Berufsausbildung.

(5) Für die Teilnahme an dem Aufbaulehrgang nach Absatz 4 Satz 1 Nr. 2 darf die Teilnahme an der Ausbildung nach Absatz 4 Satz 1 Nr. 1 nicht mehr als 2 Jahre zurückliegen; soweit auf Grund der Ausbildung eine entsprechende berufliche Tätigkeit ausgeübt wurde, ist die Beendigung derselben maßgebend.

(6) Der Unternehmer hat dafür zu sorgen, dass die Betriebssanitäter regelmäßig innerhalb von drei Jahren fortgebildet werden. Für die Fortbildung gilt Absatz 3 entsprechend.

§ 28 Unterstützungspflichten der Versicherten

(1) Im Rahmen ihrer Unterstützungspflichten nach § 15 Abs. 1 haben sich Versicherte zum Ersthelfer ausbilden und in der Regel in Zeitabständen von

zwei Jahren fortbilden zu lassen. Sie haben sich nach der Ausbildung für Erste-Hilfe-Leistungen zur Verfügung zu stellen. Die Versicherten brauchen den Verpflichtungen nach den Sätzen 1 und 2 nicht nachzukommen, soweit persönliche Gründe entgegenstehen.

(2) Versicherte haben unverzüglich jeden Unfall der zuständigen betrieblichen Stelle zu melden; sind sie hierzu nicht im Stande, liegt die Meldepflicht bei dem Betriebsangehörigen, der von dem Unfall zuerst erfährt.

ABSCHNITT 4

Persönliche Schutzausrüstungen

§ 29 Bereitstellung

(1) Der Unternehmer hat gemäß § 2 der PSA-Benutzungsverordnung den Versicherten geeignete persönliche Schutzausrüstungen bereitzustellen; vor der Bereitstellung hat er die Versicherten anzuhören.

(2) Der Unternehmer hat dafür zu sorgen, dass die persönlichen Schutzausrüstungen den Versicherten in ausreichender Anzahl zur persönlichen Verwendung für die Tätigkeit am Arbeitsplatz zur Verfügung gestellt werden. Für die bereitgestellten persönlichen Schutzausrüstungen müssen EG-Konformitätserklärungen vorliegen. Satz 2 gilt nicht für Hautschutzmittel und nicht für persönliche Schutzausrüstungen, die vor dem 1. Juli 1995 erworben wurden, sofern sie den vor dem 1. Juli 1992 geltenden Vorschriften entsprechen.

§ 30 Benutzung

(1) Der Unternehmer hat dafür zu sorgen, dass persönliche Schutzausrüstungen entsprechend bestehender Tragezeitbegrenzungen und Gebrauchsdauern bestimmungsgemäß benutzt werden.

(2) Die Versicherten haben die persönlichen Schutzausrüstungen bestimmungsgemäß zu benutzen, regelmäßig auf ihren ordnungsgemäßen Zustand zu prüfen und festgestellte Mängel dem Unternehmer unverzüglich zu melden.

§ 31 Besondere Unterweisungen

Für persönliche Schutzausrüstungen, die gegen tödliche Gefahren oder bleibende Gesundheitsschäden schützen sollen, hat der Unternehmer die nach § 3 Abs. 2 der PSA-Benutzungsverordnung bereitzuhaltende Benutzungsinformation den Versicherten im Rahmen von Unterweisungen mit Übungen zu vermitteln.

V. Ordnungswidrigkeiten

§ 32   Ordnungswidrigkeiten

Ordnungswidrig im Sinne des § 209 Abs. 1 Nr. 1 Siebtes Sozialgesetzbuch (SGB VII) handelt, wer vorsätzlich oder fahrlässig den Bestimmungen der

§ 2 Abs. 5,

§ 12 Abs. 2,

§ 15 Abs. 2,

§ 20 Abs. 1,

§ 24 Abs. 6,

§ 25 Abs. 1, 4 Nr. 1 oder 3,

§ 26 Abs. 1 Satz 1 oder Absatz 2 Satz 1,

§ 27 Abs. 1 Satz 1 Nr. 1 oder 3, Absatz 3,

§ 29 Abs. 2 Satz 2

oder

§ 30

zuwiderhandelt.

VI. Übergangs- und Ausführungsbestimmungen

§ 33   Übergangs- und Ausführungsbestimmungen

(1) Soweit nichts anderes bestimmt ist, wird dem Unternehmer zur Durchführung von Vorschriften, die über die bisher gültigen hinausgehen und Änderungen an Einrichtungen erfordern, eine Frist von drei Jahren gewährt, gerechnet vom Tage des In-Kraft-Tretens der Unfallverhütungsvorschrift.

(2) Die in § 7 Abs. 1 der Unfallverhütungsvorschrift „Erste Hilfe" in der Fassung vom 1. Januar 1997 genannten Hilfsorganisationen gelten bis 31. Dezember 2008 als ermächtigte Stellen.

(3) Die Anerkennung nach § 8 der Unfallverhütungsvorschrift „Erste Hilfe" in der Fassung vom 1. Januar 1997 gilt für die anerkannten Stellen noch bis zum Ablauf der jeweiligen zeitlichen Befristung weiter.

(4) Für Institutionen, welche den Aufbaulehrgang nach § 10 Abs. 1 Nr. 2 und die Fortbildung nach § 10 Abs. 4 der Unfallverhütungsvorschrift „Erste Hilfe" in der Fassung vom 1. Januar 1997 durchführen, gilt eine Übergangsfrist bis 31. Dezember 2005.

VII. Aufhebung von Unfallverhütungsvorschriften

§ 34 Aufhebung von Unfallverhütungsvorschriften

Folgende Unfallverhütungsvorschriften werden aufgehoben:

1. „Allgemeine Vorschriften" (VBG 1) vom 1. April 1977, in der Fassung vom 1. März 2000,

2. „Erste Hilfe" (VBG 109) vom 1. Oktober 1994, in der Fassung vom 1. Oktober 2003,

3. „Umgang mit Gefahrstoffen" (VBG 91) vom 1. April 1999,

4. „Biologische Arbeitsstoffe" (BGV B 12) vom 1. Januar 2001,

5. Die in Anlage 4 aufgelisteten Unfallverhütungsvorschriften, soweit sie von der jeweiligen Berufsgenossenschaft erlassen worden sind.

VIII. In-Kraft-Treten

§ 35 Inkrafttreten

Diese Unfallverhütungsvorschrift tritt am 1. Januar 2004 in Kraft.

9.2 Sicherheits- und Gesundheitsschutzkennzeichnung am Arbeitsplatz (BGV A 8)

vom 1. Oktober 1995 in der Fassung vom 1. April 2002

I. Geltungsbereich

§ 1 Geltungsbereich

(1) Diese BG-Vorschrift gilt für die Sicherheits- und Gesundheitsschutzkennzeichnung am Arbeitsplatz.

(2) Diese BG-Vorschrift gilt nicht für die Kennzeichnung

1. zur Regelung des öffentlichen Eisenbahn-, Straßenbahn-, Straßen-, Binnenschiffs-, See- und Luftverkehrs,

2. beim Inverkehrbringen von Erzeugnissen oder Ausrüstungen,

3. von gefährlichen Stoffen und Zubereitungen nach der Gefahrstoffverordnung.

II. Begriffsbestimmungen

§ 2 Begriffsbestimmungen

Im Sinne dieser Vorschrift ist

1. **Sicherheits- und Gesundheitsschutzkennzeichnung** eine Kennzeichnung, die – bezogen auf einen bestimmten Gegenstand, eine bestimmte Tätigkeit oder eine bestimmte Situation – jeweils mittels eines Sicherheitszeichens, einer Farbe, eines Leucht- oder Schallzeichens, eines Sprechzeichens oder eines Handzeichens eine Sicherheits- und Gesundheitsschutzaussage (Sicherheitsaussage) ermöglicht;

2. **Sicherheitszeichen** ein Zeichen, das durch Kombination von geometrischer Form und Farbe sowie Bildzeichen eine bestimmte Sicherheits- und Gesundheitsschutzaussage ermöglicht;

3. **Verbotszeichen** ein Sicherheitszeichen, das ein Verhalten, durch das eine Gefahr entstehen kann, untersagt;

4. **Warnzeichen** ein Sicherheitszeichen, das vor einem Risiko oder einer Gefahr warnt;

5. **Gebotszeichen** ein Sicherheitszeichen, das ein bestimmtes Verhalten vorschreibt;

6. **Rettungszeichen** ein Sicherheitszeichen, das den Rettungsweg oder Notausgang, den Weg zu einer Erste-Hilfe-Einrichtung oder diese Einrichtung selbst kennzeichnet;

115

7. **Brandschutzzeichen** ein Sicherheitszeichen, das Standorte von Feuermelde- und Feuerlöscheinrichtungen kennzeichnet;

8. **Hinweiszeichen** ein Zeichen mit Text, das andere Sicherheitsaussagen als die unter Nummern 3 bis 7 genannten Sicherheitszeichen liefert;

9. **Zusatzzeichen** ein Zeichen, das zusammen mit einem der unter Nummer 2 beschriebenen Sicherheitszeichen verwendet wird und zusätzliche Hinweise in Form eines kurzen Textes liefert;

10. **Kombinationszeichen** ein Zeichen, bei dem Sicherheitszeichen und Zusatzzeichen auf einem Träger aufgebracht sind;

11. **Bildzeichen** ein bestimmtes graphisches Symbol, das eine Situation beschreibt oder ein Verhalten vorschreibt und auf einem Sicherheitszeichen oder einer Leuchtfläche angeordnet ist;

12. **Sicherheitsfarbe** eine Farbe, der eine bestimmte, auf die Sicherheit bezogene Bedeutung zugeordnet ist;

13. **Leuchtzeichen** ein Zeichen, das von einer Einrichtung mit durchsichtiger oder durchscheinender Oberfläche erzeugt wird, die von hinten erleuchtet wird und dadurch als Leuchtfläche erscheint oder selbst leuchtet;

14. **Schallzeichen** ein kodiertes akustisches Signal ohne Verwendung einer menschlichen oder synthetischen Stimme;

15. **Sprechzeichen** eine Verständigung mit festgelegten Worten unter Verwendung einer menschlichen oder synthetischen Stimme;

16. **Handzeichen** eine kodierte Bewegung und Stellung von Armen und Händen zur Anweisung von Personen, die Tätigkeiten ausführen, die ein Risiko oder eine Gefährdung darstellen können.

III. Kennzeichnung

A. Gemeinsame Bestimmungen

§ 3   Allgemeines

Soweit nichts anderes bestimmt ist, richten sich die Bestimmungen des Abschnittes III an den Unternehmer.

§ 4   Einsatzbedingungen

(1) Eine Sicherheits- und Gesundheitsschutzkennzeichnung muss eingesetzt werden, wenn Risiken oder Gefahren trotz

– Maßnahmen zur Verhinderung der Risiken oder Gefahren,
– des Einsatzes technischer Schutzeinrichtungen
und

– arbeitsorganisatorischer Maßnahmen, Methoden oder Verfahren verbleiben. Dabei sind die Ergebnisse einer Gefährdungsbeurteilung zu berücksichtigen. Verpflichtungen zur Sicherheits- und Gesundheitsschutzkennzeichnung in anderen BG- und in Arbeitsschutzvorschriften bleiben unberührt.

(2) Die Sicherheits- und Gesundheitsschutzkennzeichnung muss den Bestimmungen dieser BG-Vorschrift entsprechen.

(3) Zur Regelung des innerbetrieblichen Verkehrs ist unbeschadet der Bestimmungen der §§ 12 und 13 ausschließlich die für den öffentlichen Eisenbahn-, Straßenbahn-, Straßen-, Binnenschiffs-, See- und Luftverkehr vorgeschriebene Kennzeichnung zu verwenden.

§ 5   Unterrichtung, Unterweisung

(1) Die Versicherten sind über sämtliche zu ergreifenden Maßnahmen im Hinblick auf die Sicherheits- und Gesundheitsschutzkennzeichnung am Arbeitsplatz zu unterrichten.

(2) Die Versicherten sind vor Arbeitsaufnahme und danach mindestens einmal jährlich über die Bedeutung der eingesetzten Sicherheits- und Gesundheitsschutzkennzeichnung sowie über die Verpflichtung zur Beachtung derselben zu unterweisen.

(3) Die Versicherten müssen die Sicherheits- und Gesundheitsschutzkennzeichnung befolgen.

§ 6   Auswahl der geeigneten Kennzeichnungsart

(1) Die verschiedenen Kennzeichnungsarten müssen entsprechend den betrieblich vorhandenen Gefahrenlagen und Hinweiserfordernissen ausgewählt werden. Die Sicherheits- und Gesundheitsschutzkennzeichnung darf nur für Hinweise im Zusammenhang mit Sicherheit und Gesundheitsschutz verwendet werden.

(2) Für ständige Verbote, Warnungen, Gebote und sonstige sicherheitsrelevante Hinweise sind Sicherheitszeichen zu verwenden.

(3) Stellen, an denen die Gefahr des Anstoßens, Quetschens, Stürzens, Ab- oder Ausrutschens, Abstürzens, Stolperns von Versicherten oder des Fallens von Lasten besteht, sind durch Sicherheitszeichen nach Anlage 2 zu kennzeichnen.

(4) Hinweise auf zeitlich begrenzte Risiken oder Gefahren sowie Notrufe an Versicherte zur Ausführung bestimmter Handlungen sind durch Leucht-, Schall- oder Sprechzeichen zu übermitteln.

(5) Wenn Versicherte zeitlich begrenzte risikoreiche Tätigkeiten ausführen sollen, sind sie durch Hand- oder Sprechzeichen anzuweisen.

§ 7 Gemeinsame Verwendung, Austauschbarkeit

(1) Verschiedene Kennzeichnungsarten dürfen gemeinsam verwendet werden, wenn aufgrund betrieblicher Gegebenheiten das Risiko besteht, dass eine Kennzeichnungsart alleine zur Vermittlung der Sicherheitsaussage nicht ausreicht.

(2) Bei gleicher Wirkung kann zwischen einzelnen Kennzeichnungsarten gewählt werden.

§ 8 Wirksamkeit

(1) Die Wirksamkeit einer Kennzeichnung darf nicht durch eine andere Kennzeichnung oder Art und Ort der Anbringung beeinträchtigt werden.

(2) Die Kennzeichnungen, die eine Energiequelle benötigen, müssen für den Fall, dass diese ausfällt, über eine selbsttätig einsetzende Notversorgung verfügen, es sei denn, dass bei Unterbrechung der Energiezufuhr kein Risiko mehr besteht.

(3) Ist das Hör- oder Sehvermögen von Versicherten eingeschränkt, ist eine geeignete Kennzeichnungsart ergänzend oder alternativ einzusetzen.

B. Besondere Bestimmungen für Sicherheitszeichen

§ 9 Allgemeines

(1) Sicherheitszeichen müssen den in Anlage 1 festgelegten Gestaltungsgrundsätzen entsprechen.

(2) Für die in Anlage 2 festgelegten Sicherheitsaussagen dürfen nur die entsprechend zugeordneten Sicherheitszeichen verwendet werden.

(3) Eine Anhäufung von Sicherheitszeichen ist zu vermeiden. Ist eine Kennzeichnung nicht mehr notwendig, sind die Sicherheitszeichen unverzüglich zu entfernen.

§ 10 Erkennbarkeit

(1) Sicherheitszeichen müssen jederzeit deutlich erkennbar und dauerhaft angebracht werden. Sie müssen aus solchen Werkstoffen bestehen, die gegen die Umgebungseinflüsse am Anbringungsort widerstandsfähig sind.

(2) Bei unzureichender natürlicher Beleuchtung am Anbringungsort der Sicherheitszeichen muss die Erkennbarkeit durch künstliche Beleuchtung der Sicherheitszeichen sichergestellt werden.

(3) Ist auf Grund anderer Rechtsvorschriften eine Sicherheitsbeleuchtung nicht erforderlich, muss auf Rettungswegen die Erkennbarkeit der dort notwendigen Rettungs- und Brandschutzzeichen durch Verwendung von lang nachleuchtenden Materialien auch bei Ausfall der Allgemeinbeleuchtung für eine bestimmte Zeit erhalten bleiben.

C. Besondere Bestimmungen für die Kennzeichnung von Materialien und Einrichtungen zur Brandbekämpfung

§ 11   Kennzeichnung

Materialien und Einrichtungen zur Brandbekämpfung sind deutlich und dauerhaft rot zu kennzeichnen.

D. Besondere Bestimmungen für die Kennzeichnung von Hindernissen und Gefahrstellen sowie zur Markierung von Fahrwegen

§ 12   Hindernisse und Gefahrstellen

Die Kennzeichnung von Hindernissen und Gefahrstellen muss durch gelb-schwarze Streifen gemäß der Anlage 1 Nummer 6 deutlich erkennbar und dauerhaft ausgeführt werden.

§ 13   Markierungen von Fahrwegen

Die Kennzeichnung von Fahrwegsbegrenzungen ist auf dem Boden farbig, deutlich erkennbar und dauerhaft sowie durchgehend auszuführen.

E. Besondere Bestimmungen für Leucht- und Schallzeichen

§ 14   Leuchtzeichen

(1) Leuchtzeichen müssen deutlich erkennbar angebracht werden. Die Leuchtdichte der abstrahlenden Fläche muss sich von der Leuchtdichte der umgebenden Flächen deutlich unterscheiden, ohne zu blenden.

(2) Leuchtzeichen dürfen nur bei Vorliegen von zu kennzeichnenden Gefahren oder Hinweiserfordernissen in Betrieb sein. Die Sicherheitsaussage von Leuchtzeichen darf nach Wegfall der zu kennzeichnenden Gefahr nicht mehr erkennbar sein.

(3) Leuchtzeichen müssen entsprechend dem Einsatzzweck entweder
– mit einer Leuchtfläche in Sicherheitsfarbe
oder
– als leuchtendes Sicherheitszeichen

eingesetzt werden. Die Sicherheitsaussage der Leuchtzeichen muss durch die Leuchtfläche in Sicherheitsfarbe nach Anlage 1 oder als Sicherheitszeichen nach Anlage 2 bestimmt werden.

(4) Leuchtzeichen für eine Warnung dürfen intermittierend nur dann betrieben werden, wenn für die Versicherten eine unmittelbare Gefahr droht.

(5) Wird ein intermittierend betriebenes Warnzeichen an Stelle eines Schallzeichens oder zusätzlich eingesetzt, müssen die Sicherheitsaussagen identisch sein.

§ 15   Schallzeichen

(1) Schallzeichen müssen deutlich erkennbar und ihre Bedeutung betrieblich festgelegt und eindeutig sein.

(2) Schallzeichen müssen so lange eingesetzt werden, wie dies für die Sicherheitsaussage erforderlich ist.

(3) Ein betrieblich festgelegtes Notsignal muss sich von den anderen betrieblichen Schallzeichen und von den beim öffentlichen Alarm verwendeten Signalen unverwechselbar unterscheiden.

F. Besondere Bestimmungen für Sprechzeichen

§ 16   Sprechzeichen

Sprechzeichen müssen kurz, eindeutig und verständlich formuliert sein. Die Versicherten müssen diese Sprechzeichen verständlich geben.

G. Besondere Bestimmungen für Handzeichen

§ 17   Handzeichen

(1) Handzeichen müssen eindeutig eingesetzt werden, leicht durchführbar und erkennbar sein und sich deutlich von anderen Handzeichen unterscheiden.

(2) Für die in Anlage 3 aufgeführten Bedeutungen von Handzeichen müssen ausschließlich die dort entsprechend zugeordneten Handzeichen verwendet werden.

(3) Versicherte müssen die Handzeichen eindeutig und deutlich von anderen Handzeichen unterscheidbar geben. Handzeichen, die mit beiden Armen gleichzeitig erfolgen, müssen symmetrisch gegeben werden und dürfen nur eine Aussage darstellen.

(4) Versicherte, die einweisen, müssen geeignete Erkennungszeichen tragen.

IV. Flucht- und Rettungsplan

§ 18   Flucht- und Rettungsplan

Werden Flucht- und Rettungspläne aufgestellt, hat der Unternehmer dafür zu sorgen, dass sie eindeutige Anweisungen enthalten, wie sich die Versicherten im Gefahr- oder Katastrophenfall zu verhalten haben und am schnellsten in Sicherheit bringen können. Flucht- und Rettungspläne müssen aktuell, übersichtlich, ausreichend groß und mit Sicherheitszeichen nach Abschnitt III gestaltet sein.

V. Instandhaltung

§ 19   Instandhaltung

Der Unternehmer hat dafür zu sorgen, dass Einrichtungen für die Sicherheits- und Gesundheitsschutzkennzeichnung instandgehalten werden.

VI. Prüfungen

§ 20   Prüfungen

(1) Der Unternehmer hat dafür zu sorgen, dass der bestimmungsgemäße Einsatz und ordnungsgemäße Zustand der Sicherheits- und Gesundheitsschutzkennzeichnung regelmäßig, mindestens jedoch alle 2 Jahre, geprüft werden.

(2) Der Unternehmer hat dafür zu sorgen, dass Leucht- und Schallzeichen sowie technische Einrichtungen, die Sprechzeichen unterstützen, vor der ersten Inbetriebnahme und danach regelmäßig, mindestens jedoch einmal jährlich, durch einen Sachkundigen geprüft werden. Festgestellte Mängel sind unverzüglich zu beseitigen.

VII. Ordnungswidrigkeiten

§ 21   Ordnungswidrigkeiten

Ordnungswidrig im Sinne des § 209 Abs. 1 Nr. 1 Siebtes Buch Sozialgesetzbuch – SGB VII – handelt, wer vorsätzlich oder fahrlässig den Bestimmungen

– des § 3 in Verbindung mit
  § 6 Abs. 1 Satz 2, Abs. 2, 3, 4 oder 5,
  § 9 Abs. 1, 2 oder Abs. 3 Satz 2,
  § 10 Abs. 1,
  §§ 11, 12,
  § 14 Abs. 2 oder Abs. 3 Satz 2 oder Abs. 5,

§ 15 Abs. 3,
§ 17 Abs. 2

oder

– des § 20
zuwiderhandelt.

VIII. Übergangs- und Ausführungsbestimmungen

§ 22   Übergangs- und Ausführungsbestimmungen

(1) Für Sicherheits- und Gesundheitsschutzkennzeichnung am Arbeitsplatz, die am 1. Oktober 1995 bereits verwendet wurde, müssen die Bestimmungen dieser BG-Vorschrift abweichend von § 61 BG-Vorschrift „Allgemeine Vorschriften" (BGV A 1/UVV 1 – VBG 1) bereits ab 1. April 1997 erfüllt sein.

(2) Abweichend von Absatz 1 gilt § 10 Abs. 3 für eine Sicherheits- und Gesundheitsschutzkennzeichnung am Arbeitsplatz, die am 1. Oktober 1995 bereits verwendet wurde, erst am 1. Oktober 2005.

IX. In-Kraft-Treten

§ 23   Inkrafttreten

Diese Unfallverhütungsvorschrift tritt am 1. Oktober 1995 in Kraft. Gleichzeitig tritt die BG-Vorschrift „Sicherheitskennzeichnung am Arbeitsplatz" (UVV 33) vom 1. April 1989 außer Kraft.

9.3 Wach- und Sicherungsdienste (BGV C 7)

in der Fassung vom 1. Oktober 1990 mit Durchführungsanweisungen vom Januar 2005

I. Geltungsbereich

§ 1 Geltungsbereich

Diese Unfallverhütungsvorschrift gilt für Wach- und Sicherungstätigkeiten zum Schutze von Personen und Sachwerten.

DA zu § 1:
Wach- und Sicherungstätigkeiten im Sinne dieser Unfallverhütungsvorschrift sind gewerbsmäßig ausgeübte Tätigkeiten zum Schutze von Personen und Sachwerten, z. B.
- Sicherung von Objekten einschließlich Werkschutz,
- Empfangs- und Pfortendienst,
- Revier- und Streifendienst,
- Sicherungs-, Kontroll- und Ordnungsdienst in öffentlichen Bereichen,
- Notruf- und Serviceleitstellendienst,
- Alarmverfolgung,
- Sicherungsdienst im Handel, z. B. Kaufhausdetektive, Doormen,
- Sicherungs- und Ordnungsdienst bei Veranstaltungen, z. B. in Discotheken,
- Personenschutz,
- Sicherungs- und Kontrolldienst, z. B. im Bereich Justiz, in Gewahrsamseinrichtungen, Asylbewerberheimen,
- Sicherungsdienst im Bereich von Gleisen,
- Geld- und Werttransportdienst einschließlich dessen Logistik.

Werttransporte sind gewerbsmäßige Transporte von Werten, bei denen ein Überfallrisiko nach der gemäß dem Gesetz über die Durchführung von Maßnahmen des Arbeitsschutzes zur Verbesserung der Sicherheit und des Gesundheitsschutzes der Beschäftigten bei der Arbeit (Arbeitsschutzgesetz – ArbSchG), durchzuführenden Gefährdungsbeurteilung besteht.

II. Gemeinsame Bestimmungen

§ 2 Allgemeines

Soweit nichts anderes bestimmt ist, richten sich die Bestimmungen der Abschnitte II und III an Unternehmer und Versicherte.

123

§ 3 Eignung

Der Unternehmer hat dafür zu sorgen, dass Wach- und Sicherungstätigkeiten nur von Versicherten ausgeführt werden, die die erforderlichen Befähigungen besitzen. Die Versicherten dürfen für diese Tätigkeiten nicht offensichtlich ungeeignet sein. Über die Befähigungen sind Aufzeichnungen zu führen.

DA zu § 3:
Hierdurch soll hinsichtlich der Eignung auch einer Überforderung der Versicherten entgegengewirkt werden. Eignung und Zuverlässigkeit bedingen ein entsprechendes Persönlichkeitsbild. Demgemäß darf der Unternehmer für die jeweilige Wach- und Sicherungstätigkeit nur Versicherte einsetzen, die
– hierfür körperlich und geistig geeignet sowie persönlich zuverlässig sind,
– das 18. Lebensjahr vollendet haben und
– für die jeweilige Tätigkeit angemessen ausgebildet sind.

Die Ausbildungen können betriebsintern durchgeführt werden, wenn hierbei gewährleistet ist, dass alle sicherheitstechnisch erforderlichen Kenntnisse und Fähigkeiten sowie die geltenden Rechtsnormen und Vorschriften in ausreichendem Maße vermittelt werden. Hiervon unbenommen sind behördliche Prüfungen.

Für die allgemeine Ausbildung sind z. B. relevant:
– Dienst- und Fachkunde,
– Eigensicherung,
– Verhalten bei Konfrontationen,
– Verhalten bei Überfällen, Geiselnahmen,
– Brandschutz,
– Fahrsicherheit,
– Erste Hilfe.

Für bestimmte Tätigkeiten sind spezielle Ausbildungen und Befähigungen erforderlich. Derartige Tätigkeiten sind z. B.
– spezielle Werkschutzaufgaben (unter anderem in Kernkraftwerken),
– Sicherungs-, Kontroll- und Ordnungsdienst in öffentlichen Bereichen,
– Alarmverfolgung,
– Personenschutz,
– Sicherungsdienst im Bereich von Gleisen,
– Geld- oder Werttransportdienst,
– Führung von Diensthunden,
– Umgang mit Schusswaffen.

Die Tätigkeit als Sicherungsposten im Bereich von Gleisen setzt voraus, dass die entsprechende Ausbildung bei einer vom zuständigen Unfallversicherungsträger anerkannten Ausbildungsstelle durchgeführt worden ist.

Sicherungsposten im Bereich von Gleisen der Deutschen Bahn AG sowie solche, die bei der Verwaltungs-Berufsgenossenschaft versichert sind, müssen das 21. Lebensjahr vollendet haben.

Wach- und Sicherungstätigkeiten in Bereichen mit hohem Konfrontationspotenzial bedingen eine entsprechende Eignung und Ausbildung der Versicherten. Auswahlkriterien für die Eignung sind z. B.

- körperliche Voraussetzungen und Leistungsfähigkeit,
- situations- und personenbezogenes Einschätzungsvermögen,
- Eigenverantwortlichkeit,
- zielorientierte deeskalierende Entscheidungs- sowie Handlungsfähigkeit.

Ausbildungsinhalte sind z. B.

- rechtliche, taktische und psychologische Grundlagen sowie deren Anwendung,
- Verhaltenstraining für Konfrontationen und Konfliktvermeidung, unter anderem Gesprächsführung, Rollenspiele,
- Möglichkeiten der Eigensicherung und deren praktische Anwendung, z. B. persönliche Schutzausrüstungen, Hilfsmittel der körperlichen Gewalt, Zusammenwirken im Team, Kommunikation,
- Zusammenwirken mit Sicherheitsbehörden im Allgemeinen sowie im konkreten Einzelfall.

Im Rahmen der arbeitsmedizinischen Betreuung sind für bestimmte Tätigkeiten auch arbeitsmedizinische Beurteilungen und Maßnahmen erforderlich. Dies gilt z. B. bei

- infektionsgefährdenden Tätigkeiten sowie aus gegebener Veranlassung
- Fahr- und Steuertätigkeiten und
- Nachtarbeit an Einzelarbeitsplätzen.

Für bestimmte Tätigkeiten können geeignete Impfungen als Präventivmaßnahmen erforderlich sein.

Die Aufzeichnungen über Eignungen, Ausbildungen und besondere Befähigungen sind personenbezogen zu führen.

Siehe auch:
- Arbeitsschutzgesetz (ArbSchG),
- Bewachungsverordnung,
- Unfallverhütungsvorschriften
  · „Grundsätze der Prävention" (BGV A 1),
  · „Arbeitsmedizinische Vorsorge" (BGV A 4),
  · „Arbeiten im Bereich von Gleisen" (BGV D 33),
- Schriftenreihe Prävention der Verwaltungs-Berufsgenossenschaft „Wach- und Sicherungsdienstleistungen; Infektionsschutz für Beschäftigte" (SP 25.2/5).

§ 4   Dienstanweisungen

(1) Der Unternehmer hat das Verhalten des Wach- und Sicherungspersonals einschließlich des Weitermeldens von Mängeln und besonderen Gefahren durch Dienstanweisungen zu regeln.

(2) Der Unternehmer hat dafür zu sorgen, dass das Wach- und Sicherungspersonal anhand der Dienstanweisungen vor Aufnahme der Tätigkeit und darüber hinaus regelmäßig unterwiesen wird. Außerdem ist das sicherheitsgerechte Verhalten bei besonderen Gefahren so weit wie möglich zu üben.

(3) Die Versicherten haben die der Arbeitssicherheit dienenden Maßnahmen zu unterstützen und die Dienstanweisungen zu befolgen. Sie dürfen keine Weisungen des Auftraggebers befolgen, die dem Sicherungsauftrag entgegenstehen.

DA zu § 4:

Die sichere Durchführung von Aufträgen erfordert, dass in den Dienstanweisungen alle technischen und organisatorischen Anforderungen sowie das Verhalten der Versicherten im erforderlichen Umfang und in verständlicher Sprache geregelt sind.

In einer allgemeinen Dienstanweisung sind die allgemeinen Anforderungen für die Versicherten festgelegt, z. B.:
- Rechte und Pflichten,
- Verschwiegenheit,
- Eigensicherung,
- Verhalten bei Konfrontationen,
- Verhalten bei Überfällen, Geiselnahmen,
- Umgang mit Schusswaffen,
- Verbot von Schreck-, Reizstoff- oder Signalschusswaffen sowie von schusswaffenähnlichen Gegenständen,
- Verbot berauschender Mittel,
- Organisations- und Kommunikationsfestlegungen,
- Verbot von Nebentätigkeiten, die nicht aufgabengebunden sind, insbesondere für Sicherungsposten im Bereich von Gleisen sowie für Versicherte bei der Durchführung von Geld- oder Werttransporten,
- Einsatz von technischen Transportsicherungen bei Geld- oder Werttransporten.

Zusätzlich zu der allgemeinen Dienstanweisung sind in einer speziellen Dienstanweisung Umfang und Ablauf der jeweiligen Wach- und Sicherungstätigkeit einschließlich aller vorgesehenen Nebentätigkeiten festzulegen. Hierbei sind alle Gegebenheiten und erforderlichen Maßnahmen zu berücksichtigen, die sich auf den jeweiligen Einsatz beziehen.

Die Dienstanweisungen müssen den Versicherten jederzeit – vor unbefugter Einsichtnahme geschützt – zugänglich sein.

Bedarf für tätigkeits- und auftragsbezogene Unterweisungen besteht vor Aufnahme einer Tätigkeit, bei der Übernahme neuer Aufträge oder bei wesentlichen Änderungen von Arbeitsabläufen. Darüber hinaus sind die Zeitabstände für regelmäßige Unterweisungen angemessen, wenn die Unterweisungen mindestens jährlich erfolgen.

Die Aufzeichnungen über Unterweisungen sind personen- und tätigkeitsbezogen zu führen.

Die Versicherten dürfen Tätigkeiten, die nicht in der speziellen Dienstanweisung festgelegt sind, nicht durchführen. Anweisungen des Auftraggebers für Tätigkeiten, die über den Umfang der speziellen Dienstanweisung hinausgehen, dürfen nicht befolgt werden. Anweisungen, die der Sicherheit und dem Gesundheitsschutz offensichtlich entgegenstehen, dürfen nicht ausgeführt werden.

Siehe auch:
- Arbeitsschutzgesetz (ArbSchG),
- Bewachungsverordnung,
- Unfallverhütungsvorschrift „Grundsätze der Prävention" (BGV A1).

§ 5 Verbot berauschender Mittel

Der Genuss von alkoholischen Getränken und die Einnahme anderer berauschender Mittel sind während der Dienstzeit verboten. Dies gilt auch für einen angemessenen Zeitraum vor dem Einsatz. Bei Dienstantritt muss Nüchternheit gegeben sein.

DA zu § 5:
Der Genuss von Alkohol oder anderen ähnlich wirkenden Mitteln stellt eine Gefährdung dar und gewährleistet nicht mehr die sichere Durchführung der jeweiligen Tätigkeit. Es besteht Dienstunfähigkeit, die einen Einsatz nicht zulässt.

Auf Grund der bestehenden Fürsorgepflicht können durch den Unternehmer oder von ihm Beauftragte Hilfe leistende Maßnahmen zu treffen sein.

§ 6 Übernahme von Wach- und Sicherungsaufgaben

(1) Der Unternehmer darf Wach- und Sicherungsaufgaben nur übernehmen, wenn vermeidbare Gefahrstellen im jeweiligen Objektbereich beseitigt oder ausreichend abgesichert werden.

(2) Sicherungsumfang und -ablauf einschließlich vorgesehener Nebentätigkeiten müssen schriftlich festgelegt werden.

DA zu § 6:
Diese Forderungen beinhalten, dass mögliche Gefahren und Gefahrstellen objekt- und tätigkeitsbezogen ermittelt und beurteilt werden. Die sich daraus ergebenden erforderlichen Maßnahmen sind im Einvernehmen mit dem Auftraggeber zu treffen und durchzuführen. Hierbei sind auch Aspekte der Verringerung des Anreizes zu Überfällen zu berücksichtigen.
Bei der Prüfung auf Gefahren und Gefahrstellen in Objektbereichen ist z. B. auf eine sichere Begehbarkeit und ausreichende Beleuchtung aller vorgegebenen Wege zu achten. Dies gilt insbesondere für die Zugänge zu Stationen von Kontrollsystemen sowie zu betrieblichen Einrichtungen, die in die Kontrollgänge einbezogen sind.
Von wesentlicher Bedeutung für die Sicherheit von Geld- oder Werttransporten sind die örtlichen Gegebenheiten der Kundenobjekte. Bei ihrer Prüfung ist insbesondere zu achten auf
- geeignete Anfahrstellen,
- die Sicherheit der Transportwege einschließlich ihrer ausreichenden Übersichtlichkeit und Beleuchtung
sowie
- Möglichkeiten einer Kommunikationsverbindung mit der Einsatzzentrale.

Im Rahmen der Sicherung von Objekten können zusätzliche Tätigkeiten, die über den eigentlichen Wach- und Sicherungsauftrag hinausgehen, erforderlich sein. Sind dann in der auftragsgebundenen speziellen Dienstanweisung ausdrücklich aufzuführen. Solche Nebentätigkeiten können z. B. sein:
– Kontrolle oder Betätigung von Einrichtungen und Anlagen,
– Winter- und Kehrdienste,
– Lagerarbeiten,
– Gartenarbeiten.

Über die Ermittlungen, Beurteilungen und durchgeführten Maßnahmen sowie über Umfang und Ablauf der jeweiligen Tätigkeiten sind Aufzeichnungen zu führen.

Sicherungsposten im Bereich von Gleisen dürfen keine Nebentätigkeiten ausführen. Hierzu zählen jedoch nicht solche Tätigkeiten, die aufgabengebunden sind, z. B.
– Überwachen der Funktionsfähigkeit von Warnmitteln,
– Einschalten von automatischen Warnsystemen,
– Betätigen von Meldeeinrichtungen.

Bei der Durchführung von Geld- oder Werttransporten sind Nebentätigkeiten ebenfalls nicht zulässig, es sei denn, sie stehen in direktem Zusammenhang mit dem Transport. Solche Tätigkeiten sind beispielsweise Servicearbeiten und Störungsbeseitigungen an Automaten.

Siehe auch:
– Arbeitsschutzgesetz (ArbSchG),
– Verordnung über Arbeitsstätten (Arbeitsstättenverordnung – ArbStättV),
– Unfallverhütungsvorschriften

– „Grundsätze der Prävention" (BGV A 1),
– „Arbeiten im Bereich von Gleisen" (BGV D 33).

§ 7 Sicherungstätigkeiten mit besonderen Gefahren

Der Unternehmer hat sicherzustellen, dass das Wach- und Sicherungspersonal überwacht wird, wenn sich bei Sicherungstätigkeiten besondere Gefahren ergeben können.

DA zu § 7:
Besondere Gefahren ergeben sich insbesondere auch bei Sicherungstätigkeiten mit einem hohen Konfrontationspotenzial. Sie machen deshalb besondere Überwachungen und den grundsätzlichen Einsatz von zwei oder mehr Versicherten erforderlich. Tätigkeiten mit hohem Konfrontationspotenzial sind z. B.
– Sicherungs- und Kontrolldienst im öffentlichen Nah-, Fern- und Flugverkehr,
– Citystreifendienst,
– Sicherungsdienst im Handel, z. B. Kaufhausdetektive, Doormen,
– Sicherungs- und Ordnungsdienst bei Veranstaltungen, z. B. in Diskotheken,
– Sicherungs- und Kontrolldienst z. B. im Bereich Justiz, in Gewahrsamseinrichtungen, Asylbewerberheimen.

§ 8 Überprüfung von zu sichernden Objekten

(1) Der Unternehmer hat unabhängig von den Pflichten des Auftraggebers sicherzustellen, dass die zu sichernden Objekte auf Gefahren geprüft werden. Über diese Prüfungen sind Aufzeichnungen zu führen. Die Prüfungen haben regelmäßig, bei besonderem Anlass unverzüglich zu erfolgen.

(2) Der Unternehmer hat vom Auftraggeber zu verlangen, dass vermeidbare Gefahren beseitigt oder Gefahrstellen abgesichert werden. Bis zum Abschluss dieser Sicherungsmaßnahmen hat der Unternehmer Regelungen zu treffen, die die Sicherheit des Wach- und Sicherungspersonals auf andere Weise gewährleisten.

(3) Die Versicherten haben festgestellte Gefahren und die dagegen getroffenen Maßnahmen dem Unternehmer zu melden.

DA zu § 8:

Diese Forderungen beinhalten, dass zum Schutze der Versicherten deren Einsatzbedingungen sowie die zu sichernden Objekte regelmäßig in erforderlichem Umfang geprüft und überwacht werden.

Die Prüfungen und Überwachungen haben sich insbesondere zu erstrecken auf

– mögliche örtlich bedingte Gefährdungen und Gefahrstellen,
– sicherheitsgerechtes Verhalten der Versicherten,
– Zustand und Funktionsfähigkeit der Ausrüstungen und Fahrzeuge
  sowie
– bestimmungsgemäße Verwendung der eingesetzten Ausrüstungen und Fahrzeuge.

Zur Unterstützung des Unternehmers eignen sich für die Prüfungen und Überwachungen entsprechend ausgebildete Sicherheitskontrolleure.

Besondere Anlässe machen Prüfungen unverzüglich erforderlich. Hierbei sind auch entsprechende Hinweise der Versicherten zu berücksichtigen. Besondere Anlässe sind z. B.

– Änderung eines bestehenden Auftrags,
– Veränderungen der örtlichen Gegebenheiten,
– Unfälle,
– Überfälle,
– Störfälle.

Die Überwachung der Einsatzbedingungen und Objekte erfolgt durch persönliche Kontrollen und über Kommunikationssysteme. Weitere Überwachungsmöglichkeiten bieten z. B.

– automatisch und willensunabhängig arbeitende Signalgeber,
– eine Ausrüstung der Fahrzeuge mit Fahrtenschreibern oder entsprechenden Aufzeichnungsgeräten
  sowie
– der Einsatz von Ortungssystemen.

Zur Absicherung von Gefahrstellen oder zur Vermeidung festgestellter Gefahren stimmt sich der Unternehmer mit dem Auftraggeber ab. Bis zum Abschluss der Sicherungsmaßnahmen können beispielsweise

- in Objektbereichen die Kontrollwege bzw. Kontrollpunkte

sowie

- bei Geld- oder Wertransporten die Transportwege und -zeiten

geändert werden.

Ergänzend hierzu bieten sich dann im Zusammenhang mit den jeweiligen örtlichen Gegebenheiten weitere organisatorische und personelle Maßnahmen sowie der Einsatz besonderer Ausrüstungen an.

Die Aufzeichnungen über die Prüfungen und Überwachungen müssen auch Aufschlüsse über die getroffenen Maßnahmen geben.

Meldungen über festgestellte Gefahren und getroffene Maßnahmen können in Abhängigkeit von dem jeweiligen Ereignis durch Telefon, Funk oder im Wachbuch erfoglen. Ein eventueller Ablöser ist ebenfalls zu informieren.

Meldungen über festgestellte Gefahren und Mängel sind grundsätzlich durch Vorgesetzte zu dokumentieren und umgehend den eingesetzten Versicherten in erforderlichem Umfang zur Kenntnis zu bringen.

Siehe auch:

- Arbeitsschutzgesetz (ArbSchG),
- Unfallverhütungsvorschrift „Grundsätze der Prävention" (BGV A 1),
- BG-Regel „Einsatz von Personen-Notsignal-Anlagen" (BGR 139).

§ 9   Objekteinweisung

(1) Der Unternehmer hat dafür zu sorgen, dass das Wach- und Sicherungspersonal in das jeweilige zu sichernde Objekt und die spezifischen Gefahren eingewiesen wird.

(2) Die Einweisungen sind zu den Zeiten vorzunehmen, zu denen die Tätigkeit des Wach- und Sicherungspersonals ausgeübt wird.

(3) Der Unternehmer hat dafür zu sorgen, dass für alle Objekte und Objektbereiche, in denen Hunde eingesetzt sind, das Wach- und Sicherungspersonal über das Verhalten bei der Begegnung mit diesen Hunden unterwiesen wird.

DA zu § 9:

Diese Forderungen beinhalten z. B., dass

- die Versicherten vor Aufnahme der Tätigkeiten, bei Bedarf und darüber hinaus regelmäßig auftrags-, tätigkeits- und objektbezogen eingewiesen und unterwiesen werden

und

- über die Einweisungen und Unterweisungen Aufzeichnungen objekt- und personenbezogen

geführt werden.

Ein Bedarf für die Einweisungen und Unterweisungen besteht bei der Übernahme neuer Aufträge sowie wesentlichen Änderungen des Auftrags oder der Arbeitsbedingungen.

Bei Nacht eingesetzte Versicherte sollen nicht nur in der Dunkelheit, sondern zusätzlich auch bei Tageslicht eingewiesen werden, damit sie in die Lage versetzt werden, möglichen Gefahren mittels ausreichender Kenntnisse der örtlichen Gegebenheiten zu begegnen. Zeitabstände sind angemessen, wenn die regelmäßigen Unterweisungen mindestens jährlich erfolgen.

Siehe auch:
- Arbeitsschutzgesetz (ArbSchG),
- Unfallverhütungsvorschrift „Grundsätze der Prävention" (BGV A 1).

§ 10 Ausrüstung des Wach- und Sicherungspersonals

(1) Der Unternehmer hat dafür zu sorgen, dass sich die für das Wach- und Sicherungspersonal erforderlichen Einrichtungen, Ausrüstungen und Hilfsmittel in ordnungsgemäßem Zustand befinden und dass das Wach- und Sicherungspersonal in deren Handhabungen unterwiesen ist.

(2) Anlegbare Ausrüstungen und Hilfsmittel müssen so beschaffen und angelegt sein, dass die Bewegungsfreiheit, insbesondere die der Hände, nicht mehr als nach den Umständen unvermeidbar beeinträchtigt wird.

(3) Der Unternehmer hat dafür zu sorgen, dass der jeweiligen Wach- und Sicherungsaufgabe entsprechendes Schuhwerk von den Versicherten getragen wird.

(4) Der Unternehmer hat dafür zu sorgen, dass bei Dunkelheit eingesetztes Wach- und Sicherungspersonal mit leistungsfähigen Handleuchten ausgerüstet ist.

(5) Die Versicherten haben die zur Verfügung gestellten Ausrüstungen und Hilfsmittel bestimmungsgemäß zu benutzen.

DA zu § 10:
Diese Forderungen schließen ein, dass z. B.
- die eingesetzten Fahrzeuge sich in einem betriebssicheren Zustand befinden,
- besondere Witterungseinflüsse bei der Dienstkleidung Berücksichtigung finden,
- beim Einsatz in besonderen Gefährdungsbereichen die Kleidung und Ausrüstung der Versicherten hierfür geeignet ist,
- die Versicherten bei infektionsgefährdenden Tätigkeiten mit geeigneten Schutzmitteln ausgerüstet sind,
- bei Geld- oder Werttransporten eingesetzte technische Transportsicherungen sich in funktionsfähigem Zustand befinden.

Der betriebssichere Zustand der Fahrzeuge umfasst sowohl deren verkehrssicheren als auch deren arbeitssicheren Zustand.

Besondere Witterungseinflüsse sind z. B. Nässe, Kälte und Hitze.

Besondere Gefährdungen können auftreten z. B. in Bereichen mit thermischen, chemischen oder biologischen Gefährdungen sowie in Bereichen mit Explosions- oder Strahlungsgefahren.

Des Weiteren können besondere Gefährdungen durch Konfrontationen mit stich- oder schusswaffentragenden Tätern entstehen. Hierfür geeignete persönliche Schutzausrüstungen sind z. B. durchstich- und durchschusshemmende Schutzwesten.

Infektionsgefahren können beim Kontakt mit entsprechenden Personenkreisen oder Materialien bestehen. Geeignete Schutzmittel hierfür sind z. B. das situationsbedingte Tragen von Infektionsschutzhandschuhen oder gegen Durchstich schützende Handschuhe.

Für den Einsatz z. B. im unwegsamen Gelände ist festes Schuhwerk geeignet, das widerstandsfähig gegen mögliche mechanische Belastungen ist und mit rutschhemmenden Profilsohlen sowie gegebenenfalls mit Knöchelschutz versehen ist.

Leistungsfähige Handleuchten bedingen eine der Wach- und Sicherungstätigkeit angepasste Reichweite und Gebrauchsfähigkeit. Ersatzlampen und -batterien bzw. -akkus sollen in erreichbarer Nähe zur Verfügung stehen.

Siehe auch:

- Arbeitsschutzgesetz (ArbSchG),
- Gesetz zur Neuordnung der Sicherheit von technischen Arbeitsmitteln und Verbraucherprodukten (Geräte- und Produktsicherheitsgesetz – GPSG),
- Verordnung über Sicherheit und Gesundheitsschutz bei der Benutzung persönlicher Schutzausrüstungen bei der Arbeit (PSA-Benutzungsverordnung [PSA-BV]),
- Verordnung über Sicherheit und Gesundheitsschutz bei der Bereitstellung von Arbeitsmitteln und deren Benutzung bei der Arbeit, über Sicherheit beim Betrieb überwachungsbedürftiger Anlagen und über die Organisation des betrieblichen Arbeitsschutzes (Betriebssicherheitsverordnung – BetrSichV),
- Verordnung über Sicherheit und Gesundheitsschutz bei der manuellen Handhabung von Lasten bei der Arbeit (Lastenhandhabungsverordnung – LasthandhabV),
- Arbeitsstättenverordnung,
- Straßenverkehrs-Zulassungs-Ordnung,
- Unfallverhütungsvorschriften
    - „Grundsätze der Prävention" (BGV A 1),
    - „Fahrzeuge" (BGV D 29),
- BG-Grundsätze
    - „Prüfung von Fahrzeugen durch Fahrpersonal" (BGG 915),
    - „Prüfung von Fahrzeugen durch Sachkundige" (BGG 916),
- Schriftenreihe Prävention der Verwaltungs-Berufsgenossenschaft „Wach- und Sicherungsdienstleistungen; Infektionsschutz für Beschäftigte" (SP 25.2/5).

§ 11   Brillenträger

Versicherte, die bei Wach- und Sicherungsaufgaben zur Korrektur ihres Sehvermögens eine Brille tragen müssen, haben diese gegen Verlieren zu sichern oder eine Ersatzbrille mitzuführen.

§ 12 Hunde

(1) Als Diensthunde dürfen nur geprüfte Hunde mit Hundeführern eingesetzt werden. Hunde, die für die Aufgabe nicht geeignet sind, die zur Bösartigkeit neigen oder deren Leistungsstand nicht mehr gegeben ist und die dadurch Personen gefährden können, dürfen nicht eingesetzt werden.

(2) Abweichend von Absatz 1 dürfen auch ungeprüfte Hunde zu Wahrnehmungs- und Meldeaufgaben eingesetzt werden, wenn hierbei der Führer seinen Hund unter Kontrolle hat.

(3) Eine Überforderung der Hunde durch Ausbildung und Einsatz ist zu vermeiden.

DA zu § 12:

Als Diensthunde sind nur Hunde geeignet, die für die vorgesehenen Aufgaben ausgebildet sind, eine entsprechende Prüfung mit Erfolg abgelegt haben und deren Eignung bei Bedarf, mindestens jedoch einmal jährlich, erneut geprüft wird.

Angemessene Qualifikationen sind z. B. Gebrauchshundprüfungen entsprechend der Schutzhundprüfung A sowie Diensthundprüfungen der Bundeswehr, des Bundesgrenzschutzes, der Polizei und des Zolls.

Ein aus Hundeführer und Hund bestehendes Team, das seine Befähigung nicht gemeinsam nachgewiesen hat, ist für Schutzaufgaben erst einsetzbar, wenn der Hundeführer den Hund so unter Kontrolle hat, dass er ihn in der Unterordnung und in den Teilen des Schutzdienstes beherrscht, die dem Aufgabenspektrum des Teams entsprechen, z. B. Personenkontrolle, Abwehr eines Überfalls, Eigenschutz.

Voraussetzungen für den Einsatz ungeprüfter Hunde sind, dass die Hunde
– nur für Wahrnehmungs- und Meldeaufgaben, nicht jedoch für darüber hinausgehende Schutzaufgaben verwendet werden

sowie
– nicht bösartig sind und sich ihrem Führer eindeutig unterordnen.

Die Überforderung eines Hundes durch Ausbildung und Einsatz kann dazu führen, dass der Hund nicht mehr für seine Aufgabe geeignet ist und sowohl den Hundeführer als auch andere Personen gefährdet.

Überforderungen werden z. B. vermieden, wenn für jeden Hund
– die Ausbildungs- und Trainingsinhalte einschließlich spielerischer Übungen zur Vertiefung der Bindung an den jeweiligen Hundeführer sich an der Veranlagung und dem Leistungsstand des Hundes orientieren,
– Ausbildung oder Training regelmäßig durchgeführt werden und ausschließlich hierfür eine Dauer von ca. 15 Minuten pro Trainingstag ohne spielerische Übungen angesetzt wird,
– der Schutzdienst mindestens einmal in der Woche geübt wird,
– die Dauer des einzelnen Einsatzes nicht mehr als zwei Stunden beträgt und zwischen zwei Einsätzen mindestens eine Ruhepause von zwei Stunden, nach der Fütterung von mindestens vier Stunden eingehalten wird

sowie
– die tägliche Gesamtbelastungsdauer zehn Stunden nicht überschreitet.

Beim Einsatz von Leihhunden werden die Vorgaben zur Vermeidung von Überforderungen und Gefährdungen in der Regel nicht erfüllt, weil die anzustrebende Teambildung zwischen Hundeführer und Hund grundsätzlich nicht erreicht wird.

Siehe auch:
- Tierschutzgesetz (TSchG),
- Prüfungsordnung für Diensthunde der Bundeswehr.

§ 13 Hundezwinger

(1) Werden Hunde in Zwingern oder Zwingeranlagen gehalten, hat der Unternehmer dafür zu sorgen, dass die Zwinger so beschaffen und ausgestattet sind, dass eine Einzelhaltung aller Hunde ermöglicht wird.

(2) Der Unternehmer hat dafür zu sorgen, dass an den Zwingern auf das Zutrittsverbot durch das Verbotszeichen „Zutritt für Unbefugte verboten" hingewiesen ist.

(3) Belegte Zwinger dürfen nur von Hundeführern oder vom Unternehmer beauftragten Personen, die mit dem jeweiligen Hund vertraut sind, betreten werden.

(4) Belegte Zwinger müssen abgeschlossen sein, sofern ein Entweichen des Hundes oder der Zutritt Unbefugter nicht auf andere Weise verhindert ist.

(5) Die Säuberung und Instandhaltung von Zwingern darf nur dann durchgeführt werden, wenn diese nicht durch Hunde belegt sind.

DA zu § 13:
Zwinger sind als geeignet anzusehen, wenn z. B.
- ihre Einfriedungen von den Hunden nicht überwunden werden können und sicher gegen Durchbeißen ausgeführt sind,
- die Zwinger in ausreichendem Maße Bewegungsmöglichkeiten für die Hunde und Schutz gegen Witterungseinflüsse gewähren
  sowie
- Fütterungs- und Tränkeinrichtungen so gestaltet sind, dass sie gefahrlos von außen betätigt und gefüllt werden können.
Zur Ausstattung für eine Einzelhaltung zählen z. B. abschließbare Türen von Zwingern und Einzelboxen, die mindestens 1,90 m hoch sowie 0,80 m breit sind und unmittelbar in freie Zugangsbereiche führen.
Siehe auch:
- Tierschutzgesetz (TSchG),
- Unfallverhütungsvorschriften
  - „Grundsätze der Prävention" (BGV A 1),
  - „Sicherheits- und Gesundheitsschutzkennzeichnung am Arbeitsplatz" (BGV A 8).

§ 14 Hundehaltung in Objekten

(1) Der Unternehmer hat dafür zu sorgen, dass im Bereich von Objekten, in denen Hunde gehalten werden, Zwinger nach § 13 vorhanden sind.

(2) Abweichend von Absatz 1 ist außerhalb der Verkehrs- und Streifenwege auch eine vorübergehende Anbindehaltung zulässig, wenn hierfür geeignete Einrichtungen vorhanden sind und sich die Hunde jeweils nur für die Dauer einer Schicht im Bereich des Objektes befinden. Der Unternehmer hat dafür zu sorgen, dass auf das Zutrittsverbot durch das Verbotszeichen „Zutritt für Unbefugte verboten" an den Einrichtungen hingewiesen ist.

DA zu § 14 Abs. 2:
Geeignete Einrichtungen für die Anbindehaltung bedingen z. B. ausreichenden Schutz gegen Witterungseinflüsse und dass sich die Hunde nicht befreien oder verbeißen können.

Die Mitnahme von Hunden in Wach- und Bereitschaftsräume ist nur zulässig, wenn eine Gefährdung von Versicherten ausgeschlossen werden kann. Dies betrifft auch andere Hundeführer oder sonstige eingesetzte Personen.

Siehe auch:
– Tierschutzgesetz (TSchG),
– Unfallverhütungsvorschrift „Sicherheits- und Gesundheitsschutzkennzeichnung am Arbeitsplatz" (BGV A 8).

§ 15 Hundeführer

(1) Als Hundeführer dürfen nur Versicherte eingesetzt werden, die entsprechend unterwiesen worden sind und dem Unternehmer ihre Befähigung nachgewiesen haben.

(2) Der Unternehmer hat dafür zu sorgen, dass ihm die Befähigung zum Hundeführer regelmäßig nachgewiesen wird. Bei nicht mehr ausreichender Befähigung ist die Befugnis zum Führen von Hunden zu entziehen.

DA zu § 15:
Die Befähigung zum Hundeführer setzt eine entsprechende Ausbildung und den erfolgreichen Nachweis hierüber voraus. Die Befähigung kann betriebsintern dem Unternehmer oder einem von ihm beauftragten Sachkundigen nachgewiesen werden und ist mindestens jährlich erneut nachzuweisen.

Die Befähigung zum Hundeführer setzt neben den erforderlichen Kenntnissen und praktischen Fähigkeiten voraus, dass der Hundeführer ruhig und besonnen ist, Verständnis sowie Einfühlungsvermögen für den Hund besitzt und fähig ist, in eindeutiger Weise auf den Hund einzuwirken.

Sachkundiger ist, wer auf Grund seiner Erfahrungen und Kenntnisse in der Lage ist, den sicheren Einsatz von Hunden und Hundeführern zu beurteilen und zu koordinieren. Dies sind z. B. Hundeführerausbilder, die ihre entsprechende Qualifikation nachgewiesen haben.

Siehe auch:
- § 28 Straßenverkehrs-Ordnung,
- Unfallverhütungsvorschrift „Grundsätze der Prävention" (BGV A 1).

§ 16 Hundeführung

(1) Die Übernahme und Abgabe des Hundes einschließlich des An- und Ableinens müssen im Zwinger bei geschlossener Tür vorgenommen werden. Bei zulässiger Anbindehaltung kann die Übernahme und Abgabe auch an den entsprechenden Einrichtungen erfolgen. Eine Übergabe von Person zu Person ist nicht erlaubt.

(2) Vor jeder Kontaktaufnahme mit einem Hund haben sich die vom Unternehmer hierzu beauftragten Versicherten in geeigneter Weise davon zu überzeugen, dass der Hund folgsam und nicht aggressiv ist. Andernfalls ist der Direktkontakt zu unterlassen und der Hund nicht einzusetzen.

(3) Werden Hunde mit verschiedenen Hundeführern eingesetzt, so ist eine einheitliche Kommandosprache festzulegen und anzuwenden.

(4) Die Befestigung der Führleine am Körper des Hundeführers sowie am Fahrrad oder Moped ist untersagt.

(5) Eine Hundeführung ohne Führleine darf nur in Objektbereichen erfolgen, in denen eine Begegnung mit Dritten nicht zu erwarten ist.

(6) Bei einer Begegnung mit Dritten ist der angeleinte Hund fest an der kurzen Leine so zu führen, dass er Dritte nicht erreichen kann.

DA zu § 16 Abs. 1:

Das An- und Ableinen des Hundes im Zwinger oder an der Einrichtung für die Anbindehaltung soll eine Gefährdung anderer Versicherter verhindern und trägt der personenbezogenen Unterordnung des Hundes unter den Menschen Rechnung. Zur Verringerung des Unfallrisikos soll deshalb auch ein Wechsel des Hundeführers nur aus zwingenden Gründen erfolgen.

Die Kontaktaufnahme mit dem Hund soll durch Ansprechen und unter Nennung seines Namens erfolgen. Hierbei soll dem Hund die Möglichkeit einer Geruchswahrnehmung geboten werden. Anzeichen für eine aggressive Stimmung des Hundes sind unter anderem gefletschte Zähne, zurückgezogene Lefzen, Knurren, gesträubte Nacken- und Rückenhaare oder ein Steifhalten der Rute.

Eine einheitliche Kommandosprache ist dem Hund vertraut und dient der Vermeidung von Missverständnissen. Die Kommandos sollen mit ruhiger Sprechstimme gegeben werden. Große Lautstärke soll nur besonderen Ausnahmesituationen vorbehalten bleiben.

Die Befestigung der Führleine am Körper des Hundeführers, am Fahrrad oder am Moped ist auf Grund der damit verbundenen Gefährdung nicht erlaubt.

Dritte sind auch andere Hundeführer oder sonstige im Objektbereich eingesetzte Personen.

Zum Anleinen und festen Führen eignen sich nur Halsbänder und Führleinen mit Handschlaufen in einwandfreiem Zustand, wobei die Verbindung mit dem Halsband so ausgeführt ist, dass ein unbeabsichtigtes Lösen oder Verdrehen der Führleine ausgeschlossen werden kann.

Fest an der kurzen Leine führen bedeutet, dass keine straffe Leinenhaltung erfolgt, jedoch fester Halt und ein ausreichender Sicherheitsabstand gewährleistet sind.

Ist ein sicherer Abstand, z.B. in öffentlichen Verkehrsmitteln oder in Menschenversammlungen, nicht möglich, so kann eine entsprechende Sicherheit durch einen angelegten Beißkorb erreicht werden. Das Anlegen eines Beißkorbes ist auch eine Sicherheitsmaßnahme bei der Hundepflege oder einer tierärztlichen Behandlung.

Siehe auch:
- Arbeitsschutzgesetz (ArbSchG),
- Unfallverhütungsvorschrift „Grundsätze der Prävention" (BGV A 1).

§ 17   Transport von Hunden

Der Unternehmer hat dafür zu sorgen, dass Kraftfahrzeuge für den Transport von Hunden mit einer Abtrennung zwischen Transportraum und Fahrgastbereich ausgerüstet sind. Werden mehrere Hunde gleichzeitig in einem Fahrzeug transportiert, muss zusätzlich eine Trennung der Hunde voneinander möglich sein und dann erfolgen, wenn das Verhalten der Hunde ihren Transport zusammen in einem Transportraum nicht zulässt.

DA zu § 17:
Als Trennvorrichtung eignen sich z.B. Gitter oder Netze, die fest verspannt und sicher gegen Durchbeißen ausgeführt sind. Kofferräume und Kofferraumeinsätze sind für den Transport von Hunden nicht geeignet.

Anstelle einer Abtrennung im Fahrzeug können auch geeignete Transportbehältnisse, z.B. Hundeboxen, verwendet werden.

§ 18   Ausrüstung mit Schusswaffen

(1) Der Unternehmer hat unter Beachtung der waffenrechtlichen Bestimmungen sicherzustellen, dass eine Ausrüstung des Wach- und Sicherungspersonals mit Schusswaffen nur dann erfolgt, wenn er dies ausdrücklich anordnet. Es dürfen nur Versicherte mit Schusswaffen ausgerüstet werden, die nach dem Waffenrecht zuverlässig, geeignet und sachkundig sowie an den Waffen ausgebildet sind.

(2) Der Unternehmer hat sicherzustellen, dass Versicherte, die Träger von Schusswaffen nach Absatz 1 sind, regelmäßig an Schießübungen teilnehmen und ihre Schießfertigkeit sowie Sachkunde nach dem Waffenrecht ihm oder einem Sachkundigen nachweisen.

(3) Schießübungen nach Absatz 2 müssen unter der Aufsicht eines nach Waffenrecht Verantwortlichen auf Schießstandanlagen durchgeführt werden, die den behördlich festgelegten sicherheitstechnischen Anforderungen entsprechen.

(4) Der Unternehmer hat sicherzustellen, dass über die Schießübungen, die Schießfertigkeit und den Sachkundestand Aufzeichnungen geführt werden.

(5) Der Unternehmer hat sicherzustellen, dass der Entzug von Schusswaffen nach Absatz 1 unverzüglich erfolgt, wenn die Voraussetzungen der Absätze 1 und 2 bei den Versicherten nicht mehr gegeben sind.

DA zu § 18:

Die Ausrüstung mit Schusswaffen soll auf Grund der sich daraus ergebenden Gefahrmomente auf das zwingend notwendige Maß begrenzt werden.

Die Zuverlässigkeit und Eignung zum Führen von Schusswaffen sind z. B. nicht gegeben bei

– offensichtlich erkennbarer Einschränkung der geistigen oder körperlichen Voraussetzungen,
– unzureichendem Sachkundestand oder nicht regelmäßiger und erfolgreicher Teilnahme an den Schießübungen,
– Einschränkungen der Reaktionsfähigkeit durch die Einwirkung von Alkohol oder anderen ähnlich wirkenden Mitteln,
– Missbrauch von Schusswaffen oder dem Führen unzulässiger Schusswaffen oder Munition

oder

– eigenmächtig vorgenommenen technischen Veränderungen von Schusswaffen oder Munition.

Als ausreichend ausgebildet und sachkundig gilt, wer die erforderlichen Fähigkeiten und Kenntnisse über den Umgang mit Schusswaffen und Munition, die Reichweite und Wirkungsweise der Geschosse, die waffenrechtlichen Vorschriften sowie insbesondere die Bestimmungen über Notwehr und Notstand nachgewiesen hat.

Eine regelmäßige Teilnahme an den Schießübungen ist dann gegeben, wenn die Teilnahme an den Übungen in der Regel mindestens viermal jährlich erfolgt und hierbei grundsätzlich ein Zeitabstand von drei Monaten eingehalten wird.

Ein ausreichender Sachkundestand ist anzunehmen, wenn der entsprechende Nachweis einmal jährlich erbracht wird.

Sachgerecht durchgeführte Schießübungen bedingen, dass sie mit den dienstlich zugewiesenen Schusswaffen und Munitionsarten durchgeführt werden, die auch beim dienstlichen Einsatz Verwendung finden.

Siehe auch:

– Waffengesetz (WaffG),
– Gesetz über die Anwendung unmittelbaren Zwanges und die Ausübung besonderer Befugnisse durch Soldaten der Bundeswehr und zivile Wachpersonen,
– Verordnungen zum Waffengesetz (WaffG),
– Ausführungsbestimmungen zum Gesetz über die Anwendung unmittelba-

ren Zwanges und die Ausübung besonderer Befugnisse durch Soldaten der
Bundeswehr und zivile Wachpersonen,
- Allgemeine Verwaltungsvorschrift zum Waffengesetz (WaffG),
- Unfallverhütungsvorschriften,
- „Grundsätze der Prävention" (BGV A 1),
- „Lärm" (BGV B 3),
- § 32 der Unfallverhütungsvorschrift „Explosivstoffe – Allgemeine Vor-
  schrift" (BGV B 5),
- Richtlinien für die Errichtung und Abnahme und das Betreiben von Schieß-
  ständen (Schießstand-Richtlinien),
- Schriftenreihe Prävention der Verwaltungs-Berufsgenossenschaft; „Reini-
  gung von Raumschießanlagen"(SP 25.7).

§ 19 Schusswaffen

(1) Es dürfen nur Schusswaffen bereitgehalten und geführt werden, die
amtlich geprüft sind und ein in der Bundesrepublik Deutschland anerkann-
tes Beschusszeichen tragen.

(2) Der Unternehmer hat dafür zu sorgen, dass Schusswaffen bei Verdacht
auf Mängel, mindestens jedoch einmal jährlich durch Sachkundige hinsichtlich ihrer Handhabungssicherheit geprüft werden.

(3) Der Unternehmer hat dafür zu sorgen, dass die Instandsetzung von
Schusswaffen nur durch Inhaber einer Erlaubnis nach § 7 oder § 41 WaffG erfolgt.

(4) Das Bereithalten und Führen von Schreck- oder Gas-Schusswaffen ist
bei der Durchführung von Wach- und Sicherungsaufgaben unzulässig.

DA zu § 19:
Sachkundiger für die Prüfung der Handhabungssicherheit von Schusswaffen ist,
wer auf Grund seiner Ausbildung und Erfahrung ausreichende Kenntnisse über
die jeweiligen Schusswaffen besitzt und mit den einschlägigen staatlichen Vorschriften, Unfallverhütungsvorschriften und allgemein anerkannten Regeln der
Technik so weit vertraut ist, dass er die Handhabungssicherheit der Waffen
beurteilen kann.
Die Instandsetzung oder Bearbeitung von Schusswaffen ist nach dem Waffengesetz (WaffG) nur Personen erlaubt, die hierfür eine Erlaubnis der zuständigen
Behörde besitzen. Dies können z. B. Büchsenmacher oder entsprechend ausge-
bildetes Personal einschlägiger Hersteller und Fachwerkstätten sein.
Das Verbot des Bereithaltens und Führens von Schreck- oder Gas-Schusswaffen
bei der Durchführung von Wach- und Sicherungsaufgaben betrifft auch entsprechende Reizstoff- oder Signalschusswaffen sowie sonstige schusswaffenähn-
liche Gegenstände, da sie ein trügerisches Sicherheitsgefühl vermitteln und ihr
Einsatz bei Konfrontationen mit schusswaffentragenden Tätern zu einer extre-
men Gefährdung ohne ausreichende Selbstverteidigungsmöglichkeit führt.

Siehe auch:
- Waffengesetz (WaffG),
- Verordnungen zum Waffengesetz (WaffG),
- Allgemeine Verwaltungsvorschrift zum Waffengesetz (WaffG).

§ 20 Führen von Schusswaffen und Mitführen von Munition

(1) Schusswaffen müssen in geeigneten Trageeinrichtungen geführt werden. Das Abgleiten oder Herausfallen der Waffe muss durch eine Sicherung verhindert sein.

(2) Munition darf nicht lose mitgeführt werden.

(3) Außer bei drohender Gefahr darf sich keine Patrone vor dem Lauf befinden. Dies gilt nicht, wenn durch konstruktive Maßnahmen sichergestellt ist, dass sich bei entspanntem Hahn kein Schuss lösen kann.

(4) Geführte Schusswaffen mit einer äußeren Sicherungseinrichtung sind, ausgenommen bei ihrem Einsatz, zu sichern.

(5) Von den Bestimmungen der Absätze 3 und 4 darf für Bereiche abgewichen werden, in denen entsprechende behördliche oder militärische Sonderregelungen bestehen.

DA zu § 20 Abs. 1 bis 4:
Diese Forderungen gelten auch innerhalb befriedeten Besitztums.

DA zu § 20 Abs. 5:
Behördliche oder militärische Sonderregelungen bestehen z. B. in Bereichen der Bundeswehr, der Deutschen Bundesbank und in Objektbereichen von kerntechnischen Anlagen.

§ 21 Übergabe von Schusswaffen, Kugelfangeinrichtungen

(1) Schusswaffen dürfen nur in entladenem Zustand übergeben werden.

(2) Der Übernehmende hat sich sofort vom Ladezustand der Waffe zu überzeugen und diese auf augenfällige Mängel zu kontrollieren.

(3) Bei Feststellung von Mängeln darf die Waffe nicht geführt werden. Vor einer Wiederverwendung ist sie einer sachkundigen Instandsetzung zuzuleiten.

(4) Beim Laden und Entladen von Schusswaffen müssen diese an sicherem Ort auf eine geeignete Kugelfangeinrichtung gerichtet sein. Jegliches Hantieren mit der Waffe hat hierbei so zu erfolgen, dass keine Versicherten durch einen sich lösenden Schuss verletzt werden können.

DA zu § 21:
Als eine geeignete Kugelfangeinrichtung kann z. B. ein Behälter mit einer Grundfläche von mindestens 0,6 m x 0,6 m angesehen werden, der zumindest

0,3 m hoch mit Sand gefüllt ist. Der Ort, an dem sich die Kugelfangeinrichtung befindet, ist als geeignet anzusehen, wenn er in der Nähe der Übergabestelle außerhalb von Verkehrs- und Aufenthaltsbereichen liegt und ausreichende Bewegungsfreiheit für das Laden und Entladen vorhanden ist.

Siehe auch:
- Waffengesetz (WaffG),
- Verordnungen zum Waffengesetz (WaffG),
- Allgemeine Verwaltungsvorschrift zum Waffengesetz (WaffG),
- Unfallverhütungsvorschrift „Grundsätze der Prävention" (BGV A 1).

§ 22 Aufbewahrung von Schusswaffen und Munition

(1) Der Unternehmer hat dafür zu sorgen, dass für die Aufbewahrung von Schusswaffen und Munition zumindest Stahlblechschränke mit Sicherheitsschloss oder entsprechend sichere Einrichtungen vorhanden sind, die eine getrennte Unterbringung von Waffen und Munition ermöglichen und Schutz gegen Abhandenkommen oder unbefugten Zugriff gewährleisten.

(2) Die Aufbewahrung von Schusswaffen und Munition muss in verschlossenen Einrichtungen nach Absatz 1 erfolgen. Schusswaffen dürfen nur im entladenen Zustand aufbewahrt werden.

DA zu § 22:
Die Maßnahmen zur sicheren Aufbewahrung von Schusswaffen und Munition gelten sowohl im Unternehmen als auch in den Kundenobjekten. Die Maßnahmen sollen auch mit der zuständigen kriminalpolizeilichen Beratungsstelle bzw. mit anderen zuständigen behördlichen oder militärischen Stellen abgestimmt werden, da in bestimmten Objektbereichen besondere behördliche oder militärische Regelungen bestehen können, die eine Abweichung erforderlich machen und die Sicherheit auf andere Weise gewährleisten.

Siehe auch:
- Waffengesetz (WaffG),
- Verordnungen zum Waffengesetz (WaffG),
- Allgemeine Verwaltungsvorschrift zum Waffengesetz (WaffG),
- Unfallverhütungsvorschrift „Grundsätze der Prävention" (BGV A 1),
- § 20 Abs. 5 dieser Unfallverhütungsvorschrift.

§ 23 Alarmempfangszentralen

Der Unternehmer hat dafür zu sorgen, dass Alarmempfangszentralen, die aufgrund ihrer Aufgabenstellung als überfallgefährdet anzusehen und mit Wach- und Sicherungspersonal besetzt sind, ausreichend gesichert sind.

DA zu § 23:
Als überfallgefährdete Alarmempfangszentralen sind auf Grund ihrer Aufgabenstellung Notruf- und Serviceleitstellen (NSL) anzusehen, die mit Versicherten besetzt und auf die Überfall- und Einbruchmeldeanlagen aufgeschaltet sind.

141

Eine ausreichende Sicherung für Notruf- und Serviceleitstellen (NSL) ist gegeben, wenn z. B.

– Fenster, die ohne Hilfsmittel von außen erreichbar sind, Sicherungen gegen Einblick von außen haben, feststehend sind und deren Verglasungen hinsichtlich Durchschuss- und Durchbruchhemmung mindestens den Widerstandsklassen BR 3-S nach DIN EN 1063 und P 7 B nach DIN 356 entsprechen;

– sonstige Fenster Sicherungen gegen Einblick von außen haben, außer zum Zwecke der Reinigung nur kippbar geöffnet werden können und deren Verglasungen mindestens der Widerstandsklasse P 4 A auf Durchwurfhemmung nach DIN EN 356 entsprechen;

– die Rahmen und Beschläge der Fenster sowie die umgebenden Gebäudeteile mindestens dem Widerstandswert der Verglasungen entsprechen;

– Außentüren mindestens der Widerstandsklasse FB 3-S nach DIN EN 1522 bzw. der Widerstandsklasse BR 3-S nach DIN EN 1063 entsprechen, selbstschließend ausgeführt sind, sich von außen nur mit Schlüsseln oder entsprechenden Elementen öffnen lassen, einen Durchblick von innen nach außen gewähren, ein Einblick von außen verhindert ist und Schlösser und Beschläge der Widerstandsklasse der Türen entsprechend

– Bereiche vor Zugängen ausreichend beleuchtet sind

sowie

– eine den Regeln der Technik entsprechende Überfallmeldeanlage installiert und gewartet ist, deren Alarm an eine Stelle übertragen wird, die diesen unabhängig von einem Überfallgeschehen weiterleiten und erforderliche Maßnahmen einleiten kann.

Eine Überfallgefahr besteht auch für Einsatzzentralen von Geld- oder Werttransportdiensten, denen die Steuerung und Überwachung der Transporttätigkeiten obliegt.

Wesentlich für die Steuerung und Überwachung von Geld- oder Werttransporttätigkeiten sind z. B.

– Aufstellung und Überwachung der Einsatz- und Tourenpläne,

– Überwachung der Touren durch Kommunikationseinrichtungen und vorhandene Ortungssysteme,

– Aufrechterhaltung der Kommunikationsverbindungen

sowie

– Entgegennahme und gegebenenfalls Weiterleitung von Notrufen und Alarmen sowie Einleitung weiterer erforderlicher Maßnahmen.

Eine Mindestsicherung für Einsatzzentralen von Geld- oder Werttransportdiensten bedingt, dass die Einsatzzentralen ausreichend gegen unbefugten und unbemerkten Zutritt gesichert sowie mit einer den bereits aufgezeigten Anforderungen entsprechenden Überfallmeldeanlage ausgerüstet sind.

– Das Ergebnis der gemäß Arbeitsschutzgesetz (ArbSchG) durchzuführenden Gefährdungsbeurteilung kann weitere Sicherungsmaßnahmen erforderlich machen.

Siehe auch:

– Arbeitsschutzgesetz (ArbSchG),

- Unfallverhütungsvorschrift „Grundsätze der Prävention" (BGV A 1),
- Richtlinien für Überfall- und Einbruchmeldeanlagen mit Anschluss an die Polizei (ÜEA),
- DIN EN 356 „Glas im Bauwesen; Sicherheitssonderverglasung; Prüfverfahren und Klasseneinteilung des Widerstandes gegen manuellen Angriff",
- DIN EN 1063 „Glas im Bauwesen; Sicherheitssonderverglasung; Prüfverfahren und Klasseneinteilung für den Widerstand gegen Beschluss",
- DIN EN 1522 „Fenster, Türen, Abschlüsse; Durchschusshemmung; Anforderungen und Klassifizierung",
- DIN EN 1523 „Fenster, Türen, Abschlüsse; Durchschusshemmung; Prüfverfahren",
- DIN VDE 0833 Teil 1 „Gefahrenmeldeanlagen für Brand, Einbruch und Überfall; Allgemeine Festlegungen",
- DIN VDE 0833 Teil 3 „Gefahrenmeldeanlagen für Brand, Einbruch und Überfall; Allgemeine Festlegungen für Einbruch- und Überfallmeldeanlagen".

III. Besondere Bestimmungen für Geldtransporte

§ 24 Eignung

Der Unternehmer darf für Geldtransporte nur Personen einsetzen, die mindestens 18 Jahre alt, persönlich zuverlässig und geeignet sowie für diese Aufgabe besonders ausgebildet und eingewiesen sind.

DA zu § 24:

Im Rahmen von Geld- oder Werttransporttätigkeiten nach den Durchführungsanweisungen zu § 1 macht die Durchführung von Geldtransporten wegen der damit verbundenen offenkundigen Überfallgefahr besondere Eignungen, Ausbildungen und Maßnahmen nach § 3 erforderlich.

Bei der Eignungsbeurteilung ist insbesondere auch auf Unbescholtenheit sowie eine geordnete Lebensführung zu achten, z. B. durch die unbeschränkte Auskunft nach § 41 Abs. 1 Nr. 9 Bundeszentralregistergesetz (BZRG), polizeiliches Führungszeugnis, die aktuelle Schufa-Selbstauskunft.

Im Rahmen der besonderen Ausbildung ist auch den erhöhten Anforderungen hinsichtlich des frühzeitigen Erkennens von Gefahr- und Konfrontationssituationen Rechnung zu tragen. Hierbei sind ebenfalls Kenntnisse über das rechtliche, taktische und strategische Verhalten in Situationen vor, während und nach einem Überfall zu vermitteln.

Eine sorgfältige Einweisung beinhaltet auch die Vermittlung fundierter Kenntnisse über Transporttechniken sowie den Einsatz von technischen Transportsicherungen.

Entsprechende Eignungen, Ausbildungen und Einweisungen von Beschäftigten können auch für die Durchführung der Transporte von sonstigen Werten nach den Durchführungsanweisungen zu § 1 erforderlich sein, wenn das Ergebnis der gemäß Arbeitsschutzgesetz (ArbSchG) durchzuführenden Gefährdungsbeurteilung ein erhöhtes Überfallrisiko aufzeigt.

Siehe auch:
- Arbeitsschutzgesetz (ArbSchG),
- Unfallverhütungsvorschrift „Grundsätze der Prävention" (BGV A 1).

§ 25   Geldtransporte durch Boten

(1) Der Unternehmer hat dafür zu sorgen, dass Geldtransporte durch Boten in öffentlich zugänglichen Bereichen von mindestens zwei Personen durchgeführt werden, von denen eine Person die Sicherung übernimmt. Dies gilt auch für entsprechende Wegstrecken zwischen Transportfahrzeugen und Übergabe- oder Übernahmestellen.

(2) Von Absatz 1 darf nur abgewichen werden, wenn
- das Geld unauffällig in der bürgerlichen Kleidung getragen wird,
- der Transport nicht als Geldtransport erkennbar ist,
- der Anreiz zu Überfällen durch technische Ausrüstungen, die für Außenstehende deutlich erkennbar sind, nachhaltig verringert wird

oder
- ausschließlich Hartgeld transportiert wird und dies auch für Außenstehende durch Transportverlauf und Transportabwicklung erkennbar ist.

(3) Zum Tragen bestimmte Geldtransportbehältnisse müssen ausreichend handhabbar sein. Sie dürfen mit Boten nicht fest verbunden sein.

DA zu § 25:

Die Forderungen für die Sicherung von Geldtransporten nach Absatz 1 gelten auch für Transporttätigkeiten, bei denen für Täter die Möglichkeit eines direkten Zugriffs auf Geldbestände oder Wertbehältnisse besteht, z. B. bei:
- der Ver- oder Entsorgung von Geldautomaten,
- der Ver- oder Entsorgung von Fahrschein- oder entsprechenden Automaten,
- dem Öffnen von Automaten im Rahmen von Serviceleistungen und Störungsbeseitigungen, wenn darin befindliche Geldbestände oder Wertbehältnisse vorübergehend ungesichert sind,
- der Beschickung von Nachttresoren.

Zur Vermeidung von Wegstrecken durch öffentlich zugängliche Bereiche eignen sich z. B.
- Fahrzeug-Schleusen,
- Fahrzeug-Andocksysteme,
- geschlossen gehaltene Hofräume

sowie
- vorübergehend unter Verschluss zu nehmende Gebäudeteile, die durch ihre Anordnung und Ausführung Außenstehenden den Zugang verwehren und dementsprechend verwendet werden.

Parkhäuser und für Außenstehende zugängliche Tiefgaragen erfüllen diese Voraussetzungen nicht.

Als bürgerliche Kleidung sind alle Kleidungsstücke anzusehen, die keine Dienstkleidung sind und keine Hinweise auf die Firmenzugehörigkeit oder dergleichen geben. Hierzu gehören auch Taschen und Behältnisse, die allgemein üblich sind und keinen Rückschluss auf ihren Inhalt zulassen.

Geld- oder Werttransporte nach den Durchführungsanweisungen zu § 1 gelten als für Außenstehende nicht erkennbar, wenn z. B. Kleidung und Ausrüstung, eingesetzte Fahrzeuge sowie Transportverlauf und -abwicklung insgesamt keine entsprechenden Rückschlüsse zulassen.

Technische Ausrüstungen, die den Anreiz zu Überfällen nachhaltig verringern, sind technische Transportsicherungen, die einer Wegnahme des Transportgutes während des Botenganges auf Grund ihrer Funktionsweise entgegenwirken, indem z. B.

– nach einer erzwungenen Übergabe oder dem Entreißen des Transportbehältnisses automatisch sofort oder in angemessenem Zeitabstand die Öffentlichkeit hierauf durch einen akustischen Alarm sowie einen optischen Alarm in Form einer wirksamen Farbrauchentwicklung aufmerksam gemacht wird

oder

– bei unbefugtem Zugriff auf das Transportgut dieses automatisch wirkungsvoll eingefärbt wird, um es für Täter wertlos zu machen.

Die Wirksamkeit von technischen Transportsicherungen hinsichtlich der nachhaltigen Verringerung des Anreizes zu Überfällen kann vom zuständigen Unfallversicherungsträger festgestellt werden.

Technische Transportsicherungen sind nur geeignet, wenn dem Boten auf seiner Wegstrecke im öffentlich zugänglichen Bereich ein Zugriff auf die Werte nicht möglich ist und somit seiner Erpressbarkeit weitgehend entgegengewirkt wird. Dies bedeutet z. B.

– die Aktivierung und Deaktivierung von technischen Transportsicherungen darf nur in Bereichen erfolgen können, die öffentlich nicht zugänglich sind,

– der Bote darf Schlüssel oder entsprechende Elemente zur Aktivierung oder Deaktivierung der technischen Transportsicherung nicht mit sich führen

und

– der Bote darf keine Schlüssel oder entsprechenden Elemente mit sich führen, die ihm den Zugang zum öffentlich nicht zugänglichen Bereich ermöglichen.

Die Handhabbarkeit von Transportbehältnissen und technischen Transportsicherungen wird z. B. durch deren Ausführung, Formgebung, Abmessungen und Gewicht bestimmt. Hierbei ist bei häufiger Handhabung für einen Mann eine Traglast von bis zu 25 kg und für eine Frau eine Traglast von bis zu 12 kg anzusetzen.

Im Interesse einer besseren Handhabbarkeit und Reduzierung der Belastungen sind geringere Traglasten anzustreben.

Siehe auch:

– Arbeitsschutzgesetz (ArbSchG),

– Betriebssicherheitsverordnung,

– Lastenhandhabungsverordnung – Arbeitsblatt „Heben und Tragen von Lasten; Hilfe für den Arbeitgeber",

– Unfallverhütungsvorschrift „Grundsätze der Prävention" (BGV A 1),

– „Grundsätze für die Prüfung des Arbeitsschutzes von technischen Ausrüstungen zur nachhaltigen Verringerung des Anreizes zu Überfällen" (TAVAÜ); (GS-VW-SG 1).

§ 26 Geldtransporte mit Fahrzeugen

(1) Der Unternehmer hat dafür zu sorgen, dass Geldtransporte nur mit hierfür besonders gesicherten Fahrzeugen – Geldtransportfahrzeugen – durchgeführt werden.

(2) Abweichend von Absatz 1 dürfen Transporte, bei denen ausschließlich Hartgeld transportiert wird, oder Transporte, die für Außenstehende nicht durch äußere Hinweise auf dem Fahrzeug, die Bauart des Fahrzeuges, die Ausrüstung der Personen, Transportverlauf oder Transportabwicklung als Geldtransporte zu erkennen sind, auch in sonstigen Fahrzeugen durchgeführt werden.

(3) Belegtransporte, die für Außenstehende mit Geldtransporten verwechselbar sind oder bei denen regelmäßig Geld mitgeführt wird, müssen wie erkennbare Geldtransporte in Geldtransportfahrzeugen durchgeführt werden.

(4) Sind bei Fahrten zu Übernahme- oder Übergabestellen Umstände erkennbar, die auf eine erhöhte Gefährdung schließen lassen, ist vor jedem Verlassen des Fahrzeugs die weitere Vorgehensweise mit anderen Stellen abzustimmen.

(5) Geldtransportfahrzeuge müssen während des Be- und Entladens in öffentlich zugänglichen Bereichen ständig besetzt bleiben. Hierbei müssen die Türen des mit mindestens einer Person besetzten Fahrzeugteils verriegelt sein.

(6) Überfälle sind unverzüglich über Funk zu melden. Akustisch-optisch wirkende Fahrzeug-Alarmanlagen sind jedoch nur den jeweiligen Umständen entsprechend zu betätigen, sofern hierdurch keine zusätzliche Gefährdung zu erwarten ist.

DA zu § 26:

Transportfahrzeuge für Geld oder Werte nach den Durchführungsanweisungen zu § 1 (Geldtransportfahrzeuge) gelten als geeignet gesichert, wenn sie den Bestimmungen der Unfallverhütungsvorschrift „Fahrzeuge" (BGV D 29) sowie der BG-Regel „Geldtransportfahrzeuge" (BGR 135) entsprechen.

Eine zusätzliche Maßnahme zur Sicherung von Geldtransportfahrzeugen stellt der Einbau von Laderaumsicherungen dar. Dies können z. B. sein:

– Tresorbehältnisse, die mit dem Fahrzeug fest verbunden und gegen unbefugte Wegnahme gesichert sind; hierbei ist sicherzustellen, dass während des gesamten Transportverlaufs ein Öffnen der Behältnisse auch durch das Transportpersonal nicht möglich ist

oder

– wirksame Farbrauch- oder Nebelsysteme, die in dem vom restlichen Fahrzeugbereich abgetrennten Laderaum bei einem unbefugten Eindringversuch ausgelöst werden; unbeabsichtigtem Eindringen von Farbrauch oder Nebel in den mit Versicherten besetzten Fahrzeugbereich ist dabei durch Abdichtungen und geeignete Lüftungseinrichtungen entgegenzuwirken.

Der Verzicht auf den Einsatz von Geldtransportfahrzeugen setzt voraus, dass

– ausschließlich Hartgeld transportiert wird und dies auch durch Transportverlauf oder Transportabwicklung für Außenstehende erkennbar ist,

– ausschließlich Belege transportiert werden und dies für Außenstehende erkennbar ist

oder

– im Einzelfall ein einmaliger Geld- oder Werttransport durchgeführt wird, der für Außenstehende nicht als solcher erkennbar ist.

Geld- oder Werttransporte gelten für Außenstehende als nicht erkennbar, wenn die nachstehenden Bedingungen eingehalten sind:

– Kleidung und Ausrüstung der Versicherten einschließlich verwendeter Taschen und Behältnisse dürfen keinerlei Rückschlüsse auf die Firmenzugehörigkeit und Durchführung eines Geld- oder Werttransportes zulassen,

– der Geld- oder Werttransport darf weder durch die Bauart noch durch die Ausrüstung oder Kennzeichnung des eingesetzten Fahrzeuges erkennbar sein

und

– Transportverlauf oder Transportabwicklung dürfen keine Rückschlüsse auf einen Geld- oder Werttransport zulassen.

Für Transporte, bei denen ausschließlich Belege transportiert werden und für die keine besonderen Sicherungsmaßnahmen erforderlich sind, empfiehlt es sich, die Transportfahrzeuge und Transportbehältnisse deutlich als Belegtransporte zu kennzeichnen.

Umstände, die auf eine erhöhte Gefährdung schließen lassen und gegebenenfalls der Täuschung dienen, können z. B. sein:

– Verkehrsunfälle,

– plötzliche Verkehrskontrollen,

– Fahrbahnblockierungen, Umleitungen, Baustellen oder Bauzelte,

– im Ladebereich abgestellte, auffällige Fahrzeuge

oder

– Personen, die sich auffällig verhalten.

Andere Stellen sind z. B. die Einsatzzentrale, die anzufahrende Stelle und die Polizei.

Durch die festgelegte ständige Besetzung von Geldtransportfahrzeugen während des gesamten Be- und Entladens in öffentlich zugänglichen Bereichen wird erreicht, dass z. B.

– Boten der Zugang zum Fahrzeug freigegeben werden muss und diese insoweit nicht erpressbar sind,

– eine Kommunikation mit den Boten möglich ist,

– eine Umfeldbeobachtung aus dem Fahrzeug erfolgt

und

– aus dem Fahrzeug heraus Notrufe und Alarme unverzüglich abgesetzt werden können.

147

Eine ständige Kommunikationsmöglichkeit zwischen Boten und Geldtransportfahrzeug trägt wesentlich zur Verbesserung der Sicherheit bei.

Die Festlegungen für die Durchführung von Geld- oder Werttransporten durch Boten nach § 25 gelten unabhängig hiervon.

Siehe auch:
- Unfallverhütungsvorschrift „Fahrzeuge" (BGV D 29),
- BG-Regel „Geldtransportfahrzeuge" (BGR 135).

§ 27 Werteräume

(1) Der Unternehmer hat dafür zu sorgen, dass zum Schutze der Versicherten Werteräume für die Bearbeitung von Banknoten gegen Überfälle gesichert sind.

(2) Der Unternehmer hat sicherzustellen, dass Türen von Geldschränken und Tresoranlagen beim Öffnen keine Quetsch- und Scherstellen mit Bauwerksteilen oder Einrichtungsgegenständen bilden können.

DA zu § 27:

Räume und Einrichtungen für die Bearbeitung, Kommissionierung sowie Lagerung von Banknoten sowie sonstigen Werten nach den Durchführungsanweisungen zu § 1 sind gegen Überfälle sowie unberechtigten Zugang und Zugriff ausreichend gesichert, wenn z. B.
- Fenster, die ohne Hilfsmittel von außen erreichbar sind, Sicherungen gegen Einblick von außen haben, feststehend sind und deren Verglasungen hinsichtlich Durchschuss- und Durchbruchhemmung mindestens den Widerstandsklassen BR 3-S nach DIN EN 1063 und P 7 B nach DIN EN 356 entsprechen,
- sonstige Fenster Sicherungen gegen Einblick von außen haben, außer zum Zweck der Reinigung nur kippbar geöffnet werden können und deren Verglasungen mindestens der Widerstandsklasse P 4 A auf Durchwurfhemmung nach DIN EN 356 entsprechen,
- die Rahmen und Beschläge der Fenster sowie die umgebenden Gebäudeteile mindestens dem Widerstandswert der Verglasungen entsprechen,
- Außentüren mindestens der Widerstandsklasse FB 3-S nach DIN EN 1522 bzw. der Widerstandsklasse BR 3-S nach DIN EN 1063 entsprechen, selbstschließend ausgeführt sind, sich von außen nur mit Schlüsseln oder entsprechenden Elementen öffen lassen, einen Durchblick von innen nach außen gewähren, ein Einblick von außen verhindert ist und Schlösser und Beschläge der Widerstandsklasse der Türen entsprechen,
- die Räume durch Schleusen von anderen Bereichen abgetrennt sind,
- eine den Regeln der Technik entsprechende Überfallmeldeanlage installiert und gewartet ist, deren Alarm an eine Stelle übertragen wird, die diesen unabhängig von einem Überfallgeschehen weiterleiten und erforderliche Maßnahmen einleiten kann,
- die Außenbereiche und Zugänge ausreichend beleuchtet sind

sowie
- die Lage der Räume und die Gestaltung der Außenbereiche ein Eindringen von außen, z. B. mit Fahrzeugen, erschweren.

Eine geeignete bauliche Gestaltung der Außenbereiche kann z. B. erreicht werden durch
- stabile Einfriedungen,
- Gräben,
- Betonpoller,
- Ablage von Findlingen,
- Zufahrtssperren.

Um Personenbewegungen sowie Geld- und Wertflüsse lückenlos rekonstruieren zu können, ist eine optische Raumüberwachung mit Aufzeichnungstechnik empfehlenswert.

Quetsch- und Scherstellen beim Öffnen der Türen von Geldschränken und Tresoranlagen wird z. B. entgegengewirkt durch
- ausreichende Abstände bei der Aufstellung und Einrichtung,
- Anbringung ausreichend dimensionierter Abstandshalter,
- Türstopper.

Das Bearbeiten, Kommissionieren sowie Lagern von Banknoten und Werten nach den Durchführungsanweisungen zu § 1 kann weitere Gefährdungen beinhalten, denen nach der gemäß Arbeitsschutzgesetz (ArbSchG) durchzuführenden Gefährdungsbeurteilung entgegenzuwirken ist. Entsprechende Gefährdungen können z. B. auftreten durch
- Handhabung, Transport sowie Lagerung von Hartgeldlasten und dergleichen,
- Lärmbelastungen durch Geldzählmaschinen,
- unbeabsichtigtes Einschließen von Personen in Tresoranlagen.

Einrichtungen, mit denen sich eingeschlossene Personen bemerkbar machen können, sind z. B. Ruf- und Meldeeinrichtungen, über die Hilfe bringende Stellen verständigt werden können.

Siehe auch:
- Arbeitsschutzgesetz (ArbSchG),
- Arbeitsstättenverordnung (ArbStättV),
- Betriebssicherheitsverordnung (BetrSichV),
- Lastenhandhabungsverordnung (LasthandhabV),
- Unfallverhütungsvorschriften
  - „Grundsätze der Prävention" (BGV A 1),
  - „Lärm" (BGV B 3),
  - „Krane" (BGV D 6),
  - „Flurförderzeuge" (BGV D 27),
- BG-Regel „Lagereinrichtungen und -geräte" (BGR 234),
- „Richtlinien für Überfall- und Einbruchmeldeanlagen mit Anschluss an die Polizei" (ÜEA),
- DIN EN 356 „Glas im Bauwesen; Sicherheitssonderverglasung; Prüfverfahren und Klasseneinteilung des Widerstandes gegen manuellen Angriff",
- DIN EN 1063 „Glas im Bauwesen; Sicherheitssonderverglasung; Prüfverfahren und Klasseneinteilung für den Widerstand gegen Beschuss",
- DIN EN 1522 „Fenster, Türen, Abschlüsse; Durchschusshemmung; Anforderungen und Klassifizierung";

- DIN EN 1523 „Fenster, Türen, Abschlüsse; Durchschusshemmung; Prüfverfahren",
- DIN VDE 0833 Teil 1 „Gefahrenmeldeanlagen für Brand, Einbruch und Überfall; Allgemeine Festlegungen",
- DIN VDE 0833 Teil 3 „Gefahrenmeldeanlagen für Brand, Einbruch und Überfall; Festlegungen für Einbruch- und Überfallmeldeanlagen".

IV. Ordnungswidrigkeiten

§ 28 Ordnungswidrigkeiten

Ordnungswidrig im Sinne des § 209 Abs. 1 Nr. 1 Siebtes Buch Sozialgesetzbuch (SGB VII) handelt, wer vorsätzlich oder fahrlässig den Bestimmungen des § 2 in Verbindung mit

§ 3,
§ 4 Abs. 1, 2 Satz 1, Absatz 3 Satz 2,
§ 5 Satz 1 oder 3,
§ 6 Abs. 2,
§§ 7, 8 Abs. 1 Satz 1 oder 2, Absatz 2 Satz 2, Absatz 3,
§§ 9, 10 Abs. 1, 3, 4 oder 5,
§ 12 Abs. 1 Satz 1,
§ 13,
§ 14 Abs. 1, 2 Satz 2,
§ 15 Abs. 1,
§ 16 Abs. 1 Satz 1 oder 3, Absatz 3, 4 oder 6,
§ 17,
§§ 18, 19, 20 Abs. 1 Satz 2, Absatz 2, 3 Satz 1, Absatz 4,
§ 21 Abs. 1 bis 3, Absatz 4 Satz 2,
§§ 22, 24, 25 Abs. 1, 3 Satz 2,
§ 26 Abs. 1, 3 oder 5
oder
§ 27

zuwiderhandelt.

V. In-Kraft-Treten

§ 29 In-Kraft-Treten

Diese Unfallverhütungsvorschrift tritt am 1. Oktober 1990 in Kraft. Gleichzeitig tritt die Unfallverhütungsvorschrift „Bewachung" (VBG 68) vom 1. Mai 1964 außer Kraft.

9.4 Fahrzeuge (BGV D 29)

vom 1. Oktober 1990 in der Fassung vom 1. Januar 1997
Aktualisierte Fassung 2000
– Auszug –

III. Bau und Ausrüstung

§ 31 Warnkleidung

(1) Der Unternehmer hat maschinell angetriebene mehrspurige Fahrzeuge mit geeigneter Warnkleidung für wenigstens einen Versicherten auszurüsten.

(2) Absatz 1 gilt nicht für Fahrzeuge,

– die ausschließlich innerbetrieblich eingesetzt werden

oder

– bei denen durch Ausrüstung der Fahrzeuge mit Funk und Einsatz von Werkstattwagen oder durch vergleichbare andere Maßnahmen sichergestellt ist, dass deren Fahrpersonal Instandsetzungsarbeiten auf öffentlichen Straßen nicht selbst durchführt. Das Fahrpersonal muss schriftlich angewiesen sein, solche Arbeiten nicht selbst durchzuführen. Die schriftliche Anweisung ist im Fahrzeug mitzuführen.

IV. Betrieb

§ 32 Allgemeines

Soweit nichts anderes bestimmt ist, richten sich die Bestimmungen dieses Abschnittes IV an Unternehmer und Versicherte.

§ 33 Benutzung, Eignung von Fahrzeugen

Fahrzeuge dürfen nur bestimmungsgemäß benutzt werden. Sie müssen sich in betriebssicherem Zustand befinden und für den vorgesehenen Verwendungszweck geeignet sein.

§ 34 Anweisungen

(1) Der Unternehmer hat dafür zu sorgen, dass die vom Hersteller mitgelieferten Betriebsanleitungen befolgt werden.

(2) Müssen zur Verhütung von Unfällen beim Betrieb von Fahrzeugen besondere Regeln beachtet werden, hat der Unternehmer Betriebsanweisungen in verständlicher Form und Sprache aufzustellen. Diese sind den Versicherten zur Kenntnis zu bringen.

151

§ 35 Fahrzeugführer

(1) Der Unternehmer darf mit dem selbstständigen Führen von maschinell angetriebenen Fahrzeugen nur Versicherte beschäftigen,

1. die das 18. Lebensjahr vollendet haben,

2. die körperlich und geistig geeignet sind,

3. die im Führen des Fahrzeuges unterwiesen sind und ihre Befähigung hierzu gegenüber dem Unternehmer nachgewiesen haben

und von denen

4. zu erwarten ist, dass sie die ihnen übertragenen Aufgaben zuverlässig erfüllen.

Sie müssen vom Unternehmer zum Führen des Fahrzeuges bestimmt sein.

(2) Von Absatz 1 Nr. 1 darf unter der Voraussetzung zur Ausbildung zum Berufskraftfahrer abgewichen werden, soweit dies zum Erreichen des Ausbildungszieles erforderlich ist und

1. die Aufsicht durch einen vom Unternehmer bestimmten Aufsichtführenden gewährleistet ist,

oder

2. für jugendliche Versicherte für das zu führende Fahrzeug eine amtliche Fahrerlaubnis nachgewiesen werden kann.

§ 36 Zustandskontrolle, Mängel an Fahrzeugen

(1) Der Fahrzeugführer hat vor Beginn jeder Arbeitsschicht die Wirksamkeit der Betätigungs- und Sicherheitseinrichtungen zu prüfen und während der Arbeitsschicht den Zustand des Fahrzeuges auf augenfällige Mängel hin zu beobachten.

(2) Der Fahrzeugführer hat festgestellte Mängel dem zuständigen Aufsichtführenden, bei Wechsel des Fahrzeugführers auch dem Ablöser, mitzuteilen. Bei Mängeln, die die Betriebssicherheit gefährden, hat der Fahrzeugführer den Betrieb einzustellen.

§ 37 Be- und Entladen

(1) Fahrzeuge dürfen nur so beladen werden, dass die zulässigen Werte für

1. Gesamtgewicht,

2. Achslasten,

3. statische Stützlast

und

4. Sattellast

nicht überschritten werden. Die Ladungsverteilung hat so zu erfolgen, dass das Fahrverhalten des Fahrzeuges nicht über das unvermeidbare Maß hinaus beeinträchtigt wird.

(2) Beim Be- und Entladen von Fahrzeugen muss sichergestellt werden, dass diese nicht fortrollen, kippen oder umstürzen können.

(3) Das Be- und Entladen von Fahrzeugen hat so zu erfolgen, dass Personen nicht durch herabfallende, umfallende oder wegrollende Gegenstände bzw. durch ausfließende oder ausströmende Stoffe gefährdet werden.

(4) Die Ladung ist so zu verstauen und bei Bedarf zu sichern, dass bei üblichen Verkehrsbedingungen eine Gefährdung von Personen ausgeschlossen ist.

(5) Die über den Umriss des Fahrzeuges in Länge oder Breite hinausragenden Teile der Ladung sind erforderlichenfalls so kenntlich zu machen, dass sie jederzeit wahrgenommen werden können.

(6) Beim Be- und Entladen müssen die Durchfahrthöhen und -breiten des Transportweges berücksichtigt werden.

§ 38   Aufenthalt im Gefahrbereich

(1) Der Aufenthalt im Gefahrbereich von Fahrzeugen ist nicht zulässig.

(2) Vor dem Öffnen der Bordwände ist festzustellen, ob Ladungsdruck gegen diese vorliegt.

(3) Aufbauverriegelungen sind möglichst von einem Standort außerhalb des Gefahrbereiches zu öffnen.

(4) Unter ungesicherten beweglichen Fahrzeugteilen, die sich in geöffneter oder angehobener Stellung befinden, ist der Aufenthalt nicht zulässig.

§ 39   Fahrzeug-Züge

(1) Die für das maschinell angetriebene Fahrzeug unter Berücksichtigung der Bremsanlage des Anhängefahrzeuges festgelegte Anhängelast und die zulässige Höchstgeschwindigkeit dürfen nicht überschritten werden.

(2) Bei ungebremsten einachsigen Anhängefahrzeugen darf deren zulässige Achslast die Hälfte des Leergewichtes des Zugfahrzeuges nicht überschreiten.

§ 40   Kuppeln von Fahrzeugen

(1) Beim Kuppeln von Fahrzeugen müssen die dafür vorgesehenen Einrichtungen bestimmungsgemäß verwendet werden. Insbesondere muss

1. das Anhängerfahrzeug
   – auf **ebenem Gelände** durch die Feststellbremse **oder** Unterlegkeile festgestellt werden,
   – auf **stark unebenem Gelände** oder im **Gefälle** durch die Feststellbremse **und** Unterlegkeile festgestellt werden,
2. die Zugeinrichtung auf Kupplungshöhe eingestellt werden,
3. die Anhängerkupplung geöffnet werden, d. h. kuppelbereit sein; bei Bolzenkupplungen mit beweglichem Fangmaul muss das Fangmaul arretiert sein,
4. nach dem Kuppeln die sichere Verbindung geprüft werden,
5. bei nicht selbsttätigen Anhängerkupplungen der Kuppelbolzen nach dem Einstecken formschlüssig gesichert werden
   und
6. der Anschluss vorhandener Verbindungsleitungen vorgenommen werden.

(2) Beim Kuppeln von Fahrzeugen, die mit selbsttätiger Anhängerkupplung und mit Höheneinstelleinrichtung ausgerüstet sind, dürfen sich während des Heranfahrens des Zugfahrzeuges keine Personen zwischen den Fahrzeugen befinden.

(3) Wird im Ausnahmefall durch Heranschieben eines mehrachsigen Anhängerfahrzeuges gekuppelt, muss eine zuverlässige Person die Feststellbremse bedienen, oder es müssen andere geeignete Maßnahmen getroffen werden, durch die ein Zusammenstoßen der Fahrzeuge verhindert wird.

(4) Es ist unzulässig, Anhängerfahrzeuge zum Kuppeln auflaufen zu lassen.

§ 41 Besteigen, Verlassen und Begehen von Fahrzeugen

(1) Versicherte müssen zum Erreichen oder Verlassen der Plätze für Fahrzeugführer, Beifahrer und Mitfahrer sowie der Arbeitsplätze auf Fahrzeugen Aufstiege und Haltegriffe benutzen.

(2) Versicherte müssen klappbare oder versenkbare Geländer, Haltegriffe, Laufstege, Stand- und Arbeitsflächen sowie abnehmbare Absturzsicherungen für das Begehen der Arbeitsplätze auf Fahrzeugen bestimmungsgemäß verwenden.

(3) Abweichend von den Absätzen 1 und 2 darf auf die Benutzung von fahrzeugeigenen Einrichtungen verzichtet werden, wenn nichtfahrzeugeigene Einrichtungen die gleiche Sicherheit bieten.

§ 42 Verhalten vor und während der Fahrt

(1) Auf Fahrzeugen dürfen Personen nur auf den jeweils für sie bestimmten Sitz-, Steh- oder Liegeplätzen mitfahren.

(2) Der Fahrzeugführer darf erst anfahren, nachdem er sich davon überzeugt hat, dass

1. die Ladetätigkeiten beendet sind und sich keine für die Mitfahrt nicht bestimmten Personen und Ladegeräte auf der Ladefläche des Fahrzeuges befinden,

2. alle Beifahrer und Mitfahrer die vorgesehenen Plätze nach Absatz 1 eingenommen haben

und

3. beim Betätigen von Zusatzlenkungen durch Mitgänger oder Mitfahrer eine Verständigung mittels Signaleinrichtung gewährleistet ist.

(3) Das Auf- und Abspringen während der Fahrt ist untersagt.

(4) Der Aufenthalt in Dachschlafkabinen ist während der Fahrt untersagt.

(5) Abweichend von Absatz 4 ist der Aufenthalt in Dachschlafkabinen während der Fahrt erlaubt, wenn diese durch besondere Bau- und Ausrüstungsmerkmale dafür geeignet sind.

§ 43   Sicherheitsgurte, Schutzhelme

(1) Vorgeschriebene Sicherheitsgurte sind während der Teilnahme am nichtöffentlichen Verkehr zu benutzen.

(2) Die Führer von Krafträdern und ihre Mitfahrer müssen während der Fahrt geeignete Schutzhelme tragen.

(3) Sicherungen gegen das Herausfallen von Personen an Liegeplätzen sind während der Fahrt bestimmungsgemäß zu benutzen.

(4) Absatz 1 gilt nicht

1. beim Fahren mit Schrittgeschwindigkeit,

2. beim Rückwärtsfahren.

§ 44   Fahr- und Arbeitsweise

(1) Fahrzeuge dürfen nur vom Platz des Fahrzeugführers aus geführt werden. Stellteile dürfen nur von den dafür vorgesehenen Plätzen aus betätigt werden.

(2) Der Fahrzeugführer muss zum sicheren Führen des Fahrzeuges den Fuß umschließendes Schuhwerk tragen.

(3) Der Fahrzeugführer hat die Fahrweise so einzurichten, dass er das Fahrzeug sicher beherrscht. Insbesondere muss er die Fahrbahn-, Verkehrs-, Sicht- und Witterungsverhältnisse, die Fahreigenschaften des Fahrzeuges sowie Einflüsse durch die Ladung berücksichtigen.

§ 45   Fahrwege

(1) Fahrzeuge dürfen nur auf Fahrwegen oder in Bereichen betrieben werden, die ein sicheres Fahren ermöglichen und die ausreichend tragfähig sind.

(2) Fahrzeuge dürfen auf geneigtem Gelände nur betrieben werden, wenn ausreichende Sicherheit gegen Umstürze und gefährdendes Rutschen gegeben ist.

(3) Fahrzeuge müssen von Bruch-, Gruben-, Halden- und Böschungsrändern sowie Rampen so weit entfernt bleiben, dass keine Absturzgefahr besteht.

(4) Bestehen an Kipp- und Entladestellen Gefahren des Ablaufens, Um- oder Abstürzens von Fahrzeugen, darf dort nur abgekippt oder entladen werden, wenn diese Gefahren durch Einrichtungen vermieden sind.

(5) Absatz 1 gilt nicht für Feuerwehr- und Rettungsfahrzeuge im Einsatz.

§ 46   Rückwärtsfahren und Einweisen

(1) Der Fahrzeugführer darf nur rückwärtsfahren oder zurücksetzen, wenn sichergestellt ist, dass Versicherte nicht gefährdet werden; kann dies nicht sichergestellt werden, hat er sich durch einen Einweiser einweisen zu lassen.

(2) Einweiser dürfen sich nur im Sichtbereich des Fahrzeugführers und nicht zwischen dem sich bewegenden Fahrzeug und in dessen Bewegungsrichtung befindlichen Hindernissen aufhalten; sie dürfen während des Einweisens keine anderen Tätigkeiten ausführen.

§ 47   Bewegen von Fahrzeugen, Rangieren

(1) Fahrzeuge dürfen durch andere Fahrzeuge nur bewegt werden, wenn sie sicher miteinander verbunden sind. Die Benutzung loser Gegenstände zum Schieben, wie Stempel, Riegel, ist unzulässig.

(2) Beim Rangieren von Anhängefahrzeugen mit Drehschemellenkung dürfen sich seitlich unmittelbar neben dem Fahrzeug keine Versicherten aufhalten.

(3) Es dürfen nur solche Rangierachsen in einachsiger Bauweise verwendet werden, bei denen das Ausschlagen der Zuggabel nach oben oder unten durch Einrichtungen verhindert ist. Sie dürfen nur mit Geschwindigkeiten von höchstens 25 km/h betrieben werden.

(4) Beim Ziehen von Fahrzeugen mittels Seilen oder Ketten dürfen sich im Gefahrbereich der Zugmittel keine Versicherten aufhalten. Ruckartiges Anziehen ist zu vermeiden.

(5) Beim Bewegen von Fahrzeugen von Hand muss vermieden sein, dass Versicherte gefährdet werden, und sichergestellt sein, dass die Fahrzeuge jederzeit gefahrlos zum Stillstand gebracht werden können.

(6) Anhängefahrzeuge dürfen während der Fahrt nicht abgekuppelt werden.

§ 48 Verwendung von Beleuchtungseinrichtungen

Während der Dämmerung, bei Dunkelheit oder wenn die Sichtverhältnisse es sonst erfordern, hat der Fahrzeugführer die vorhandenen Beleuchtungseinrichtungen bestimmungsgemäß zu verwenden.

§ 49 Fahrtrichtungsänderungen

Fahrzeugführer müssen Fahrtrichtungsänderungen rechtzeitig und eindeutig ankündigen. Die vorhandenen Fahrtrichtungsanzeiger sind dabei zu benutzen.

§ 50 Warnzeichen

Fahrzeugführer müssen bei Gefahr Warnzeichen geben.

§ 51 Betreiben von Heizungseinrichtungen und Kühlgeräten

In Führerhäusern und Fahrzeugaufbauten, in denen sich Versicherte aufhalten, dürfen nur Heizungseinrichtungen und Kühlgeräte, bei deren Betrieb Feuer- und Explosionsgefahren sowie Gesundheitsschäden durch Abgase, Sauerstoffmangel, hohe Heizluftaustrittstemperatur oder heiße Oberflächen ausgeschlossen sind, betrieben werden.

§ 52 Festgefahrene Fahrzeuge

(1) Versicherte dürfen beim Bergen festgefahrener Fahrzeuge deren Antriebsräder nur unterlegen, wenn diese stillstehen.

(2) Versicherte dürfen sich nicht in solchen Bereichen aufhalten, in denen sie durch fortschleuderndes Unterlegmaterial gefährdet werden können.

§ 53 Ziehen von Lasten

Lasten dürfen mit Zugeinrichtungen des stillstehenden Fahrzeuges nur gezogen werden, wenn sichergestellt ist, dass das Fahrzeug nicht kippen, umstürzen, wegrollen oder wegrutschen kann.

§ 54 Einsatz unter besonderen Bedingungen

(1) Bei der Arbeit mit Fahrzeugen in der Nähe unter Spannung stehender elektrischer Freileitungen oder Fahrleitungen muss ein von der Nennspannung abhängiger Sicherheitsabstand eingehalten werden.

(2) Kann der Sicherheitsabstand nach Absatz 1 zu elektrischen Freileitungen oder Fahrleitungen nicht eingehalten werden, hat der Unternehmer mit dem Eigentümer oder Betreiber der Leitungen andere Sicherheitsmaßnahmen gegen Stromübertritt durchzuführen.

(3) Der Unternehmer hat dafür zu sorgen, dass bei Gefahren durch herabfallende schwere Gegenstände nur Fahrzeuge eingesetzt werden, deren Führerhaus ein Schutzdach hat. Ist ein Schutzdach über dem Führerhaus nicht vorhanden, hat der Fahrzeugführer das Führerhaus für die Dauer des Beladens zu verlassen und sich aus dem Gefahrbereich zu entfernen.

(4) Der Unternehmer darf Fahrzeuge mit Verbrennungsmotor in ganz oder teilweise geschlossenen Räumen nur dann betreiben, wenn sichergestellt ist, dass in der Atemluft keine gefährlichen Konzentrationen gesundheitsschädlicher Abgasbestandteile entstehen können.

§ 55 Anhalten und Abstellen von Fahrzeugen

(1) Der Fahrzeugführer darf ein mehrspuriges Fahrzeug erst verlassen, nachdem es gegen unbeabsichtigtes Bewegen gesichert ist. Insbesondere sind folgende Maßnahmen erforderlich:

1. auf ebenem Gelände
   – Betätigen der Feststellbremse,
   – Einlegen des kleinsten Ganges bei maschinell angetriebenen Fahrzeugen
   oder
   – Einlegen der Parksperre bei Fahrzeugen mit automatischem Getriebe,

2. auf stark unebenem Gelände oder im Gefälle
   – Betätigen der Feststellbremse und Benutzen der Unterlegkeile,
   – Betätigen der Feststellbremse und Einlegen des kleinsten gegenläufigen Ganges
   oder
   – Betätigen der Feststellbremse und Einlegen der Parksperre bei Fahrzeugen mit automatischem Getriebe,

3. beim Be- und Entladen von Fahrzeugen, wenn gefahrbringende Kräfte in Längsrichtung auftreten können,
   – Betätigen der Feststellbremse und Benutzen der Unterlegkeile.

(2) Beim Verlassen eines maschinell angetriebenen Fahrzeuges muss der Fahrzeugführer dieses gegen unbefugte Benutzung sichern.

(3) Sattelanhänger und Wechselaufbauten dürfen nur auf Untergrund mit ausreichender Tragfähigkeit abgesetzt werden. Erforderlichenfalls sind Stützen zur Vergrößerung der Aufstandsfläche – entsprechend der Tragfähigkeit des Untergrundes – zu unterlegen.

§ 56 Instandhaltung, Warnkleidung

(1) Fahrzeuge dürfen nur unter Einhaltung der allgemein anerkannten Regeln der Technik und unter Beachtung der Betriebsanleitung des Herstellers

instandgehalten werden. Darüber hinaus darf der Unternehmer Instandhaltungs-, Um- oder Nachrüstarbeiten, die spezielle Fachkenntnisse erfordern, nur hierfür geeigneten Unternehmen übertragen oder durch von ihm bestimmte fachlich geeignete Versicherte oder unter deren Leitung ausführen lassen.

(2) Instandhaltungsarbeiten dürfen unter beweglichen Fahrzeugaufbauten und Aufbauteilen, die sich in geöffneter oder angehobener Stellung befinden, erst ausgeführt werden, wenn diese gegen unbeabsichtigtes Herabfallen oder Zuschlagen durch geeignete formschlüssige Sicherungen gesichert sind.

(3) An Fahrzeugen mit Knicklenkung muss bei Wartungs- und Instandsetzungsarbeiten das Knickgelenk formschlüssig festgelegt werden, wenn in diesem Bereich gearbeitet wird.

(4) Mittengeteilte Felgen für Luftbereifung dürfen erst demontiert werden, nachdem die Luft aus den Reifen abgelassen ist.

(5) Werden auf öffentlichen Straßen im Gefahrbereich des fließenden Verkehrs Instandsetzungsarbeiten an Fahrzeugen durchgeführt, muss Warnkleidung nach § 31 Abs. 1 getragen werden.

(6) Bei der Durchführung von Abschlepp- oder Bergungsarbeiten auf öffentlichen Straßen im Gefahrbereich des fließenden Verkehrs muss Warnkleidung nach § 31 Abs. 1 getragen werden.

10. Gewerbeordnung (GewO)

in der Fassung der Bekanntmachung vom 6. September 2005 (BGBl. I S. 2725),
zuletzt geändert durch Gesetz vom 29. Juli 2008 (BGBl. I S. 2258)

– Auszug –

§ 34 a Bewachungsgewerbe

(1) Wer gewerbsmäßig Leben oder Eigentum fremder Personen bewachen will (Bewachungsgewerbe), bedarf der Erlaubnis der zuständigen Behörde. Die Erlaubnis kann mit Auflagen verbunden werden, soweit dies zum Schutze der Allgemeinheit oder der Auftraggeber erforderlich ist; unter denselben Voraussetzungen ist auch die nachträgliche Aufnahme, Änderung und Ergänzung von Auflagen zulässig. Die Erlaubnis ist zu versagen, wenn

1. Tatsachen die Annahme rechtfertigen, dass der Antragsteller die für den Gewerbebetrieb erforderliche Zuverlässigkeit nicht besitzt,

2. er die für den Gewerbebetrieb erforderlichen Mittel oder entsprechende Sicherheiten nicht nachweist oder

3. der Antragsteller nicht durch eine Bescheinigung einer Industrie- und Handelskammer nachweist, dass er über die für die Ausübung des Gewerbes notwendigen rechtlichen Vorschriften unterrichtet worden ist und mit ihnen vertraut ist.

Der Gewerbetreibende darf mit der Durchführung von Bewachungsaufgaben nur Personen beschäftigen, die die Voraussetzungen nach Satz 3 Nr. 1 und 3 erfüllen. Für die Durchführung folgender Tätigkeiten ist der Nachweis einer vor der Industrie- und Handelskammer erfolgreich abgelegten Sachkundeprüfung erforderlich:

1. Kontrollgänge im öffentlichen Verkehrsraum oder in Hausrechtsbereichen mit tatsächlich öffentlichem Verkehr,

2. Schutz vor Ladendieben,

3. Bewachungen im Einlassbereich von gastgewerblichen Diskotheken.

(2) Das Bundesministerium für Wirtschaft und Technologie kann mit Zustimmung des Bundesrates durch Rechtsverordnung

1. die Anforderungen und das Verfahren für den Unterrichtungsnachweis nach Absatz 1 Satz 3 Nr. 3 sowie Ausnahmen von der Erforderlichkeit des Unterrichtungsnachweises festlegen,

2. die Anforderungen und das Verfahren für eine Sachkundeprüfung nach Absatz 1 Satz 5 sowie Ausnahmen von der Erforderlichkeit der Sachkundeprüfung festlegen und

3. zum Schutze der Allgemeinheit und der Auftraggeber Vorschriften erlassen über den Umfang der Befugnisse und Verpflichtungen bei der Ausübung des Bewachungsgewerbes, insbesondere über

a) den Geltungsbereich der Erlaubnis,

b) die Pflichten des Gewerbetreibenden bei der Einstellung und Entlassung der im Bewachungsgewerbe beschäftigten Personen, über die Aufzeichnung von Daten dieser Personen durch den Gewerbetreibenden und ihre Übermittlung an die Gewerbebehörden, über die Anforderungen, denen diese Personen genügen müssen, sowie über die Durchführung des Wachdienstes,

c) die Verpflichtung zum Abschluss einer Haftpflichtversicherung, zur Buchführung einschließlich der Aufzeichnung von Daten über einzelne Geschäftsvorgänge sowie über die Auftraggeber,

d) die Unterrichtung der zuständigen Behörde durch Gerichte und Staatsanwaltschaften über rechtliche Maßnahmen gegen Gewerbetreibende und ihr Personal, das mit Bewachungsaufgaben betraut ist,

(3) Sofern zur Überprüfung der Zuverlässigkeit des Bewachungspersonals nach Absatz 1 Satz 4 von der zuständigen Behörde Auskünfte aus dem Bundeszentralregister nach § 30 Abs. 5, § 31 oder unbeschränkte Auskünfte nach § 41 Abs. 1 Nr. 9 Bundeszentralregistergesetz eingeholt werden, kann das Ergebnis der Überprüfung einschließlich der für die Beurteilung der Zuverlässigkeit erforderlichen Daten an den Gewerbetreibenden übermittelt werden.

(4) Die Beschäftigung einer Person, die in einem Bewachungsunternehmen mit Bewachungsaufgaben beschäftigt ist, kann dem Gewerbetreibenden untersagt werden, wenn Tatsachen die Annahme rechtfertigen, dass die Person die für ihre Tätigkeit erforderliche Zuverlässigkeit nicht besitzt.

(5) Der Gewerbetreibende und seine Beschäftigten dürfen bei der Durchführung von Bewachungsaufgaben gegenüber Dritten nur die Rechte, die Jedermann im Falle einer Notwehr, eines Notstandes oder einer Selbsthilfe zustehen, die ihnen von dem jeweiligen Auftraggeber vertraglich übertragenen Selbsthilferechte sowie die ihnen gegebenenfalls in Fällen gesetzlicher Übertragung zustehenden Befugnisse eigenverantwortlich ausüben. In den Fällen der Inanspruchnahme dieser Rechte und Befugnisse ist der Grundsatz der Erforderlichkeit zu beachten.

§ 139 b Gewerbeaufsichtsbehörde

(1) Die Aufsicht über die Ausführung der Bestimmungen der auf Grund des § 120 e oder des § 139 h erlassenen Rechtsverordnungen ist ausschließlich oder neben den ordentlichen Polizeibehörden besonderen von den Landesregierungen zu ernennenden Beamten zu übertragen. Denselben stehen bei Ausübung dieser Aufsicht alle amtlichen Befugnisse der Ortspolizeibehörden, insbesondere das Recht zur jederzeitigen Besichtigung und Prüfung der Anlagen zu. Die

amtlich zu ihrer Kenntnis gelangenden Geschäfts- und Betriebsverhältnisse der ihrer Besichtigung und Prüfung unterliegenden Anlagen dürfen sie nur zur Verfolgung von Gesetzwidrigkeiten und zur Erfüllung von gesetzlich geregelten Aufgaben zum Schutz der Umwelt den dafür zuständigen Behörden offenbaren. Soweit es sich bei Geschäfts- und Betriebsverhältnissen um Informationen über die Umwelt im Sinne des Umweltinformationsgesetzes handelt, richtet sich die Befugnis zu ihrer Offenbarung nach dem Umweltinformationsgesetz.

(2) Die Ordnung der Zuständigkeitsverhältnisse zwischen diesen Beamten und den ordentlichen Polizeibehörden bleibt der verfassungsmäßigen Regelung in den einzelnen Ländern vorbehalten.

(3) Die erwähnten Beamten haben Jahresberichte über ihre amtliche Tätigkeit zu erstatten. Diese Jahresberichte oder Auszüge aus denselben sind dem Bundesrat und dem Deutschen Bundestag vorzulegen.

(4) Die auf Grund der Bestimmungen der auf Grund des § 120 e oder des § 139 h erlassenen Rechtsverordnungen auszuführenden amtlichen Besichtigungen und Prüfungen müssen die Arbeitgeber zu jeder Zeit, namentlich auch in der Nacht, während des Betriebs gestatten.

(5) Die Arbeitgeber sind ferner verpflichtet, den genannten Beamten oder der Polizeibehörde diejenigen statistischen Mitteilungen über die Verhältnisse ihrer Arbeitnehmer zu machen, welche vom Bundesministerium für Arbeit und Soziales* durch Rechtsverordnung mit Zustimmung des Bundesrates oder von der Landesregierung unter Festsetzung der dabei zu beobachtenden Fristen und Formen vorgeschrieben werden.

(5 a) *weggefallen*

(6) Die Beauftragten der zuständigen Behörden sind befugt, die Unterkünfte, auf die sich die Pflichten der Arbeitgeber nach § 40 a der Arbeitsstättenverordnung und nach den auf Grund des § 120 e Abs. 3 erlassenen Rechtsverordnungen beziehen, zu betreten und zu besichtigen. Gegen den Willen der Unterkunftsinhaber ist dies jedoch nur zur Verhütung dringender Gefahren für die öffentliche Sicherheit oder Ordnung zulässig. Das Grundrecht der Unverletzlichkeit der Wohnung (Artikel 13 des Grundgesetzes) wird insoweit eingeschränkt.

(7) Ergeben sich im Einzelfall für die für den Arbeitsschutz zuständigen Landesbehörden konkrete Anhaltspunkte für

1. eine Beschäftigung oder Tätigkeit von Ausländern ohne erforderlichen Aufenthaltstitel nach § 4 Abs. 3 des Aufenthaltsgesetzes, eine Aufenthaltsgestattung oder eine Duldung, die zur Ausübung der Beschäftigung

---

* Zuständige Stelle gemäß Artikel 129 Abs. 1 Satz 1 des Grundgesetzes.

berechtigen, oder eine Genehmigung nach § 284 Abs. 1 des Dritten Buches Sozialgesetzbuch,

2. Verstöße gegen die Mitwirkungspflicht nach § 60 Abs. 1 Satz 1 Nr. 2 des Ersten Buches Sozialgesetzbuch gegenüber einer Dienststelle der Bundesagentur für Arbeit, einem Träger der gesetzlichen Kranken-, Pflege-, Unfall- oder Rentenversicherung oder einem Träger der Sozialhilfe oder gegen die Meldepflicht nach § 8 a des Asylbewerberleistungsgesetzes,

3. Verstöße gegen das Gesetz zur Bekämpfung der Schwarzarbeit,

4. Verstöße gegen das Arbeitnehmerüberlassungsgesetz,

5. Verstöße gegen Vorschriften des Vierten und Siebten Buches Sozialgesetzbuch über die Verpflichtung zur Zahlung von Sozialversicherungsbeiträgen,

6. Verstöße gegen das Aufenthaltsgesetz,

7. Verstöße gegen die Steuergesetze,

unterrichten sie die für die Verfolgung und Ahndung der Verstöße nach den Nummern 1 bis 7 zuständigen Behörden, die Träger der Sozialhilfe sowie die Behörden nach § 71 des Aufenthaltsgesetzes.

(8) In den Fällen des Absatzes 7 arbeiten die für den Arbeitsschutz zuständigen Landesbehörden insbesondere mit folgenden Behörden zusammen:

1. den Agenturen für Arbeit,

2. den Trägern der Krankenversicherung als Einzugsstellen für die Sozialversicherungsbeiträge,

3. den Trägern der Unfallversicherung,

4. den nach Landesrecht für die Verfolgung und Ahndung von Verstößen gegen das Gesetz zur Bekämpfung der Schwarzarbeit zuständigen Behörden,

5. den in § 71 des Aufenthaltsgesetzes genannten Behörden,

6. den Finanzbehörden,

7. den Behörden der Zollverwaltung,

8. den Rentenversicherungsträgern,

9. den Trägern der Sozialhilfe.

11. Verordnung über das Bewachungsgewerbe (Bewachungsverordnung – BewachV)

in der Fassung der Bekanntmachung vom 21. Juni 2005 (BGBl. I S. 1818), zuletzt geändert durch Gesetz vom 14. Januar 2009 (BGBl. I S. 43)

ABSCHNITT 1

Unterrichtungsverfahren

§ 1 Zweck, Betroffene

(1) Zweck der Unterrichtung ist es, die im Bewachungsgewerbe tätigen Personen mit den für die Ausübung des Gewerbes notwendigen rechtlichen Vorschriften und fachspezifischen Pflichten und Befugnissen sowie deren praktischer Anwendung in einem Umfang vertraut zu machen, der ihnen die eigenverantwortliche Wahrnehmung von Bewachungsaufgaben ermöglicht.

(2) Dem Unterrichtungsverfahren haben sich zu unterziehen

1. Personen, die das Bewachungsgewerbe nach § 34a Abs. 1 Satz 1 der Gewerbeordnung als Selbstständige ausüben wollen,

2. bei juristischen Personen die gesetzlichen Vertreter, soweit sie mit der Durchführung von Bewachungsaufgaben direkt befasst sind,

3. die mit der Leitung des Gewerbebetriebes beauftragten Personen und

4. sonstige Unselbstständige, die mit der Durchführung von Bewachungsaufgaben nach § 34a Abs. 1 Satz 4 der Gewerbeordnung beschäftigt werden sollen.

§ 2 Zuständige Stelle

Die Unterrichtung erfolgt durch die Industrie- und Handelskammern. Sie können Vereinbarungen zur gemeinsamen Erledigung ihrer Aufgabe nach Satz 1 schließen.

§ 3 Verfahren

(1) Die Unterrichtung erfolgt mündlich, die zu unterrichtende Person muss über die zur Ausübung der Tätigkeit und zum Verständnis des Unterrichtungsverfahrens unverzichtbaren deutschen Sprachkenntnisse verfügen. Die Unterrichtung hat für Personen im Sinne des § 1 Abs. 2 Nr. 1 bis 3 mindestens 80 Unterrichtsstunden zu dauern; für Personen im Sinne der Nummer 4 muss die Unterrichtung mindestens 40 Stunden dauern. Eine Unterrichtsstunde beträgt 45 Minuten. Bei der Unterrichtung soll von modernen pädagogischen und didaktischen Möglichkeiten Gebrauch gemac

werden. Mehrere Personen können gleichzeitig unterrichtet werden, wobei die Zahl der Unterrichtsteilnehmer 20 nicht übersteigen soll.

(2) Die Industrie- und Handelskammer stellt eine Bescheinigung nach Anlage 1 aus, wenn die unterrichtete Person am Unterricht ohne Fehlzeiten teilgenommen hat und sich die Kammer durch geeignete Maßnahmen, insbesondere durch einen aktiven Dialog mit den Unterrichtsteilnehmern sowie durch mündliche und schriftliche Verständnisfragen, davon überzeugt hat, dass die Person mit den für die Ausübung des Gewerbes notwendigen rechtlichen Vorschriften und fachspezifischen Pflichten und Befugnissen sowie deren praktischer Anwendung nach Maßgabe von § 4 vertraut ist.

§ 4 Anforderungen

Die Unterrichtung umfasst für alle Arten des Bewachungsgewerbes insbesondere die fachspezifischen Pflichten und Befugnisse folgender Sachgebiete:

1. Recht der öffentlichen Sicherheit und Ordnung einschließlich Gewerberecht und Datenschutzrecht,

2. Bürgerliches Gesetzbuch,

3. Straf- und Strafverfahrensrecht einschließlich Umgang mit Waffen,

4. Unfallverhütungsvorschrift Wach- und Sicherungsdienste,

5. Umgang mit Menschen, insbesondere Verhalten in Gefahrensituationen und Deeskalationstechniken in Konfliktsituationen, und

6. Grundzüge der Sicherheitstechnik.

Bei der Unterrichtung von Personen im Sinne des § 1 Abs. 2 Nr. 1 bis 3 sind die Sachgebiete der Anlage 2 und bei denjenigen der Nummer 4 die Sachgebiete der Anlage 3 zugrunde zu legen.

§ 5 Anerkennung anderer Nachweise

(1) Folgende Prüfungszeugnisse werden als Nachweis der erforderlichen Unterrichtung anerkannt:

1. für das Bewachungsgewerbe einschlägige Abschlüsse, die auf Grund von Rechtsverordnungen nach den §§ 4, 53 des Berufsbildungsgesetzes oder nach den §§ 25, 42 der Handwerksordnung erworben wurden,

2. für das Bewachungsgewerbe einschlägige Abschlüsse auf Grund von Rechtsvorschriften, die von den Industrie- und Handelskammern nach § 54 des Berufsbildungsgesetzes erlassen worden sind,

3. Abschlüsse im Rahmen einer Laufbahnprüfung zumindest für den mittleren Polizeivollzugsdienst, auch im Bundesgrenzschutz oder in der Bundespolizei, für den mittleren Justizvollzugsdienst, für den mittleren Zoll-

dienst (mit Berechtigung zum Führen einer Waffe) und für Feldjäger in der Bundeswehr,

4. erfolgreich abgelegte Sachkundeprüfung nach § 5c Abs. 6.

(2) Personen im Sinne des § 1 Abs. 2 Nr. 4, die nach § 3 unterrichtet worden sind und Tätigkeiten nach § 1 Abs. 2 Nr. 1 bis 3 ausüben wollen, bedürfen keiner weiteren Unterrichtung, wenn sie seitdem eine mindestens dreijährige ununterbrochene Bewachungstätigkeit nachweisen.

ABSCHNITT 1 a

Sachkundeprüfung

§ 5 a   Zweck, Betroffene

(1) Zweck der Sachkundeprüfung nach § 34a Abs. 1 Satz 5 der Gewerbeordnung ist es, gegenüber den zuständigen Vollzugsbehörden den Nachweis zu erbringen, dass die in diesen Bereichen tätigen Personen Kenntnisse über für die Ausübung dieser Tätigkeiten notwendige rechtliche Vorschriften und fachspezifische Pflichten und Befugnisse sowie deren praktische Anwendung in einem Umfang erworben haben, die ihnen die eigenverantwortliche Wahrnehmung dieser Bewachungsaufgaben ermöglichen.

(2) Gegenstand der Sachkundeprüfung sind die in § 4 aufgeführten Sachgebiete; die Prüfung soll sich auf jedes der dort aufgeführten Gebiete erstrecken, wobei in der mündlichen Prüfung ein Schwerpunkt auf die in § 4 Nr. 1 und 5 genannten Gebiete zu legen ist.

§ 5 b   Zuständige Stelle und Prüfungsausschuss

(1) Die Abnahme der Sachkundeprüfung erfolgt durch Industrie- und Handelskammern.

(2) Für die Abnahme der Prüfung errichten Industrie- und Handelskammern Prüfungsausschüsse. Sie berufen die Mitglieder dieses Ausschusses sowie den Vorsitzenden und seinen Stellvertreter. Die Mitglieder müssen für die Prüfungsgebiete sachkundig und für die Mitwirkung im Prüfungswesen geeignet sein.

(3) Mehrere Industrie- und Handelskammern können einen gemeinsamen Prüfungsausschuss errichten.

§ 5 c   Verfahren

(1) Die Prüfung ist in einen mündlichen und einen schriftlichen Teil zu gliedern.

(2) In der mündlichen Prüfung können gleichzeitig bis zu fünf Prüflinge geprüft werden; sie soll für jeden Prüfling etwa 15 Minuten dauern.

167

(3) Die Leistung des Prüflings ist von dem Prüfungsausschuss mit bestanden oder nicht bestanden zu bewerten.

(4) Die Prüfung ist nicht öffentlich. Es können aber beauftragte Vertreter der Aufsichtsbehörden sowie Mitglieder eines anderen Prüfungsausschusses anwesend sein; sie dürfen nicht an der Beratung über das Prüfungsergebnis teilnehmen.

(5) Die Prüfungen dürfen wiederholt werden.

(6) Die Industrie- und Handelskammer stellt eine Bescheinigung nach Anlage 4 aus, wenn die geprüfte Person die Prüfung erfolgreich abgelegt hat.

(7) Einzelheiten des Prüfungsverfahrens erlässt die Kammer in Satzungsform.

§ 5 d Anerkennung anderer Nachweise

Inhaber der in § 5 Abs. 1 Nr. 1 bis 3 angeführten Prüfungszeugnisse bedürfen nicht der Prüfung nach § 5 a.

§ 5 e Gebrauch der Niederlassungsfreiheit

(1) Als Nachweise einer erforderlichen Unterrichtung werden ferner solche Befähigungs- und Ausbildungsnachweise anerkannt, die von einer zuständigen Behörde eines anderen Mitgliedstaats der Europäischen Union oder eines Vertragsstaats des Abkommens über den Europäischen Wirtschaftsraum ausgestellt worden sind und die

1. in dem ausstellenden Staat erforderlich sind, um das Bewachungsgewerbe auszuüben oder Bewachungstätigkeiten nachzugehen oder,

2. sofern die Tätigkeit im Niederlassungsstaat nicht durch Rechts- oder Verwaltungsvorschrift an den Besitz bestimmter Berufsqualifikationen gebunden ist, bescheinigen, dass der Inhaber oder die Inhaberin auf die Ausführung von Bewachungstätigkeiten vorbereitet worden ist und in den letzten zehn Jahren vor Antragstellung mindestens zwei Jahre einer Bewachungstätigkeit nachgegangen ist. Die Pflicht zum Nachweis dieser zweijährigen Berufserfahrung entfällt, wenn der Ausbildungsnachweis den Abschluss einer reglementierten Ausbildung im Sinne des Artikels 13 Abs. 2 Unterabs. 3 der Richtlinie 2005/36/EG bestätigt.

Solchen Nachweisen gleichgestellt sind Nachweise, die in einem Drittland ausgestellt wurden, sofern diese Nachweise in einem der in Satz 1 genannten Staaten anerkannt worden sind und dieser Staat dem Inhaber oder der Inhaberin der Nachweise bescheinigt, in seinem Hoheitsgebiet mindestens drei Jahre Berufserfahrung im Bewachungsgewerbe oder in Bewachungstätigkeiten erworben zu haben.

(2) Unterscheiden sich die diesen Nachweisen zugrunde liegenden Sachgebiete wesentlich von den Anforderungen nach § 4 und gleichen die von der den Antrag stellenden Person im Rahmen ihrer Berufspraxis erworbenen Kenntnisse diesen wesentlichen Unterschied nicht aus, so ist die Erlaubnis zur Aufnahme der angestrebten Tätigkeit von der Teilnahme an einer ergänzenden, diese Sachgebiete umfassenden Unterrichtung abhängig (ergänzende Unterrichtung). Für die ergänzende Unterrichtung gelten die §§ 2 und 3 Abs. 1 Satz 1, 4 und 5 sowie Abs. 2 entsprechend. Die den Antrag stellende Person kann auf Wunsch an Stelle der ergänzenden Unterrichtung eine Sachkundeprüfung über die betreffenden Sachgebiete ablegen (spezifische Sachkundeprüfung).

(3) Ist für die angestrebte Tätigkeit nach § 34 a Abs. 1 Satz 5 der Gewerbeordnung eine Sachkundeprüfung vorgesehen, so ist der den Antrag stellenden Person nach ihrer Wahl stattdessen die Teilnahme an einer ergänzenden Unterrichtung zu ermöglichen. Die Maßnahmen nach § 3 Abs. 2 sind in einem solchen Fall so auszugestalten, dass sie eine der Sachkundeprüfung vergleichbare Beurteilung der Qualifikation erlauben.

(4) Zusammen mit den Befähigungs- oder Ausbildungsnachweisen hat die den Antrag stellende Person einen Nachweis ihrer Staatsangehörigkeit zu übermitteln. Die Aufnahme und Ausübung der Tätigkeit erfolgt im Übrigen unter den für Inländer geltenden Voraussetzungen. Insbesondere können von der den Antrag stellenden Person Nachweise verlangt werden, die Rückschlüsse auf ihre Zuverlässigkeit sowie auf erforderliche Mittel oder Sicherheiten nach § 34 a Abs. 1 Satz 3 Nr. 1 und 2 der Gewerbeordnung erlauben. Als solche Nachweise sind Unterlagen ausreichend, die von den zuständigen Behörden des Niederlassungsstaats ausgestellt wurden und die belegen, dass die Erfordernisse erfüllt werden. Werden im Niederlassungsstaat solche Unterlagen nicht ausgestellt, so können sie durch eidesstattliche Erklärung der den Antrag stellenden Person oder nach dem Recht des Niederlassungsstaats vergleichbare Handlungen ersetzt werden.

(5) Die zuständige Behörde bestätigt der den Antrag stellenden Person binnen eines Monats den Empfang der Unterlagen und teilt dabei mit, ob Unterlagen fehlen. Die Voraussetzungen nach den Absätzen 1 bis 3 sind unverzüglich zu prüfen; die Prüfung muss spätestens drei Monate nach Einreichung der vollständigen Unterlagen abgeschlossen sein. Diese Frist kann in begründeten Fällen um einen Monat verlängert werden. Bestehen Zweifel an der Echtheit der vorgelegten Bescheinigungen oder an den dadurch verliehenen Rechten, kann die zuständige Behörde durch Nachfrage bei der zuständigen Behörde oder Stelle des Niederlassungsstaats die Echtheit oder die dadurch verliehenen Rechte überprüfen; der Fristablauf ist so lange gehemmt.

§ 5 f Gebrauch der Dienstleistungsfreiheit

Vor der erstmaligen Erbringung einer nur vorübergehenden und gelegentlichen Bewachungsdienstleistung im Inland überprüft die zuständige Behörde, ob ein wesentlicher Unterschied zwischen der Qualifikation der nach § 13 a der Gewerbeordnung Anzeige erstattenden Person und den geforderten Kenntnissen besteht, wenn unter Berücksichtigung der konkret beabsichtigten Tätigkeit bei unzureichender Qualifikation eine schwere Gefahr für die Gesundheit oder Sicherheit der Dienstleistungsempfänger bestünde. Im Fall des § 13 a Abs. 3 der Gewerbeordnung unterrichtet die zuständige Behörde die Anzeige erstattende Person über ihr Wahlrecht nach § 5 e Abs. 2 und 3.

ABSCHNITT 2

Haftpflichtversicherung, Haftungsbeschränkung

§ 6 Haftpflichtversicherung

(1) Der Gewerbetreibende hat für sich und die in seinem Gewerbebetrieb beschäftigten Personen zur Deckung der Schäden, die den Auftraggebern oder Dritten bei der Durchführung des Bewachungsvertrages entstehen, bei einem im Geltungsbereich dieser Verordnung zum Geschäftsbetrieb befugten Versicherer eine Haftpflichtversicherung nach Maßgabe des Absatzes 2 Satz 1 abzuschließen und aufrechtzuerhalten.

(2) Die Mindesthöhe der Versicherungssumme beträgt je Schadensereignis

1. für Personenschäden	1 Million Euro,
2. für Sachschäden	250 000 Euro,
3. für das Abhandenkommen bewachter Sachen	15 000 Euro,
4. für reine Vermögensschäden	12 500 Euro.

Die Leistungen des Versicherers für alle innerhalb eines Versicherungsjahres verursachten Schäden können auf den doppelten Betrag der Mindestversicherungssumme begrenzt werden. Die in Satz 1 Nr. 3 und 4 genannten Risiken sind von der Versicherungspflicht ausgenommen, soweit der Gewerbetreibende nur für Auftraggeber tätig wird, die sich mit dieser Einschränkung der Versicherungspflicht nachweislich einverstanden erklärt haben.

(3) Zuständige Stelle im Sinne des § 117 Abs. 2 des Versicherungsvertragsgesetzes ist die nach § 155 Abs. 2 der Gewerbeordnung bestimmte Behörde.

(4) Die Absätze 1 und 2 gelten nicht, soweit für den Auftraggeber nur Landfahrzeuge oder Landfahrzeuge einschließlich mitgeführter Gegenstände bewacht werden sollen.

§ 7 Haftungsbeschränkung

Der Gewerbetreibende darf die Haftung aus der Bewachungstätigkeit nur bis zur Mindesthöhe der Versicherungssumme (§ 6 Abs. 2 Satz 1) beschränken, soweit dies aufgrund anderer Rechtsvorschriften zulässig ist. Für die Geltendmachung von Ansprüchen können Ausschlussfristen vereinbart werden.

ABSCHNITT 3

Verpflichtungen bei der Ausübung des Gewerbes

§ 8 Datenschutz, Wahrung von Geschäftsgeheimnissen

(1) Die Vorschriften des Ersten und Dritten Abschnitts des Bundesdatenschutzgesetzes finden mit Ausnahme des § 27 Abs. 2 auch Anwendung, soweit der Gewerbetreibende in Ausübung seines Gewerbes Daten über Personen, die nicht in seinem Unternehmen beschäftigt sind, weder unter Einsatz von Datenverarbeitungsanlagen noch in oder aus nicht automatisierten Dateien verarbeitet, nutzt oder dafür erhebt. Soweit die Vorschriften des Ersten Abschnitts des Bundesdatenschutzgesetzes nur für automatisierte Verarbeitungen gelten, finden sie keine Anwendung. Die Vorschriften des Dritten Abschnitts des Bundesdatenschutzgesetzes, die nur für automatisierte Verarbeitungen oder für die Verarbeitung personenbezogener Daten in oder aus nicht automatisierten Dateien gelten, finden entsprechende Anwendung. Die §§ 34 und 35 des Bundesdatenschutzgesetzes gelten mit der Maßgabe, dass § 19 Abs. 1 Satz 3 und § 20 Abs. 1 Satz 2 des Bundesdatenschutzgesetzes entsprechende Anwendung finden.

(2) Der Gewerbetreibende hat die in seinem Gewerbebetrieb beschäftigten Personen schriftlich zu verpflichten, auch nach ihrem Ausscheiden Geschäfts- und Betriebsgeheimnisse Dritter, die ihnen in Ausübung des Dienstes bekannt geworden sind, nicht unbefugt zu offenbaren.

§ 9 Beschäftigte

(1) Der Gewerbetreibende darf mit Bewachungsaufgaben nur Personen beschäftigen

1. die zuverlässig sind,

2. die das 18. Lebensjahr vollendet oder einen Abschluss nach § 5 Abs. 1 Nr. 1 bis 3 besitzen und

3. einen Unterrichtungsnachweis nach § 3 Abs. 2, ein Prüfungszeugnis nach § 5 Abs. 1 oder eine Bescheinigung des früheren Gewerbetreibenden nach § 17 Abs. 1 Satz 2 oder in den Fällen des § 34 a Abs. 1 Satz 5 Gewerbeordnung ein Prüfungszeugnis nach § 5 c Abs. 6 oder § 5 Abs. 1 Nr. 1 bis 3 vorlegen.

Zur Überprüfung der Zuverlässigkeit holt die Behörde eine unbeschränkte Auskunft nach § 41 Abs. 1 Nr. 9 des Bundeszentralregistergesetzes ein; dies gilt entsprechend für die in § 1 Abs. 2 Nr. 2 und 3 genannten Personen.

(2) Die erforderliche Zuverlässigkeit besitzen in der Regel auch solche Personen nicht, die

1. Mitglied

    a) in einem Verein, der nach dem Vereinsgesetz als Organisation unanfechtbar verboten wurde oder der einem unanfechtbaren Betätigungsverbot nach dem Vereinsgesetz unterliegt oder

    b) in einer Partei, deren Verfassungswidrigkeit das Bundesverfassungsgericht nach § 46 des Bundesverfassungsgerichtsgesetzes festgestellt hat, waren, wenn seit der Beendigung der Mitgliedschaft zehn Jahre noch nicht verstrichen sind, oder

2. einzeln oder als Mitglied einer Vereinigung Bestrebungen im Sinne des § 3 Abs. 1 des Bundesverfassungsschutzgesetzes verfolgen oder in den letzten fünf Jahren verfolgt haben.

Zum Zwecke der Zuverlässigkeitsüberprüfung von Wachpersonen, die mit Schutzaufgaben im befriedeten Besitztum bei Objekten, von denen im Falle eines kriminellen Eingriffes eine besondere Gefahr für die Allgemeinheit ausgehen kann, beauftragt werden sollen, kann die zuständige Behörde deshalb zusätzlich bei der für den Sitz der Behörde zuständigen Landesbehörde für Verfassungsschutz die Abfrage des nachrichtendienstlichen Informationssystems veranlassen. Das gilt auch nach Aufnahme der Tätigkeit einer Wachperson. § 1 des Sicherheitsüberprüfungsgesetzes bleibt unberührt.

(3) Der Gewerbetreibende hat die Wachpersonen, die er beschäftigen will, der zuständigen Behörde unter Übersendung der in Absatz 1 Satz 1 genannten Unterlagen vorher zu melden. Er hat ihr für jedes Kalenderjahr Namen und Vornamen der bei ihm ausgeschiedenen Wachpersonen unter Angabe des Beschäftigungsbeginns bis zum 31. März des darauf folgenden Jahres zu melden. Die Sätze 1 und 2 gelten entsprechend für die in § 1 Abs. 2 Nr. 2 und 3 genannten Personen.

§ 10 Dienstanweisung

(1) Der Gewerbetreibende hat den Wachdienst durch eine Dienstanweisung nach Maßgabe der Sätze 2 und 3 zu regeln. Die Dienstanweisung muss den Hinweis enthalten, dass die Wachpersonen nicht die Eigenschaft und die Befugnisse eines Polizeibeamten, eines Hilfspolizeibeamten oder eines sonstigen Bediensteten einer Behörde besitzt. Die Dienstanweisung muss ferner bestimmen, dass die Wachperson während des Dienstes nur mit Zustimmung des Gewerbetreibenden eine Schusswaffe, Hieb- und Stoßwaffen sowie Reizstoffsprühgeräte führen darf und jeden Gebrauch dieser Waffen un-

verzüglich der zuständigen Polizeidienststelle und dem Gewerbetreibenden anzuzeigen hat.

(2) Der Gewerbetreibende hat der Wachperson einen Abdruck der Dienstanweisung sowie der Unfallverhütungsvorschrift Wach- und Sicherungsdienste (BGV C 7) einschließlich der dazu ergangenen Durchführungsanweisungen gegen Empfangsbescheinigung auszuhändigen.

§ 11 Ausweis

(1) Der Gewerbetreibende hat der Wachperson einen Ausweis nach Maßgabe der Sätze 2 und 3 auszustellen. Der Ausweis muss enthalten:

1. Namen und Vornamen der Wachperson,

2. Namen und Anschrift des Gewerbetreibenden,

3. Lichtbild der Wachperson,

4. Unterschriften der Wachperson sowie des Gewerbetreibenden, seines Vertreters oder seines Bevollmächtigten.

Der Ausweis muss so beschaffen sein, dass er sich von amtlichen Ausweisen deutlich unterscheidet.

(2) Der Gewerbetreibende hat die Ausweise fortlaufend zu nummerieren und in ein Verzeichnis einzutragen.

(3) Der Gewerbetreibende hat die Wachperson zu verpflichten, während des Wachdienstes den Ausweis mitzuführen und auf Verlangen den Beauftragten der zuständigen Behörde vorzuzeigen.

(4) Wachpersonen, die Tätigkeiten nach § 34 a Abs. 1 Satz 5 Nr. 1 und 3 der Gewerbeordnung ausüben, haben sichtbar ein Schild mit ihrem Namen oder einer Kennnummer sowie mit dem Namen des Gewerbetreibenden zu tragen.

§ 12 Dienstkleidung

Bestimmt der Gewerbetreibende für seine Wachpersonen eine Dienstkleidung, so hat er dafür zu sorgen, dass sie nicht mit Uniformen der Angehörigen von Streitkräften oder behördlichen Vollzugsorganen verwechselt werden kann und dass keine Abzeichen verwendet werden, die Amtsabzeichen zum Verwechseln ähnlich sind. Wachpersonen, die eingefriedetes Besitztum in Ausübung ihres Dienstes betreten sollen, müssen eine Dienstkleidung tragen.

§ 13 Behandlung der Waffen und Anzeigepflicht nach Waffengebrauch

(1) Der Gewerbetreibende ist für die sichere Aufbewahrung der Schusswaffen und der Munition verantwortlich. Er hat die ordnungsgemäße Rück-

gabe der Schusswaffen und der Munition nach Beendigung des Wachdienstes sicherzustellen.

(2) Hat der Gewerbetreibende oder eine seiner Wachpersonen im Wachdienst von Waffen Gebrauch gemacht, so hat der Gewerbetreibende dies unverzüglich der zuständigen Behörde und, falls noch keine Anzeige nach § 10 Abs. 1 Satz 3 erfolgt ist, der zuständigen Polizeidienststelle anzuzeigen.

§ 14 Buchführung und Aufbewahrung

(1) Der Gewerbetreibende hat nach Maßgabe der folgenden Vorschriften Aufzeichnungen zu machen sowie Unterlagen und Belege übersichtlich zu sammeln. Die Aufzeichnungen sind unverzüglich und in deutscher Sprache vorzunehmen. § 239 Abs. 2 bis 4 des Handelsgesetzbuches gilt sinngemäß.

(2) Der Gewerbetreibende hat über jeden Bewachungsvertrag Namen und Anschrift des Auftraggebers, Inhalt und Art des Auftrages sowie Tag des Vertragsabschlusses aufzuzeichnen. Darüber hinaus hat er folgende Aufzeichnungen anzufertigen:

1. gemäß § 9 Abs. 1 über Namen, Anschrift, Geburtsdatum und Tag der Einstellung von Wachpersonen,

2. gemäß § 11 Abs. 3 über die Verpflichtung der Wachpersonen zur Mitführung und zum Vorzeigen des Ausweises,

3. gemäß § 11 Abs. 4 über die Verpflichtung der Wachperson, ein Namensschild oder eine Kennnummer zu tragen,

4. über die Überlassung von Schusswaffen und Munition gemäß § 28 Abs. 3 Satz 2 des Waffengesetzes und über die Rückgabe gemäß § 13 Abs. 1 Satz 2.

(3) Der Gewerbetreibende hat folgende Unterlagen und Belege zu sammeln:

1. Versicherungsvertrag nach § 6 Abs. 1,

2. Verpflichtungserklärung des Wachpersonals nach § 8 Abs. 2,

3. Nachweise über die Zuverlässigkeit, Unterrichtungen und Sachkundeprüfungen von Wachpersonen nach § 9 Abs. 1 Satz 1 sowie über Meldungen von Wachpersonen, gesetzlichen Vertretern und Betriebsleitern nach § 9 Abs. 3,

4. Dienstanweisung nach § 10 Abs. 1 Satz 1 und Empfangsbescheinigung nach Abs. 2,

5. Vordruck eines Ausweises nach § 11 Abs. 1 Satz 1 und Verzeichnis nach Abs. 2,

6. die Benennung nach § 28 Abs. 3 Satz 1 und die behördliche Zustimmung nach § 28 Abs. 3 Satz 2 des Waffengesetzes,

7. Anzeige über Waffengebrauch nach § 13 Abs. 2.

(4) Die Aufzeichnungen, Unterlagen und Belege sind bis zum Schluss des dritten auf den Zeitpunkt ihrer Entstehung folgenden Kalenderjahres in den Geschäftsräumen aufzubewahren. Die Aufbewahrungsfrist endet hiervon abweichend

1. in den Fällen des Absatzes 2 Satz 1 und des Absatzes 3 Nr. 1 und aller sich hierauf beziehenden Schriftstücke drei Jahre nach dem Schluss des Kalenderjahres, in dem die Verträge endeten,

2. in den Fällen des Absatzes 2 Satz 2 Nr. 1 und des Absatzes 3 Nr. 2 bis 5 drei Jahre nach dem Schluss des Kalenderjahres, in dem das Beschäftigungsverhältnis endete.

(5) Die Verpflichtung, Aufzeichnungen über Bewachungsverträge zu machen, besteht nicht, soweit Landfahrzeuge bewacht werden.

(6) Eine nach anderen Vorschriften bestehende Pflicht zur Buchführung und zur Aufbewahrung von Büchern, Aufzeichnungen, Unterlagen und Belegen bleibt unberührt.

§ 15 Unterrichtung der Gewerbeämter

In Strafsachen gegen die in § 1 Abs. 2 aufgeführten Personen sind, wenn der Tatvorwurf geeignet ist, Zweifel an der Eignung oder Zuverlässigkeit hervorzurufen, von den Staatsanwaltschaften und Gerichten folgende Informationen an die für die Überwachung des Bewachungsunternehmens zuständige Behörde zu richten:

1. der Erlass und der Vollzug eines Haft- oder Unterbringungsbefehls,

2. die Anklageschrift oder eine an ihre Stelle tretende Antragsschrift,

3. der Antrag auf Erlass eines Strafbefehls,

4. die das Verfahren abschließende Entscheidung mit Begründung.

ABSCHNITT 4

Ordnungswidrigkeiten

§ 16 Ordnungswidrigkeiten

(1) Ordnungswidrig im Sinne des § 144 Abs. 2 Nr. 1 der Gewerbeordnung handelt, wer vorsätzlich oder fahrlässig

1. entgegen § 6 Abs. 1 eine Haftpflichtversicherung nicht abschließt oder nicht aufrechterhält,

2. entgegen § 8 Abs. 2 eine in seinem Gewerbebetrieb beschäftigte Person nicht oder nicht in der vorgeschriebenen Weise verpflichtet,

3. entgegen § 9 Abs. 1 Satz 1 eine Person mit der Bewachung beschäftigt,

4. entgegen § 9 Abs. 3 Satz 1 und 2, auch in Verbindung mit Satz 3, eine Meldung nicht, nicht richtig, nicht vollständig, nicht in der vorgeschriebenen Weise oder nicht rechtzeitig macht,

5. entgegen § 10 Abs. 1 Satz 1 den Wachdienst nicht durch Dienstanweisung regelt,

6. entgegen § 11 Abs. 1 Satz 1 einen Ausweis nicht oder nicht richtig ausstellt,

7. entgegen § 11 Abs. 4 Satz 1 ein Schild nicht oder nicht in der vorgeschriebenen Weise trägt,

8. entgegen § 13 Abs. 1 Satz 2 die Rückgabe der Schusswaffen und der Munition nicht sicherstellt,

9. entgegen § 13 Abs. 2 eine Anzeige nicht, nicht richtig oder nicht rechtzeitig erstattet,

10. entgegen § 14 Abs. 1 Satz 1 oder 2 oder Abs. 2 eine Aufzeichnung nicht, nicht richtig, nicht vollständig, nicht in der vorgeschriebenen Weise oder nicht rechtzeitig macht oder

11. entgegen § 14 Abs. 4 eine Aufzeichnung, eine Unterlage oder einen Beleg nicht oder nicht für die vorgeschriebene Dauer aufbewahrt.

(2) Ordnungswidrig im Sinne des § 145 Abs. 2 Nr. 8 der Gewerbeordnung handelt, wer vorsätzlich oder fahrlässig eine in Absatz 1 bezeichnete Handlung in Ausübung eines Reisegewerbes begeht.

(3) Ordnungswidrig im Sinne des § 146 Abs. 2 Nr. 11 der Gewerbeordnung handelt, wer vorsätzlich oder fahrlässig eine in Absatz 1 bezeichnete Handlung in Ausübung eines Messe-, Ausstellungs- oder Marktgewerbes begeht.

ABSCHNITT 5

Schlussvorschriften

§ 17 Übergangsvorschrift

(1) Personen im Sinne des § 1 Abs. 2 Nr. 1 bis 3, die am 1. Dezember 1994 seit mindestens drei Jahren befugt das Bewachungsgewerbe ausgeübt haben oder als gesetzlicher Vertreter oder Betriebsleiter tätig waren, sowie Personen im Sinne der Nummer 4, die am 31. März 1996 in einem Bewachungsunternehmen beschäftigt waren, sind von der Unterrichtung befreit. Der Gewerbetreibende bescheinigt Personen im Sinne des § 1 Abs. 2 Nr. 2 bis 4, dass sie die Voraussetzungen des Satzes 1 erfüllen.

(2) Für Personen im Sinne von § 5a Abs. 1, die am 1. Januar 2003 seit mindestens drei Jahren befugt und ohne Unterbrechung im Bewachungsgewerbe

tätig sind, gilt der Nachweis der Sachkundeprüfung als erbracht. Personen, die am 1. Januar 2003 weniger als drei Jahre im Bewachungsgewerbe tätig sind, haben den Nachweis einer erfolgreich abgelegten Sachkundeprüfung nach § 5 a bis zum 1. Juli 2005 zu erbringen. Der Gewerbetreibende bescheinigt Personen im Sinne des § 1 Abs. 2 Nr. 2 bis 4, dass sie die Voraussetzungen des Satzes 1 erfüllen.

Anlage 1
(zu § 3 Abs. 2)

Bescheinigung
über die Unterrichtung nach § 34 a Abs. 1 Satz 3 Nr. 3, Satz 4
Gewerbeordnung

Herr

Frau . . . .

~~Fräulein~~   (Name und Vorname)

geboren am . . . .   in . . . .

wohnhaft in . . . .

ist in der Zeit vom . . . .   bis . . . .

von der Industrie- und Handelskammer . . . .

als

– Selbstständiger*

– gesetzlicher Vertreter einer juristischen Person*

– Betriebsleiter*

– Unselbstständiger*

über die für die Ausübung des Gewerbes notwendigen rechtlichen Vorschriften unterrichtet worden und ist mit ihnen vertraut.

Die Unterrichtung umfasste insbesondere die fachspezifischen Pflichten und Befugnisse folgender Sachgebiete:

1. Recht der öffentlichen Sicherheit und Ordnung einschließlich Gewerberecht und Datenschutzrecht,

2. Bürgerliches Gesetzbuch,

3. Straf- und Strafverfahrensrecht einschließlich Umgang mit Waffen,

4. Unfallverhütungsvorschrift Wach- und Sicherungsdienste,

5. Umgang mit Menschen, insbesondere Verhalten in Gefahrensituationen und Deeskalationstechniken in Konfliktsituationen,

6. Grundzüge der Sicherheitstechnik.

(Stempel/Siegel)

. . . .

(Ort und Datum)
(Unterschrift)

* Nichtzutreffendes streichen

Anlage 2
(zu § 4)

Sachgebiete
für das Unterrichtsverfahren im Bewachungsgewerbe
Bewachungsgewerbetreibende (80 Unterrichtsstunden)

1. Recht der öffentlichen Sicherheit und Ordnung einschließlich Gewerberecht und Datenschutzrecht
   - Aufgaben sowie Abgrenzung der Tätigkeit von Bewachungsunternehmen zu den Aufgaben der Polizei- und Ordnungsbehörden
   - Pflichten der Unternehmer nach
     - §§ 14, 34 a GewO
     - der Bewachungsverordnung
     - dem Bundesdatenschutzgesetz
   insgesamt etwa 20 Unterrichtsstunden

2. Bürgerliches Gesetzbuch
   - Notwehr (§ 227 BGB), Notstand (§§ 228, 904 BGB), Selbsthilfe (§§ 229, 859 BGB), verbotene Eigenmacht (§ 858 BGB), Haftungs- und Deliktsrecht (§§ 823 ff. BGB), Eigentum und Besitz (§§ 903, 854 BGB), Schikaneverbot (§ 226 BGB), wobei Abgrenzungsfragen zu den einschlägigen Vorschriften des StGB (§§ 32 bis 35) aufgezeigt werden
   insgesamt etwa 6 Unterrichtsstunden

3. Straf- und Verfahrensrecht einschließlich Umgang mit Verteidigungswaffen
   - einzelne Straftatbestände (z. B. § 123, §§ 185 ff., §§ 223 ff., § 239, § 240, §§ 244 ff. StGB)
   - vorläufige Festnahme (§ 127 StPO)
   - Umgang mit Verteidigungswaffen (Schusswaffen, Schlagstöcke, Sprays usw.)
   insgesamt etwa 10 Unterrichtsstunden

4. Unfallverhütungsvorschrift Wach- und Sicherungsdienste (BGV C 7)
   insgesamt etwa 14 Unterrichtsstunden

5. Umgang mit Menschen, insbesondere Verhalten in Gefahrensituationen und Deeskalationstechniken in Konfliktsituationen
   - Selbstwertgefühl (Voraussetzungen für richtigen Umgang mit sich selbst und seinen Mitmenschen)
   - Übersteigerte Selbstwert-/Minderwertigkeitsgefühle (Ursachen und Maßstabsverlust)
   - Konflikt/Stress (Entstehung, Konfliktebenen, schwierige Situationen, Lösungshilfen)
   - Richtiges Ansprechen und Führung im Gespräch (Grundregeln für richtiges/falsches Verhalten)
   insgesamt etwa 20 Unterrichtsstunden

6. Grundzüge der Sicherheitstechnik
   - Mechanische Sicherungstechnik
   - Gefahrenmeldeanlagen; Alarmverfolgung
   - Brandschutz
   insgesamt etwa 10 Unterrichtsstunden

Anlage 3
(zu § 4)

Sachgebiete
für das Unterrichtsverfahren im Bewachungsgewerbe
Bewachungspersonal (40 Unterrichtsstunden)

1. Recht der öffentlichen Sicherheit und Ordnung einschließlich Gewerberecht und Datenschutzrecht
   - Aufgaben sowie Abgrenzung der Tätigkeit von Bewachungsunternehmen zu den Aufgaben der Polizei- und Ordnungsbehörden
   - § 34 a Gewerbeordnung, Bewachungsverordnung
   insgesamt etwa 6 Unterrichtsstunden

2. Bürgerliches Gesetzbuch
   - Notwehr (§ 227 BGB), Notstand (§§ 228, 904 BGB), Selbsthilfe (§§ 229, 859 BGB), verbotene Eigenmacht (§ 858 BGB), Haftungs- und Deliktsrecht (§§ 823 ff. BGB), Eigentum und Besitz (§§ 903, 854 BGB), Schikaneverbot (§ 226 BGB), wobei Abgrenzungsfragen zu den einschlägigen Vorschriften des StGB (§§ 32 bis 35) aufgezeigt werden
   insgesamt etwa 6 Unterrichtsstunden

3. Straf- und Verfahrensrecht einschließlich Umgang mit Verteidigungswaffen
   - einzelne Straftatbestände (z. B. § 123, §§ 185 ff., §§ 223 ff., § 239, § 240, §§ 244 ff. StGB)
   - vorläufige Festnahme (§ 127 StPO)
   - Grundzüge der Aufgaben von Staatsanwaltschaft und Polizei (§§ 152, 163 StPO)
   - Umgang mit Verteidigungswaffen (Schlagstöcke, Sprays usw.)
   insgesamt etwa 6 Unterrichtsstunden

4. Unfallverhütungsvorschrift Wach- und Sicherungsdienste (BGV C 7)
   insgesamt etwa 6 Unterrichtsstunden

5. Umgang mit Menschen, insbesondere Verhalten in Gefahrensituationen und Deeskalationstechniken in Konfliktsituationen
   - Selbstwertgefühl (Voraussetzungen für richtigen Umgang mit sich selbst und seinen Mitmenschen)
   - Übersteigerte Selbstwert-/Minderwertigkeitsgefühle (Ursachen und Maßstabsverlust)
   - Konflikt/Stress (Entstehung, Konfliktebenen, schwierige Situationen, Lösungshilfen)
   - Richtiges Ansprechen und Führung im Gespräch (Grundregeln für richtiges/falsches Verhalten)
   insgesamt etwa 11 Unterrichtsstunden

6. Grundzüge der Sicherheitstechnik
   - Mechanische Sicherungstechnik
   - Gefahrenanmeldeanlagen; Alarmverfolgung
   - Brandschutz
   insgesamt etwa 5 Unterrichtsstunden

Bescheinigung
**über die erfolgreiche Ablegung einer Sachkundeprüfung nach § 34 a Abs. 1
Satz 5 Gewerbeordnung**

Herr
Frau ....
(Name und Vorname)

geboren am ....   in ....

wohnhaft in ....

hat am ....

vor der Industrie- und Handelskammer ....

die Sachkundeprüfung für die Ausübung des Wach- und Sicherheitsgewerbes nach
§ 34 a Abs. 1 Satz 5 der Gewerbeordnung erfolgreich abgelegt.

Die Prüfung erstreckte sich insbesondere auf die fachspezifischen Pflichten und Befugnisse folgender Sachgebiete:

1. Recht der öffentlichen Sicherheit und Ordnung einschließlich Gewerberecht und Datenschutzrecht,

2. Bürgerliches Gesetzbuch,

3. Straf- und Strafverfahrensrecht einschließlich Umgang mit Waffen,

4. Unfallverhütungsvorschrift Wach- und Sicherungsdienste,

5. Umgang mit Menschen, insbesondere Verhalten in Gefahrensituationen und Deeskalationstechniken in Konfliktsituationen,

6. Grundzüge der Sicherheitstechnik.

(Stempel/Siegel)

....
(Ort und Datum)
(Unterschrift)

12. Verordnung über Arbeitsstätten (Arbeitsstättenverordnung – ArbStättV –)

vom 12. August 2004 (BGBl. I S. 2179),
zuletzt geändert durch Gesetz vom 18. Dezember 2008 (BGBl. I S. 2768)

– Auszug –

§ 1   Ziel, Anwendungsbereich

(1) Diese Verordnung dient der Sicherheit und dem Gesundheitsschutz der Beschäftigten beim Einrichten und Betreiben von Arbeitsstätten.

...

§ 2   Begriffsbestimmungen

(1) Arbeitsstätten sind:

1. Orte in Gebäuden oder im Freien, die sich auf dem Gelände eines Betriebes oder einer Baustelle befinden und die zur Nutzung für Arbeitsplätze vorgesehen sind,

2. andere Orte in Gebäuden oder im Freien, die sich auf dem Gelände eines Betriebes oder einer Baustelle befinden und zu denen Beschäftigte im Rahmen ihrer Arbeit Zugang haben.

(2) Arbeitsplätze sind Bereiche von Arbeitsstätten, in denen sich Beschäftigte bei der von ihnen auszuübenden Tätigkeit regelmäßig über einen längeren Zeitraum oder im Verlauf der täglichen Arbeitszeit nicht nur kurzfristig aufhalten müssen.

(3) Arbeitsräume sind die Räume, in denen Arbeitsplätze innerhalb von Gebäuden dauerhaft eingerichtet sind.

(4) Zur Arbeitsstätte gehören auch:

1. Verkehrswege, Fluchtwege, Notausgänge,

2. Lager-, Maschinen- und Nebenräume,

3. Sanitärräume (Umkleide-, Wasch- und Toilettenräume),

4. Pausen- und Bereitschaftsräume,

5. Erste-Hilfe-Räume,

6. Unterkünfte.

Zur Arbeitsstätte gehören auch Einrichtungen, soweit für diese in dieser Verordnung besondere Anforderungen gestellt werden und sie dem Betrieb der Arbeitsstätte dienen.

(5) Einrichten ist die Bereitstellung und Ausgestaltung der Arbeitsstätte. Das Einrichten umfasst insbesondere:

1. bauliche Maßnahmen oder Veränderungen,

2. Ausstatten mit Maschinen, Anlagen, Mobiliar, anderen Arbeitsmitteln sowie Beleuchtungs-, Lüftungs-, Heizungs-, Feuerlösch- und Versorgungseinrichtungen,

3. Anlegen und Kennzeichnen von Verkehrs- und Fluchtwegen, Kennzeichnen von Gefahrenstellen und brandschutztechnischen Ausrüstungen,

4. Festlegen von Arbeitsplätzen.

(6) Betreiben von Arbeitsstätten umfasst das Benutzen und Instandhalten der Arbeitsstätte.

§ 6   Arbeitsräume, Sanitärräume, Pausen- und Bereitschaftsräume, Erste-Hilfe-Räume, Unterkünfte

(1) Der Arbeitgeber hat solche Arbeitsräume bereitzustellen, die eine ausreichende Grundfläche und Höhe sowie einen ausreichenden Luftraum aufweisen.

(2) Der Arbeitgeber hat Toilettenräume bereitzustellen. Wenn es die Art der Tätigkeit oder gesundheitliche Gründe erfordern, sind Waschräume vorzusehen. Geeignete Umkleideräume sind zur Verfügung zu stellen, wenn die Beschäftigten bei ihrer Tätigkeit besondere Arbeitskleidung tragen müssen und es ihnen nicht zuzumuten ist, sich in einem anderen Raum umzukleiden. Umkleide-, Wasch- und Toilettenräume sind für Männer und Frauen getrennt einzurichten oder es ist eine getrennte Nutzung zu ermöglichen. Bei Arbeiten im Freien und auf Baustellen mit wenigen Beschäftigten sind Waschgelegenheiten und abschließbare Toiletten ausreichend.

(3) Bei mehr als zehn Beschäftigten, oder wenn Sicherheits- oder Gesundheitsgründe dies erfordern, ist den Beschäftigten ein Pausenraum oder ein entsprechender Pausenbereich zur Verfügung zu stellen. Dies gilt nicht, wenn die Beschäftigten in Büroräumen oder vergleichbaren Arbeitsräumen beschäftigt sind und dort gleichwertige Voraussetzungen für eine Erholung während der Pause gegeben sind. Fallen in die Arbeitszeit regelmäßig und häufig Arbeitsbereitschaftszeiten oder Arbeitsunterbrechungen und sind keine Pausenräume vorhanden, so sind für die Beschäftigten Räume für Bereitschaftszeiten einzurichten. Schwangere Frauen und stillende Mütter müssen sich während der Pausen und, soweit es erforderlich ist, auch während der Arbeitszeit unter geeigneten Bedingungen hinlegen und ausruhen können.

(4) Erste-Hilfe-Räume oder vergleichbare Einrichtungen müssen entsprechend der Unfallgefahren oder der Anzahl der Beschäftigten, der Art der ausgeübten Tätigkeiten sowie der räumlichen Größe der Betriebe vorhanden sein.

(5) Für Beschäftigte auf Baustellen hat der Arbeitgeber Unterkünfte bereitzustellen, wenn Sicherheits- oder Gesundheitsgründe, insbesondere wegen der Art der ausgeübten Tätigkeit oder der Anzahl der im Betrieb beschäftigten Personen, und die Abgelegenheit der Baustelle dies erfordern und ein anderweitiger Ausgleich vom Arbeitgeber nicht geschaffen ist.

(6) Für Sanitärräume, Pausen- und Bereitschaftsräume, Erste-Hilfe-Räume und Unterkünfte nach den Absätzen 2 bis 5 gilt Absatz 1 entsprechend.

Anhang
Anforderungen an Arbeitsstätten nach § 3 Abs. 1
– Auszug –

1.3 Sicherheits- und Gesundheitsschutzkennzeichnung

(1) Unberührt von den nachfolgenden Anforderungen sind Sicherheits- und Gesundheitsschutzkennzeichnungen einzusetzen, wenn Risiken für Sicherheit und Gesundheit nicht durch technische oder organisatorische Maßnahmen vermieden oder ausreichend begrenzt werden können. Die Ergebnisse der Gefährdungsbeurteilung sind dabei zu berücksichtigen.

(2) Die Kennzeichnung ist an geeigneten Stellen deutlich erkennbar anzubringen. Sie ist dabei nach der Art der Gefährdung dauerhaft oder vorübergehend nach den Vorgaben der Richtlinie 92/58/EWG des Rates vom 24. Juni 1992 über Mindestvorschriften für die Sicherheits- und/oder Gesundheitsschutzkennzeichnung am Arbeitsplatz (Neunte Einzelrichtlinie im Sinne des Artikels 16 Absatz 1 der Richtlinie 89/391/EWG) (ABl. EG Nr. L 245 S. 23) auszuführen. Diese Richtlinie ist in der jeweils geltenden Fassung anzuwenden. Wird diese Richtlinie geändert oder nach den in dieser Richtlinie vorgesehenen Verfahren an den technischen Fortschritt angepasst, gilt sie in der geänderten im Amtsblatt der Europäischen Gemeinschaften veröffentlichten Fassung nach Ablauf der in der Änderungs- oder Anpassungsrichtlinie festgelegten Umsetzungsfrist. Die geänderte Fassung kann bereits ab Inkrafttreten der Änderungs- oder Anpassungsrichtlinie angewendet werden.

1.8 Verkehrswege

(1) Verkehrswege, einschließlich Treppen, fest angebrachte Steigleitern und Laderampen müssen so angelegt und bemessen sein, dass sie je nach ihrem Bestimmungszweck leicht und sicher begangen oder befahren werden können und in der Nähe Beschäftigte nicht gefährdet werden.

(2) Die Bemessung der Verkehrswege, die dem Personenverkehr, Güterverkehr oder Personen- und Güterverkehr dienen, muss sich nach der Anzahl der möglichen Benutzer und der Art des Betriebes richten.

(3) Werden Transportmittel auf Verkehrswegen eingesetzt, muss für Fußgänger ein ausreichender Sicherheitsabstand gewahrt werden.

(4) Verkehrswege für Fahrzeuge müssen an Türen und Toren, Durchgängen, Fußgängerwegen und Treppenaustritten in ausreichendem Abstand vorbeiführen.

(5) Soweit Nutzung und Einrichtung der Räume es zum Schutz der Beschäftigten erfordern, müssen die Begrenzungen der Verkehrswege gekennzeichnet sein.

(6) Besondere Anforderungen gelten für Fluchtwege (Ziffer 2.3).

2.3 Fluchtwege und Notausgänge

(1) Fluchtwege und Notausgänge müssen

a) sich in Anzahl, Anordnung und Abmessung nach der Nutzung, der Einrichtung und den Abmessungen der Arbeitsstätte sowie nach der höchstmöglichen Anzahl der dort anwesenden Personen richten,

b) auf möglichst kurzem Weg ins Freie oder, falls dies nicht möglich ist, in einen gesicherten Bereich führen,

c) in angemessener Form und dauerhaft gekennzeichnet sein.

Sie sind mit einer Sicherheitsbeleuchtung auszurüsten, wenn das gefahrlose Verlassen der Arbeitsstätte für die Beschäftigten, insbesondere bei Ausfall der allgemeinen Beleuchtung, nicht gewährleistet ist.

(2) Türen im Verlauf von Fluchtwegen oder Türen von Notausgängen müssen

a) sich von innen ohne besondere Hilfsmittel jederzeit leicht öffnen lassen, solange sich Beschäftigte in der Arbeitsstätte befinden,

b) in angemessener Form und dauerhaft gekennzeichnet sein.

Türen von Notausgängen müssen sich nach außen öffnen lassen. In Notausgängen sind Karussell- und Schiebetüren nicht zulässig.

4 Sanitärräume, Pausen- und Bereitschaftsräume, Erste-Hilfe-Räume, Unterkünfte

4.1 Sanitärräume

(1) Toilettenräume sind mit verschließbaren Zugängen, einer ausreichenden Anzahl von Toilettenbecken und Handwaschgelegenheiten zur Verfügung zu stellen. Sie müssen sich sowohl in der Nähe der Arbeitsplätze als auch in der Nähe von Pausen- und Bereitschaftsräumen, Wasch- und Umkleideräumen befinden.

(2) Waschräume nach § 6 Abs. 2 Satz 2 sind

a) in der Nähe des Arbeitsplatzes und sichtgeschützt einzurichten,

b) so zu bemessen, dass die Beschäftigten sich den hygienischen Erfordernissen entsprechend und ungehindert reinigen können; dazu muss fließendes warmes und kaltes Wasser, Mittel zum Reinigen und gegebenenfalls zum Desinfizieren sowie zum Abtrocknen der Hände vorhanden sein,

c) mit einer ausreichenden Anzahl geeigneter Duschen zur Verfügung zu stellen, wenn es die Art der Tätigkeit oder gesundheitliche Gründe erfordern.

Sind Waschräume nach § 6 Abs. 2 Satz 2 nicht erforderlich, müssen in der Nähe des Arbeitsplatzes und der Umkleideräume ausreichende und angemessene Waschgelegenheiten mit fließendem Wasser (erforderlichenfalls mit warmem Wasser), Mitteln zum Reinigen und zum Abtrocknen der Hände zur Verfügung stehen.

(3) Umkleideräume nach § 6 Abs. 2 Satz 3 müssen

a) leicht zugänglich und von ausreichender Größe und sichtgeschützt eingerichtet werden; entsprechend der Anzahl gleichzeitiger Benutzer muss genügend freie Bodenfläche für ungehindertes Umkleiden vorhanden sein,

b) mit Sitzgelegenheiten sowie mit verschließbaren Einrichtungen ausgestattet sein, in denen jeder Beschäftigte seine Kleidung aufbewahren kann.

Kleiderschränke für Arbeitskleidung und Schutzkleidung sind von Kleiderschränken für persönliche Kleidung und Gegenstände zu trennen, wenn Umstände dies erfordern.

(4) Wasch- und Umkleideräume, die voneinander räumlich getrennt sind, müssen untereinander leicht erreichbar sein.

4.3 Erste-Hilfe-Räume

(1) Erste-Hilfe-Räume nach § 6 Abs. 4 müssen an ihren Zugängen als solche gekennzeichnet und für Personen mit Rettungstransportmitteln leicht zugänglich sein.

(2) Sie sind mit den erforderlichen Einrichtungen und Materialien zur ersten Hilfe auszustatten. An einer deutlich gekennzeichneten Stelle müssen Anschrift und Telefonnummer der örtlichen Rettungsdienste angegeben sein.

(3) Erste-Hilfe-Ausstattung ist darüber hinaus überall dort aufzubewahren, wo es die Arbeitsbedingungen erfordern. Sie muss leicht zugänglich und einsatzbereit sein. Die Aufbewahrungsstellen müssen als solche gekennzeichnet und gut erreichbar sein.

13. Bundesdatenschutzgesetz (BDSG)

in der Fassung der Bekanntmachung vom 9. September 2005 (BGBl. I S. 2722),
geändert durch Gesetz vom 14. August 2009 (BGBl. I S. 2814)

– Auszug –

§ 1 Zweck und Anwendungsbereich des Gesetzes

(1) Zweck dieses Gesetzes ist es, den Einzelnen davor zu schützen, dass er durch den Umgang mit seinen personenbezogenen Daten in seinem Persönlichkeitsrecht beeinträchtigt wird.

(2) Dieses Gesetz gilt für die Erhebung, Verarbeitung und Nutzung personenbezogener Daten durch

1. öffentliche Stellen des Bundes,

2. öffentliche Stellen der Länder, soweit der Datenschutz nicht durch Landesgesetz geregelt ist und soweit sie

   a) Bundesrecht ausführen oder

   b) als Organe der Rechtspflege tätig werden und es sich nicht um Verwaltungsangelegenheiten handelt,

3. nicht öffentliche Stellen, soweit sie die Daten unter Einsatz von Datenverarbeitungsanlagen verarbeiten, nutzen oder dafür erheben oder die Daten in oder aus nicht automatisierten Dateien verarbeiten, nutzen oder dafür erheben, es sei denn, die Erhebung, Verarbeitung oder Nutzung der Daten erfolgt ausschließlich für persönliche oder familiäre Tätigkeiten.

(3) Soweit andere Rechtsvorschriften des Bundes auf personenbezogene Daten einschließlich deren Veröffentlichung anzuwenden sind, gehen sie den Vorschriften dieses Gesetzes vor. Die Verpflichtung zur Wahrung gesetzlicher Geheimhaltungspflichten oder von Berufs- oder besonderen Amtsgeheimnissen, die nicht auf gesetzlichen Vorschriften beruhen, bleibt unberührt.

(4) Die Vorschriften dieses Gesetzes gehen denen des Verwaltungsverfahrensgesetzes vor, soweit bei der Ermittlung des Sachverhalts personenbezogene Daten verarbeitet werden.

(5) Dieses Gesetz findet keine Anwendung, sofern eine in einem anderen Mitgliedstaat der Europäischen Union oder in einem anderen Vertragsstaat des Abkommens über den Europäischen Wirtschaftsraum belegene verantwortliche Stelle personenbezogene Daten im Inland erhebt, verarbeitet oder nutzt, es sei denn, dies erfolgt durch eine Niederlassung im Inland. Dieses Gesetz findet Anwendung, sofern eine verantwortliche Stelle, die nicht in einem Mitgliedstaat der Europäischen Union oder in einem anderen Vertragsstaat des Abkommens über den Europäischen Wirtschaftsraum belegen ist, personenbezogene Daten im Inland erhebt, verarbeitet oder nutzt. So-

weit die verantwortliche Stelle nach diesem Gesetz zu nennen ist, sind auch Angaben über im Inland ansässige Vertreter zu machen. Die Sätze 2 und 3 gelten nicht, sofern Datenträger nur zum Zweck des Transits durch das Inland eingesetzt werden. § 38 Abs. 1 Satz 1 bleibt unberührt.

§ 2   Öffentliche und nicht-öffentliche Stellen

(1) Öffentliche Stellen des Bundes sind die Behörden, die Organe der Rechtspflege und andere öffentlich-rechtlich organisierte Einrichtungen des Bundes, der bundesunmittelbaren Körperschaften, Anstalten und Stiftungen des öffentlichen Rechts sowie deren Vereinigungen ungeachtet ihrer Rechtsform. Als öffentliche Stellen gelten die aus dem Sondervermögen Deutsche Bundespost durch Gesetz hervorgegangenen Unternehmen, solange ihnen ein ausschließliches Recht nach dem Postgesetz zusteht.

(2) Öffentliche Stellen der Länder sind die Behörden, die Organe der Rechtspflege und andere öffentlich-rechtlich organisierte Einrichtungen eines Landes, einer Gemeinde, eines Gemeindeverbandes und sonstiger der Aufsicht des Landes unterstehender juristischer Personen des öffentlichen Rechts sowie deren Vereinigungen ungeachtet ihrer Rechtsform.

(3) Vereinigungen des privaten Rechts von öffentlichen Stellen des Bundes und der Länder, die Aufgaben der öffentlichen Verwaltung wahrnehmen, gelten ungeachtet der Beteiligung nicht-öffentlicher Stellen als öffentliche Stellen des Bundes, wenn

1. sie über den Bereich eines Landes hinaus tätig werden oder

2. dem Bund die absolute Mehrheit der Anteile gehört oder die absolute Mehrheit der Stimmen zusteht.

Andernfalls gelten sie als öffentliche Stellen der Länder.

(4) Nicht-öffentliche Stellen sind natürliche und juristische Personen, Gesellschaften und andere Personenvereinigungen des privaten Rechts, soweit sie nicht unter die Absätze 1 bis 3 fallen. Nimmt eine nicht-öffentliche Stelle hoheitliche Aufgaben der öffentlichen Verwaltung wahr, ist sie insoweit öffentliche Stelle im Sinne dieses Gesetzes.

§ 3   Weitere Begriffsbestimmungen

(1) Personenbezogene Daten sind Einzelangaben über persönliche oder sachliche Verhältnisse einer bestimmten oder bestimmbaren natürlichen Person (Betroffener).

(2) Automatisierte Verarbeitung ist die Erhebung, Verarbeitung oder Nutzung personenbezogener Daten unter Einsatz von Datenverarbeitungsanlagen. Eine nicht automatisierte Datei ist jede nicht automatisierte Sammlung personenbezogener Daten, die gleichartig aufgebaut ist und nach bestimmten Merkmalen zugänglich ist und ausgewertet werden kann.

(3) Erheben ist das Beschaffen von Daten über den Betroffenen.

(4) Verarbeiten ist das Speichern, Verändern, Übermitteln, Sperren und Löschen personenbezogener Daten. Im Einzelnen ist, ungeachtet der dabei angewendeten Verfahren:

1. Speichern das Erfassen, Aufnehmen oder Aufbewahren personenbezogener Daten auf einem Datenträger zum Zwecke ihrer weiteren Verarbeitung oder Nutzung,

2. Verändern das inhaltliche Umgestalten gespeicherter personenbezogener Daten,

3. Übermitteln das Bekanntgeben gespeicherter oder durch Datenverarbeitung gewonnener personenbezogener Daten an einen Dritten (Empfänger) in der Weise, dass

   a) die Daten an den Dritten weitergegeben werden oder

   b) der Dritte zur Einsicht oder zum Abruf bereitgehaltene Daten einsieht oder abruft,

4. Sperren das Kennzeichnen gespeicherter personenbezogener Daten, um ihre weitere Verarbeitung oder Nutzung einzuschränken,

5. Löschen das Unkenntlichmachen gespeicherter personenbezogener Daten.

(5) Nutzen ist jede Verwendung personenbezogener Daten, soweit es sich nicht um Verarbeitung handelt.

(6) Anonymisieren ist das Verändern personenbezogener Daten derart, dass die Einzelangaben über persönliche oder sachliche Verhältnisse nicht mehr oder nur mit einem unverhältnismäßig großen Aufwand an Zeit, Kosten und Arbeitskraft einer bestimmten oder bestimmbaren natürlichen Person zugeordnet werden können.

(6 a) Pseudonymisieren ist das Ersetzen des Namens und anderer Identifikationsmerkmale durch ein Kennzeichen zu dem Zweck, die Bestimmung des Betroffenen auszuschließen oder wesentlich zu erschweren.

(7) Verantwortliche Stelle ist jede Person oder Stelle, die personenbezogene Daten für sich selbst erhebt, verarbeitet oder nutzt oder dies durch andere im Auftrag vornehmen lässt.

(8) Empfänger ist jede Person oder Stelle, die Daten erhält. Dritter ist jede Person oder Stelle außerhalb der verantwortlichen Stelle. Dritte sind nicht der Betroffene sowie Personen und Stellen, die im Inland, in einem anderen Mitgliedstaat der Europäischen Union oder in einem anderen Vertragsstaat des Abkommens über den Europäischen Wirtschaftsraum personenbezogene Daten im Auftrag erheben, verarbeiten oder nutzen.

(9) Besondere Arten personenbezogener Daten sind Angaben über die rassische und ethnische Herkunft, politische Meinungen, religiöse oder philosophische Überzeugungen, Gewerkschaftszugehörigkeit, Gesundheit oder Sexualleben.

(10) Mobile personenbezogene Speicher- und Verarbeitungsmedien sind Datenträger,

1. die an den Betroffenen ausgegeben werden,

2. auf denen personenbezogene Daten über die Speicherung hinaus durch die ausgebende oder eine andere Stelle automatisiert verarbeitet werden können und

3. bei denen der Betroffene diese Verarbeitung nur durch den Gebrauch des Mediums beeinflussen kann.

(11) Beschäftigte sind:

1. Arbeitnehmerinnen und Arbeitnehmer,

2. zu ihrer Berufsbildung Beschäftigte,

3. Teilnehmerinnen und Teilnehmer an Leistungen zur Teilhabe am Arbeitsleben sowie an Abklärungen der beruflichen Eignung oder Arbeitserprobung (Rehabilitandinnen und Rehabilitanden),

4. in anerkannten Werkstätten für behinderte Menschen Beschäftigte,

5. nach dem Jugendfreiwilligendienstegesetz Beschäftigte,

6. Personen, die wegen ihrer wirtschaftlichen Unselbstständigkeit als arbeitnehmerähnliche Personen anzusehen sind; zu diesen gehören auch die in Heimarbeit Beschäftigten und die ihnen Gleichgestellten,

7. Bewerberinnen und Bewerber für ein Beschäftigungsverhältnis sowie Personen, deren Beschäftigungsverhältnis beendet ist,

8. Beamtinnen, Beamte, Richterinnen und Richter des Bundes, Soldatinnen und Soldaten sowie Zivildienstleistende.

§ 3 a Datenvermeidung und Datensparsamkeit

Die Erhebung, Verarbeitung und Nutzung personenbezogener Daten und die Auswahl und Gestaltung von Datenverarbeitungssystemen sind an dem Ziel auszurichten, so wenig personenbezogene Daten wie möglich zu erheben, zu verarbeiten oder zu nutzen. Insbesondere sind personenbezogene Daten zu anonymisieren oder zu pseudonymisieren, soweit dies nach dem Verwendungszweck möglich ist und keinen im Verhältnis zu dem angestrebten Schutzzweck unverhältnismäßigen Aufwand erfordert.

§ 4 Zulässigkeit der Datenerhebung, -verarbeitung und -nutzung

(1) Die Erhebung, Verarbeitung und Nutzung personenbezogener Daten sind nur zulässig, soweit dieses Gesetz oder eine andere Rechtsvorschrift dies erlaubt oder anordnet oder der Betroffene eingewilligt hat.

(2) Personenbezogene Daten sind beim Betroffenen zu erheben. Ohne seine Mitwirkung dürfen sie nur erhoben werden, wenn

1. eine Rechtsvorschrift dies vorsieht oder zwingend voraussetzt oder

2. a) die zu erfüllende Verwaltungsaufgabe ihrer Art nach oder der Geschäfts-
zweck eine Erhebung bei anderen Personen oder Stellen erforderlich
macht oder

   b) die Erhebung beim Betroffenen einen unverhältnismäßigen Aufwand erfordern würde

   und keine Anhaltspunkte dafür bestehen, dass überwiegende schutzwürdige Interessen des Betroffenen beeinträchtigt werden.

(3) Werden personenbezogene Daten beim Betroffenen erhoben, so ist er,
sofern er nicht bereits auf andere Weise Kenntnis erlangt hat, von der verantwortlichen Stelle über

1. die Identität der verantwortlichen Stelle,

2. die Zweckbestimmungen der Erhebung, Verarbeitung oder Nutzung und

3. die Kategorien von Empfängern nur, soweit der Betroffene nach den Umständen des Einzelfalles nicht mit der Übermittlung an diese rechnen
muss,

zu unterrichten. Werden personenbezogene Daten beim Betroffenen aufgrund einer Rechtsvorschrift erhoben, die zur Auskunft verpflichtet, oder ist
die Erteilung der Auskunft Voraussetzung für die Gewährung von Rechts-
vorteilen, so ist der Betroffene hierauf, sonst auf die Freiwilligkeit seiner Angaben hinzuweisen. Soweit nach den Umständen des Einzelfalles erforderlich oder auf Verlangen, ist er über die Rechtsvorschrift und über die Folgen
der Verweigerung von Angaben aufzuklären.

§ 4 a   Einwilligung

(1) Die Einwilligung ist nur wirksam, wenn sie auf der freien Entscheidung
des Betroffenen beruht. Er ist auf den vorgesehenen Zweck der Erhebung, Verarbeitung oder Nutzung sowie, soweit nach den Umständen des Einzelfalles
erforderlich oder auf Verlangen, auf die Folgen der Verweigerung der Einwilligung hinzuweisen. Die Einwilligung bedarf der Schriftform, soweit nicht wegen besonderer Umstände eine andere Form angemessen ist. Soll die Einwilligung zusammen mit den anderen Erklärungen schriftlich erteilt werden, ist sie
besonders hervorzuheben.

(2) Im Bereich der wissenschaftlichen Forschung liegt ein besonderer Umstand im Sinne von Absatz 1 Satz 3 auch dann vor, wenn durch die Schriftform
der bestimmte Forschungszweck erheblich beeinträchtigt würde. In diesem
Fall sind der Hinweis nach Absatz 1 Satz 2 und die Gründe, aus denen sich die
erhebliche Beeinträchtigung des bestimmten Forschungszwecks ergibt,
schriftlich festzuhalten.

(3) Soweit besondere Arten personenbezogener Daten (§ 3 Abs. 9) erhoben,
verarbeitet oder genutzt werden, muss sich die Einwilligung darüber hinaus
ausdrücklich auf diese Daten beziehen.

§ 4 b Übermittlung personenbezogener Daten ins Ausland sowie an über- oder zwischenstaatliche Stellen

(1) Für die Übermittlung personenbezogener Daten an Stellen

1. in anderen Mitgliedstaaten der Europäischen Union,

2. in anderen Vertragsstaaten des Abkommens über den Europäischen Wirtschaftsraum oder

3. der Organe und Einrichtungen der Europäischen Gemeinschaften

gelten § 15 Abs. 1, § 16 Abs. 1 und §§ 28 bis 30 a nach Maßgabe der für diese Übermittlung geltenden Gesetze und Vereinbarungen, soweit die Übermittlung im Rahmen von Tätigkeiten erfolgt, die ganz oder teilweise in den Anwendungsbereich des Rechts der Europäischen Gemeinschaften fallen.

(2) Für die Übermittlung personenbezogener Daten an Stellen nach Absatz 1, die nicht im Rahmen von Tätigkeiten erfolgt, die ganz oder teilweise in den Anwendungsbereich des Rechts der Europäischen Gemeinschaften fallen, sowie an sonstige ausländische oder über- oder zwischenstaatliche Stellen gilt Absatz 1 entsprechend. Die Übermittlung unterbleibt, soweit der Betroffene ein schutzwürdiges Interesse an dem Ausschluss der Übermittlung hat, insbesondere wenn bei den in Satz 1 genannten Stellen ein angemessenes Datenschutzniveau nicht gewährleistet ist. Satz 2 gilt nicht, wenn die Übermittlung zur Erfüllung eigener Aufgaben einer öffentlichen Stelle des Bundes aus zwingenden Gründen der Verteidigung oder der Erfüllung über- oder zwischenstaatlicher Verpflichtungen auf dem Gebiet der Krisenbewältigung oder Konfliktverhinderung oder für humanitäre Maßnahmen erforderlich ist.

(3) Die Angemessenheit des Schutzniveaus wird unter Berücksichtigung aller Umstände beurteilt, die bei einer Datenübermittlung oder einer Kategorie von Datenübermittlungen von Bedeutung sind; insbesondere können die Art der Daten, die Zweckbestimmung, die Dauer der geplanten Verarbeitung, das Herkunfts- und das Endbestimmungsland, die für den betreffenden Empfänger geltenden Rechtsnormen sowie die für ihn geltenden Standesregeln und Sicherheitsmaßnahmen herangezogen werden.

(4) In den Fällen des § 16 Abs. 1 Nr. 2 unterrichtet die übermittelnde Stelle den Betroffenen von der Übermittlung seiner Daten. Dies gilt nicht, wenn damit zu rechnen ist, dass er davon auf andere Weise Kenntnis erlangt, oder wenn die Unterrichtung die öffentliche Sicherheit gefährden oder sonst dem Wohl des Bundes oder eines Landes Nachteile bereiten würde.

(5) Die Verantwortung für die Zulässigkeit der Übermittlung trägt die übermittelnde Stelle.

(6) Die Stelle, an die die Daten übermittelt werden, ist auf den Zweck hinzuweisen, zu dessen Erfüllung die Daten übermittelt werden.

§ 4 c Ausnahmen

(1) Im Rahmen von Tätigkeiten, die ganz oder teilweise in den Anwendungsbereich des Rechts der Europäischen Gemeinschaften fallen, ist eine Übermittlung personenbezogener Daten an andere als die in § 4 b Abs. 1 genannten Stellen, auch wenn bei ihnen ein angemessenes Datenschutzniveau nicht gewährleistet ist, zulässig, sofern

1. der Betroffene seine Einwilligung gegeben hat,

2. die Übermittlung für die Erfüllung eines Vertrags zwischen dem Betroffenen und der verantwortlichen Stelle oder zur Durchführung von vorvertraglichen Maßnahmen, die auf Veranlassung des Betroffenen getroffen worden sind, erforderlich ist,

3. die Übermittlung zum Abschluss oder zur Erfüllung eines Vertrages erforderlich ist, der im Interesse des Betroffenen von der verantwortlichen Stelle mit einem Dritten geschlossen wurde oder geschlossen werden soll,

4. die Übermittlung für die Wahrung eines wichtigen öffentlichen Interesses oder zur Geltendmachung, Ausübung oder Verteidigung von Rechtsansprüchen vor Gericht erforderlich ist,

5. die Übermittlung für die Wahrung lebenswichtiger Interessen des Betroffenen erforderlich ist oder

6. die Übermittlung aus einem Register erfolgt, das zur Information der Öffentlichkeit bestimmt ist und entweder der gesamten Öffentlichkeit oder allen Personen, die ein berechtigtes Interesse nachweisen können, zur Einsichtnahme offen steht, soweit die gesetzlichen Voraussetzungen im Einzelfall gegeben sind.

Die Stelle, an die die Daten übermittelt werden, ist darauf hinzuweisen, dass die übermittelten Daten nur zu dem Zweck verarbeitet oder genutzt werden dürfen, zu dessen Erfüllung sie übermittelt werden.

(2) Unbeschadet des Absatzes 1 Satz 1 kann die zuständige Aufsichtsbehörde einzelne Übermittlungen oder bestimmte Arten von Übermittlungen personenbezogener Daten an andere als die in § 4 b Abs. 1 genannten Stellen genehmigen, wenn die verantwortliche Stelle ausreichende Garantien hinsichtlich des Schutzes des Persönlichkeitsrechts und der Ausübung der damit verbundenen Rechte vorweist; die Garantien können sich insbesondere aus Vertragsklauseln oder verbindlichen Unternehmensregelungen ergeben. Bei den Post- und Telekommunikationsunternehmen ist der Bundesbeauftragte für den Datenschutz und die Informationsfreiheit zuständig. Sofern die Übermittlung durch öffentliche Stellen erfolgen soll, nehmen diese die Prüfung nach Satz 1 vor.

(3) Die Länder teilen dem Bund die nach Absatz 2 Satz 1 ergangenen Entscheidungen mit.

§ 4 d Meldepflicht*

(1) Verfahren automatisierter Verarbeitungen sind vor ihrer Inbetriebnahme von nicht öffentlichen verantwortlichen Stellen der zuständigen Aufsichtsbehörde und von öffentlichen verantwortlichen Stellen des Bundes sowie von den Post- und Telekommunikationsunternehmen dem Bundesbeauftragten für den Datenschutz nach Maßgabe von § 4 e zu melden.

(2) Die Meldepflicht entfällt, wenn die verantwortliche Stelle einen Beauftragten für den Datenschutz bestellt hat.

(3) Die Meldepflicht entfällt ferner, wenn die verantwortliche Stelle personenbezogene Daten für eigene Zwecke erhebt, verarbeitet oder nutzt, hierbei höchstens neun Personen mit der Erhebung, Verarbeitung oder Nutzung personenbezogener Daten beschäftigt und entweder eine Einwilligung der Betroffenen vorliegt oder die Erhebung, Verarbeitung oder Nutzung für die Begründung, Durchführung oder Beendigung eines rechtsgeschäftlichen oder rechtsgeschäftsähnlichen Schuldverhältnisses mit dem Betroffenen erforderlich ist.

(4) Die Absätze 2 und 3 gelten nicht, wenn es sich um automatisierte Verarbeitungen handelt, in denen geschäftsmäßig personenbezogene Daten von der jeweiligen Stelle

1. zum Zweck der Übermittlung oder

2. zum Zweck der anonymisierten Übermittlung

gespeichert werden.

(5) Soweit automatisierte Verarbeitungen besondere Risiken für die Rechte und Freiheiten der Betroffenen aufweisen, unterliegen sie der Prüfung vor Beginn der Verarbeitung (Vorabkontrolle). Eine Vorabkontrolle ist insbesondere durchzuführen, wenn

1. besondere Arten personenbezogener Daten (§ 3 Abs. 9) verarbeitet werden oder

2. die Verarbeitung personenbezogener Daten dazu bestimmt ist, die Persönlichkeit des Betroffenen zu bewerten einschließlich seiner Fähigkeiten, seiner Leistung oder seines Verhaltens,

es sei denn, dass eine gesetzliche Verpflichtung oder eine Einwilligung des Betroffenen vorliegt oder die Erhebung, Verarbeitung oder Nutzung der Zweckbestimmung eines Vertragsverhältnisses oder vertragsähnlichen Vertrauensverhältnisses mit dem Betroffenen dient.

(6) Zuständig für die Vorabkontrolle ist der Beauftragte für den Datenschutz. Dieser nimmt die Vorabkontrolle nach Empfang der Übersicht nach § 4 g Abs. 2 Satz 1 vor. Er hat sich in Zweifelsfällen an die Aufsichtsbehörde

---

* Änderungen in Kraft ab 1. 4. 2010 sind berücksichtigt (Gesetz vom 14. 8. 2009 I BGBl. I S. 2804).

oder bei den Post- und Telekommunikationsunternehmen an den Bundesbeauftragten für den Datenschutz zu wenden.

§ 4 e Inhalt der Meldepflicht

Sofern Verfahren automatisierter Verarbeitungen meldepflichtig sind,
sind folgende Angaben zu machen:

1. Name oder Firma der verantwortlichen Stelle,
2. Inhaber, Vorstände, Geschäftsführer oder sonstige gesetzliche oder nach
   der Verfassung des Unternehmens berufene Leiter und die mit der Leitung
   der Datenverarbeitung beauftragten Personen,
3. Anschrift der verantwortlichen Stelle,
4. Zweckbestimmungen der Datenerhebung, -verarbeitung oder -nutzung,
5. eine Beschreibung der betroffenen Personengruppen und der diesbezügli-
   chen Daten oder Datenkategorien,
6. Empfänger oder Kategorien von Empfängern, denen die Daten mitgeteilt
   werden können,
7. Regelfristen für die Löschung der Daten,
8. eine geplante Datenübermittlung in Drittstaaten,
9. eine allgemeine Beschreibung, die es ermöglicht, vorläufig zu beurteilen,
   ob die Maßnahmen nach § 9 zur Gewährleistung und Sicherheit der Verarbeitung angemessen sind.

§ 4 d Abs. 1 und 4 gilt für die Änderung der nach Satz 1 mitgeteilten Angaben
sowie für den Zeitpunkt der Aufnahme und der Beendigung der meldepflich-
tigen Tätigkeit entsprechend.

§ 4 f Beauftragter für den Datenschutz

(1) Öffentliche und nicht-öffentliche Stellen, die personenbezogene Daten automatisiert verarbeiten, haben einen Beauftragten für den Datenschutz schriftlich zu bestellen. Nicht-öffentliche Stellen sind hierzu spätestens innerhalb eines Monats nach Aufnahme ihrer Tätigkeit verpflichtet.
Das Gleiche gilt, wenn personenbezogene Daten auf andere Weise erhoben,
verarbeitet oder genutzt werden und damit in der Regel mindestens 20 Personen beschäftigt sind. Die Sätze 1 und 2 gelten nicht für die nicht-öffentlichen Stellen, die in der Regel höchstens neun Personen ständig mit der automatisierten Verarbeitung personenbezogener Daten beschäftigen. Soweit
aufgrund der Struktur einer öffentlichen Stelle erforderlich, genügt die Bestellung eines Beauftragten für den Datenschutz für mehrere Bereiche. Soweit nicht-öffentliche Stellen automatisierte Verarbeitungen vornehmen,
die einer Vorabkontrolle unterliegen, oder personenbezogene Daten ge-

schäftsmäßig zum Zweck der Übermittlung, der anonymisierten Übermittlung oder für Zwecke der Markt- oder Meinungsforschung automatisiert verarbeiten, haben sie unabhängig von der Anzahl der mit der automatisierten Verarbeitung beschäftigten Personen einen Beauftragten für den Datenschutz zu bestellen.

(2) Zum Beauftragten für den Datenschutz darf nur bestellt werden, wer die zur Erfüllung seiner Aufgaben erforderliche Fachkunde und Zuverlässigkeit besitzt. Das Maß der erforderlichen Fachkunde bestimmt sich insbesondere nach dem Umfang der Datenverarbeitung der verantwortlichen Stelle und dem Schutzbedarf der personenbezogenen Daten, die die verantwortliche Stelle erhebt oder verwendet. Zum Beauftragten für den Datenschutz kann auch eine Person außerhalb der verantwortlichen Stelle bestellt werden; die Kontrolle erstreckt sich auch auf personenbezogene Daten, die einem Berufs- oder besonderen Amtsgeheimnis, insbesondere dem Steuergeheimnis nach § 30 der Abgabenordnung, unterliegen.

(3) Der Beauftragte für den Datenschutz ist dem Leiter der öffentlichen oder nicht-öffentlichen Stelle unmittelbar zu unterstellen. Er ist in Ausübung seiner Fachkunde auf dem Gebiet des Datenschutzes weisungsfrei. Er darf wegen der Erfüllung seiner Aufgaben nicht benachteiligt werden. Die Bestellung zum Beauftragten für den Datenschutz kann in entsprechender Anwendung von § 626 des Bürgerlichen Gesetzbuchs, bei nicht-öffentlichen Stellen auch auf Verlangen der Aufsichtsbehörde, widerrufen werden. Ist nach Absatz 1 ein Beauftragter für den Datenschutz zu bestellen, so ist die Kündigung des Arbeitsverhältnisses unzulässig, es sei denn, dass Tatsachen vorliegen, welche die verantwortliche Stelle zur Kündigung aus wichtigem Grund ohne Einhaltung einer Kündigungsfrist berechtigen. Nach der Abberufung als Beauftragter für den Datenschutz ist die Kündigung innerhalb eines Jahres nach der Beendigung der Bestellung unzulässig, es sei denn, dass die verantwortliche Stelle zur Kündigung aus wichtigem Grund ohne Einhaltung einer Kündigungsfrist berechtigt ist. Zur Erhaltung der zur Erfüllung seiner Aufgaben erforderlichen Fachkunde hat die verantwortliche Stelle dem Beauftragten für den Datenschutz die Teilnahme an Fort- und Weiterbildungsveranstaltungen zu ermöglichen und deren Kosten zu übernehmen.

(4) Der Beauftragte für den Datenschutz ist zur Verschwiegenheit über die Identität des Betroffenen sowie über Umstände, die Rückschlüsse auf den Betroffenen zulassen, verpflichtet, soweit er nicht davon durch den Betroffenen befreit wird.

(4 a) Soweit der Beauftragte für den Datenschutz bei seiner Tätigkeit Kenntnis von Daten erhält, für die dem Leiter oder einer bei der öffentlichen oder nichtöffentlichen Stelle beschäftigten Person aus beruflichen Gründen ein Zeugnisverweigerungsrecht zusteht, steht dieses Recht auch dem Beauf-

tragten für den Datenschutz und dessen Hilfspersonal zu. Über die Ausübung dieses Rechts entscheidet die Person, der das Zeugnisverweigerungsrecht aus beruflichen Gründen zusteht, es sei denn, dass diese Entscheidung in absehbarer Zeit nicht herbeigeführt werden kann. Soweit das Zeugnisverweigerungsrecht des Beauftragten für den Datenschutz reicht, unterliegen seine Akten und andere Schriftstücke einem Beschlagnahmeverbot.

(5) Die öffentlichen und nicht öffentlichen Stellen haben den Beauftragten für den Datenschutz bei der Erfüllung seiner Aufgaben zu unterstützen und ihm insbesondere, soweit dies zur Erfüllung seiner Aufgaben erforderlich ist, Hilfspersonal sowie Räume, Einrichtungen, Geräte und Mittel zur Verfügung zu stellen. Betroffene können sich jederzeit an den Beauftragten für den Datenschutz wenden.

§ 4 g Aufgaben des Beauftragten für den Datenschutz

(1) Der Beauftragte für den Datenschutz wirkt auf die Einhaltung dieses Gesetzes und anderer Vorschriften über den Datenschutz hin. Zu diesem Zweck kann sich der Beauftragte für den Datenschutz in Zweifelsfällen an die für die Datenschutzkontrolle bei der verantwortlichen Stelle zuständige Behörde wenden. Er kann die Beratung nach § 38 Abs. 1 Satz 2 in Anspruch nehmen. Er hat insbesondere

1. die ordnungsgemäße Anwendung der Datenverarbeitungsprogramme, mit deren Hilfe personenbezogene Daten verarbeitet werden sollen, zu überwachen; zu diesem Zweck ist er über Vorhaben der automatisierten Verarbeitung personenbezogener Daten rechtzeitig zu unterrichten,

2. die bei der Verarbeitung personenbezogener Daten tätigen Personen durch geeignete Maßnahmen mit den Vorschriften dieses Gesetzes sowie anderen Vorschriften über den Datenschutz und mit den jeweiligen besonderen Erfordernissen des Datenschutzes vertraut zu machen.

(2) Dem Beauftragten für den Datenschutz ist von der verantwortlichen Stelle eine Übersicht über die in § 4 e Satz 1 genannten Angaben sowie über zugriffsberechtigte Personen zur Verfügung zu stellen. Der Beauftragte für den Datenschutz macht die Angaben nach § 4 e Satz 1 Nr. 1 bis 8 auf Antrag jedermann in geeigneter Weise verfügbar.

(2 a) Soweit bei einer nichtöffentlichen Stelle keine Verpflichtung zur Bestellung eines Beauftragten für den Datenschutz besteht, hat der Leiter der nichtöffentlichen Stelle die Erfüllung der Aufgaben nach den Absätzen 1 und 2 in anderer Weise sicherzustellen.

(3) Auf die in § 6 Abs. 2 Satz 4 genannten Behörden findet Absatz 2 Satz 2 keine Anwendung. Absatz 1 Satz 2 findet mit der Maßgabe Anwendung, dass der behördliche Beauftragte für den Datenschutz das Benehmen mit dem Behördenleiter herstellt; bei Unstimmigkeiten zwischen dem behördlichen

Beauftragten für den Datenschutz und dem Behördenleiter entscheidet die oberste Bundesbehörde.

§ 5 Datengeheimnis

Den bei der Datenverarbeitung beschäftigten Personen ist untersagt, personenbezogene Daten unbefugt zu erheben, zu verarbeiten oder zu nutzen (Datengeheimnis). Diese Personen sind, soweit sie bei nicht-öffentlichen Stellen beschäftigt werden, bei der Aufnahme ihrer Tätigkeit auf das Datengeheimnis zu verpflichten. Das Datengeheimnis besteht auch nach Beendigung ihrer Tätigkeit fort.

§ 6 *Unabdingbare* Rechte des Betroffenen*

(1) Die Rechte des Betroffenen auf Auskunft (§§ 19, 34) und auf Berichtigung, Löschung oder Sperrung (§§ 20, 35) können nicht durch Rechtsgeschäft ausgeschlossen oder beschränkt werden.

(2) Sind die Daten des Betroffenen automatisiert in der Weise gespeichert, dass mehrere Stellen speicherungsberechtigt sind, und ist der Betroffene nicht in der Lage festzustellen, welche Stelle die Daten gespeichert hat, so kann er sich an jede dieser Stellen wenden. Diese ist verpflichtet, das Vorbringen des Betroffenen an die Stelle, die die Daten gespeichert hat, weiterzuleiten. Der Betroffene ist über die Weiterleitung und jene Stelle zu unterrichten. Die in § 19 Abs. 3 genannten Stellen, die Behörden der Staatsanwaltschaft und der Polizei sowie öffentliche Stellen der Finanzverwaltung, soweit sie personenbezogene Daten in Erfüllung ihrer gesetzlichen Aufgaben im Anwendungsbereich der Abgabenordnung zur Überwachung und Prüfung speichern, können statt des Betroffenen den Bundesbeauftragten für den Datenschutz und die Informationsfreiheit unterrichten. In diesem Fall richtet sich das weitere Verfahren nach § 19 Abs. 6.

(3) Personenbezogene Daten über die Ausübung eines Rechts des Betroffenen, das sich aus diesem Gesetz oder aus einer anderen Vorschrift über den Datenschutz ergibt, dürfen nur zur Erfüllung der sich aus der Ausübung des Rechts ergebenden Pflichten der verantwortlichen Stelle verwendet werden.

§ 6 a Automatisierte Einzelentscheidung*

(1) Entscheidungen, die für den Betroffenen eine rechtliche Folge nach sich ziehen oder ihn erheblich beeinträchtigen, dürfen nicht ausschließlich auf eine automatisierte Verarbeitung personenbezogener Daten gestützt

---

* Änderungen in Kraft ab 1.4.2010 sind berücksichtigt (kursive Schrift); Gesetz vom 29.7.2009, BGBl. I S. 2254).

werden, die der Bewertung einzelner Persönlichkeitsmerkmale dienen. *Eine ausschließlich auf eine automatisierte Verarbeitung gestützte Entscheidung liegt insbesondere dann vor, wenn keine inhaltliche Bewertung und darauf gestützte Entscheidung durch eine natürliche Person stattgefunden hat.*

(2) Dies gilt nicht, wenn

1. die Entscheidung im Rahmen des Abschlusses oder der Erfüllung eines Vertragsverhältnisses oder eines sonstigen Rechtsverhältnisses ergeht und dem Begehren des Betroffenen stattgegeben wurde oder

2. *die Wahrung der berechtigten Interessen des Betroffenen durch geeignete Maßnahmen gewährleistet und die verantwortliche Stelle dem Betroffenen die Tatsache des Vorliegens einer Entscheidung im Sinne des Absatzes 1 mitteilt sowie auf Verlangen die wesentlichen Gründe dieser Entscheidung mitteilt und erläutert.*

(3) Das Recht des Betroffenen auf Auskunft nach den §§ 19 und 34 erstreckt sich auch auf den logischen Aufbau der automatisierten Verarbeitung der ihn betreffenden Daten.

§ 6 b Beobachtung öffentlich zugänglicher Räume mit optisch-elektronischen Einrichtungen

(1) Die Beobachtung öffentlich zugänglicher Räume mit optisch-elektronischen Einrichtungen (Videoüberwachung) ist nur zulässig, soweit sie

1. zur Aufgabenerfüllung öffentlicher Stellen,

2. zur Wahrnehmung des Hausrechts oder

3. zur Wahrnehmung berechtigter Interessen für konkret festgelegte Zwecke

erforderlich ist und keine Anhaltspunkte bestehen, dass schutzwürdige Interessen der Betroffenen überwiegen.

(2) Der Umstand der Beobachtung und die verantwortliche Stelle sind durch geeignete Maßnahmen erkennbar zu machen.

(3) Die Verarbeitung oder Nutzung von nach Absatz 1 erhobenen Daten ist zulässig, wenn sie zum Erreichen des verfolgten Zwecks erforderlich ist und keine Anhaltspunkte bestehen, dass schutzwürdige Interessen der Betroffenen überwiegen. Für einen anderen Zweck dürfen sie nur verarbeitet oder genutzt werden, soweit dies zur Abwehr von Gefahren für die staatliche und öffentliche Sicherheit sowie zur Verfolgung von Straftaten erforderlich ist.

(4) Werden durch Videoüberwachung erhobene Daten einer bestimmten Person zugeordnet, ist diese über eine Verarbeitung oder Nutzung entsprechend den §§ 19 a und 33 zu benachrichtigen.

(5) Die Daten sind unverzüglich zu löschen, wenn sie zur Erreichung des Zwecks nicht mehr erforderlich sind oder schutzwürdige Interessen der Betroffenen einer weiteren Speicherung entgegenstehen.

§ 6 c   Mobile personenbezogene Speicher- und Verarbeitungsmedien

(1) Die Stelle, die ein mobiles personenbezogenes Speicher- und Verarbeitungsmedium ausgibt oder ein Verfahren zur automatisierten Verarbeitung personenbezogener Daten, das ganz oder teilweise auf einem solchen Medium abläuft, auf das Medium aufbringt, ändert oder hierzu bereithält, muss den Betroffenen

1. über ihre Identität und Anschrift,

2. in allgemein verständlicher Form über die Funktionsweise des Mediums einschließlich der Art der zu verarbeitenden personenbezogenen Daten,

3. darüber, wie er seine Rechte nach den §§ 19, 20, 34 und 35 ausüben kann, und

4. über die bei Verlust oder Zerstörung des Mediums zu treffenden Maßnahmen

unterrichten, soweit der Betroffene nicht bereits Kenntnis erlangt hat.

(2) Die nach Absatz 1 verpflichtete Stelle hat dafür Sorge zu tragen, dass die zur Wahrnehmung des Auskunftsrechts erforderlichen Geräte oder Einrichtungen in angemessenem Umfang zum unentgeltlichen Gebrauch zur Verfügung stehen.

(3) Kommunikationsvorgänge, die auf dem Medium eine Datenverarbeitung auslösen, müssen für den Betroffenen eindeutig erkennbar sein.

§ 9   Technische und organisatorische Maßnahmen

Öffentliche und nicht-öffentliche Stellen, die selbst oder im Auftrag personenbezogene Daten erheben, verarbeiten oder nutzen, haben die technischen und organisatorischen Maßnahmen zu treffen, die erforderlich sind, um die Ausführung der Vorschriften dieses Gesetzes, insbesondere die in der Anlage zu diesem Gesetz genannten Anforderungen, zu gewährleisten. Erforderlich sind Maßnahmen nur, wenn ihr Aufwand in einem angemessenen Verhältnis zu dem angestrebten Schutzzweck steht.

> Anlage zu § 9 Satz 1:
> Werden personenbezogene Daten automatisiert verarbeitet oder genutzt, ist die innerbehördliche oder innerbetriebliche Organisation so zu gestalten, dass sie den besonderen Anforderungen des Datenschutzes gerecht wird. Dabei sind insbesondere Maßnahmen zu treffen, die je nach der Art der zu schützenden personenbezogenen Daten oder Datenkategorien geeignet sind,

1. Unbefugten den Zutritt zu Datenverarbeitungsanlagen, mit denen personenbezogene Daten verarbeitet oder genutzt werden, zu verwehren (Zutrittskontrolle),

2. zu verhindern, dass Datenverarbeitungssysteme von Unbefugten genutzt werden können (Zugangskontrolle),

3. zu gewährleisten, dass die zur Benutzung eines Datenverarbeitungssystems Berechtigten ausschließlich auf die ihrer Zugriffsberechtigung unterliegenden Daten zugreifen können, und dass personenbezogene Daten bei der Verarbeitung, Nutzung und nach der Speicherung nicht unbefugt gelesen, kopiert, verändert oder entfernt werden können (Zugriffskontrolle),

4. zu gewährleisten, dass personenbezogene Daten bei der elektronischen Übertragung oder während ihres Transports oder ihrer Speicherung auf Datenträger nicht unbefugt gelesen, kopiert, verändert oder entfernt werden können, und dass überprüft und festgestellt werden kann, an welche Stellen eine Übermittlung personenbezogener Daten durch Einrichtungen zur Datenübertragung vorgesehen ist (Weitergabekontrolle),

5. zu gewährleisten, dass nachträglich überprüft und festgestellt werden kann, ob und von wem personenbezogene Daten in Datenverarbeitungssysteme eingegeben, verändert oder entfernt worden sind (Eingabekontrolle),

6. zu gewährleisten, dass personenbezogene Daten, die im Auftrag verarbeitet werden, nur entsprechend den Weisungen des Auftraggebers verarbeitet werden können (Auftragskontrolle),

7. zu gewährleisten, dass personenbezogene Daten gegen zufällige Zerstörung oder Verlust geschützt sind (Verfügbarkeitskontrolle),

8. zu gewährleisten, dass zu unterschiedlichen Zwecken erhobene Daten getrennt verarbeitet werden können.

§ 10   Einrichtung automatisierter Abrufverfahren

(1) Die Einrichtung eines automatisierten Verfahrens, das die Übermittlung personenbezogener Daten durch Abruf ermöglicht, ist zulässig, soweit dieses Verfahren unter Berücksichtigung der schutzwürdigen Interessen der Betroffenen und der Aufgaben oder Geschäftszwecke der beteiligten Stellen angemessen ist. Die Vorschriften über die Zulässigkeit des einzelnen Abrufs bleiben unberührt.

...

§ 43   Bußgeldvorschriften*

(1) Ordnungswidrig handelt, wer vorsätzlich oder fahrlässig

1. entgegen § 4 d Abs. 1, auch in Verbindung mit § 4 e Satz 2, eine Meldung nicht, nicht richtig, nicht vollständig oder nicht rechtzeitig macht,

---

* Änderungen in Kraft ab 1. 4. 2010 sind berücksichtigt (kursive Schrift).

2. entgegen § 4 f Abs. 1 Satz 1 oder 2, jeweils auch in Verbindung mit Satz 3 und 6, einen Beauftragten für den Datenschutz nicht, nicht in der vorgeschriebenen Weise oder nicht rechtzeitig bestellt,

2 a. entgegen § 10 Absatz 4 Satz 3 nicht gewährleistet, dass die Datenübermittlung festgestellt und überprüft werden kann,

2 b. entgegen § 11 Absatz 2 Satz 2 einen Auftrag nicht richtig, nicht vollständig oder nicht in der vorgeschriebenen Weise erteilt oder entgegen § 11 Absatz 2 Satz 4 sich nicht vor Beginn der Datenverarbeitung von der Einhaltung der beim Auftragnehmer getroffenen technischen und organisatorischen Maßnahmen überzeugt,

3. entgegen § 28 Abs. 4 Satz 2 den Betroffenen nicht, nicht richtig oder nicht rechtzeitig unterrichtet oder nicht sicherstellt, dass der Betroffene Kenntnis erhalten kann,

3 a. entgegen § 28 Absatz 4 Satz 4 eine strengere Form verlangt,

4. entgegen § 28 Abs. 5 Satz 2 personenbezogene Daten übermittelt oder nutzt,

4 a. *entgegen § 28 a Abs. 3 Satz 1 eine Mitteilung nicht, nicht richtig, nicht vollständig oder nicht rechtzeitig macht,*

5. entgegen § 29 Abs. 2 Satz 3 oder 4 die dort bezeichneten Gründe oder die Art und Weise ihrer glaubhaften Darlegung nicht aufzeichnet,

6. entgegen § 29 Abs. 3 Satz 1 personenbezogene Daten in elektronische oder gedruckte Adress-, Rufnummern-, Branchen- oder vergleichbare Verzeichnisse aufnimmt,

7. entgegen § 29 Abs. 3 Satz 2 die Übernahme von Kennzeichnungen nicht sicherstellt,

8. entgegen § 33 Abs. 1 den Betroffenen nicht, nicht richtig oder nicht vollständig benachrichtigt,

8 a. *entgegen § 34 Abs. 1 Satz 1, auch in Verbindung mit Satz 3, entgegen § 34 Abs. 2 Satz 1, auch in Verbindung mit Satz 2, oder entgegen § 34 Abs. 2 Satz 5, Abs. 3 Satz 1 oder Satz 2 oder Abs. 4 Satz 1, auch in Verbindung mit Satz 2, eine Auskunft nicht, nicht richtig, nicht vollständig oder nicht rechtzeitig erteilt,*

8 b. *entgegen § 34 Abs. 2 Satz 3 Angaben nicht, nicht richtig, nicht vollständig oder nicht rechtzeitig übermittelt,*

8 c. *entgegen § 34 Abs. 2 Satz 4 den Betroffenen nicht oder nicht rechtzeitig an die andere Stelle verweist,*

9. entgegen § 35 Abs. 6 Satz 3 Daten ohne Gegendarstellung übermittelt,

10. entgegen § 38 Abs. 3 Satz 1 oder Abs. 4 Satz 1 eine Auskunft nicht, nicht richtig, nicht vollständig oder nicht rechtzeitig erteilt oder eine Maßnahme nicht duldet oder

11. einer vollziehbaren Anordnung nach § 38 Abs. 5 Satz 1 zuwiderhandelt.

(2) Ordnungswidrig handelt, wer vorsätzlich oder fahrlässig

1. unbefugt personenbezogene Daten, die nicht allgemein zugänglich sind, erhebt oder verarbeitet,

2. unbefugt personenbezogene Daten, die nicht allgemein zugänglich sind, zum Abruf mittels automatisierten Verfahrens bereithält,

3. unbefugt personenbezogene Daten, die nicht allgemein zugänglich sind, abruft oder sich oder einem anderen aus automatisierten Verarbeitungen oder nicht automatisierten Dateien verschafft,

4. die Übermittlung von personenbezogenen Daten, die nicht allgemein zugänglich sind, durch unrichtige Angaben erschleicht,

5. entgegen § 16 Abs. 4 Satz 1, § 28 Abs. 5 Satz 1, auch in Verbindung mit § 29 Abs. 4, § 39 Abs. 1 Satz 1 oder § 40 Abs. 1, die übermittelten Daten für andere Zwecke nutzt,

5a. entgegen § 28 Absatz 3b den Anschluss eines Vertrages von der Einwilligung des Betroffenen abhängig macht,

5b. entgegen § 28 Absatz 4 Satz 1 Daten für Zwecke der Werbung oder der Markt- oder Meinungsforschung verarbeitet oder nutzt,

6. entgegen § 30 Absatz 1 Satz 2, § 30a Absatz 3 Satz 3 oder § 40 Absatz 2 Satz 3 ein dort genanntes Merkmal mit einer Einzelangabe zusammenführt oder

7. entgegen § 42a Satz 1 eine Mitteilung nicht, nicht richtig, nicht vollständig oder nicht rechtzeitig macht.

(3) Die Ordnungswidrigkeit kann im Falle des Absatzes 1 mit einer Geldbuße bis zu fünfundzwanzigtausend Euro, in den Fällen des Absatzes 2 mit einer Geldbuße bis zu zweihundertfünfzigtausend Euro geahndet werden.

§ 44 Strafvorschriften

(1) Wer eine in § 43 Abs. 2 bezeichnete vorsätzliche Handlung gegen Entgelt oder in der Absicht, sich oder einen anderen zu bereichern oder einen anderen zu schädigen, begeht, wird mit Freiheitsstrafe bis zu zwei Jahren oder mit Geldstrafe bestraft.

(2) Die Tat wird nur auf Antrag verfolgt. Antragsberechtigt sind der Betroffene, die verantwortliche Stelle, der Bundesbeauftragte für den Datenschutz und die Informationsfreiheit und die Aufsichtsbehörde.

14. Gesetz über die friedliche Verwendung der Kernenergie und den Schutz gegen ihre Gefahren (Atomgesetz)

in der Fassung der Bekanntmachung vom 15. Juli 1985 (BGBl. I S. 1565), zuletzt geändert durch Gesetz vom 12. August 2005 (BGBl. I S. 2365)

– Auszug –

§ 6 Genehmigung zur Aufbewahrung von Kernbrennstoffen

(1) Wer Kernbrennstoffe außerhalb der staatlichen Verwahrung aufbewahrt, bedarf der Genehmigung. Einer Genehmigung bedarf ferner, wer eine genehmigte Aufbewahrung wesentlich verändert.

(2) Die Genehmigung ist zu erteilen, wenn ein Bedürfnis für eine solche Aufbewahrung besteht und wenn

1. keine Tatsachen vorliegen, aus denen sich Bedenken gegen die Zuverlässigkeit des Antragstellers und der für die Leitung und Beaufsichtigung der Aufbewahrung verantwortlichen Personen ergeben, und die für die Leitung und Beaufsichtigung der Aufbewahrung verantwortlichen Personen die hierfür erforderliche Fachkunde besitzen,

2. die nach dem Stand von Wissenschaft und Technik erforderliche Vorsorge gegen Schäden durch die Aufbewahrung der Kernbrennstoffe getroffen ist,

3. die erforderliche Vorsorge für die Erfüllung gesetzlicher Schadensersatzverpflichtungen getroffen ist,

4. der erforderliche Schutz gegen Störmaßnahmen oder sonstige Einwirkungen Dritter gewährleistet ist.

(3) ...

§ 7 Genehmigung von Anlagen

(1) Wer eine ortsfeste Anlage zur Erzeugung oder zur Bearbeitung oder Verarbeitung oder zur Spaltung von Kernbrennstoffen oder zur Aufarbeitung bestrahlter Kernbrennstoffe errichtet, betreibt oder sonst innehat oder die Anlage oder ihren Betrieb wesentlich verändert, bedarf der Genehmigung. Für die Errichtung und den Betrieb von Anlagen zur Spaltung von Kernbrennstoffen zur gewerblichen Erzeugung von Elektrizität und von Anlagen zur Aufarbeitung bestrahlter Kernbrennstoffe werden keine Genehmigungen erteilt. Dies gilt nicht für wesentliche Veränderungen von Anlagen oder ihres Betriebs.

(1 a) Die Berechtigung zum Leistungsbetrieb einer Anlage zur Spaltung von Kernbrennstoffen zur gewerblichen Erzeugung von Elektrizität erlischt, wenn die in Anlage 3 Spalte 2 für die Anlage aufgeführte Elektrizitätsmenge oder die sich auf Grund von Übertragungen nach Absatz 1 b ergebende Elektrizitätsmenge produziert ist. Die Produktion der in Anlage 3 Spalte 2 aufge-

führten Elektrizitätsmengen ist durch ein Messgerät zu messen. Das Messgerät nach Satz 2 muss zugelassen und geeicht sein. Ein Messgerät, das nicht zugelassen und geeicht ist, darf nicht verwendet werden. Wer ein Messgerät nach Satz 2 verwendet, muss das Messgerät unverzüglich so aufstellen und anschließen sowie so handhaben und warten, dass die Richtigkeit der Messung und die zuverlässige Ablesung der Anzeige gewährleistet sind. Die Vorschriften des Eichgesetzes und der auf Grund dieses Gesetzes erlassenen Eichordnung finden Anwendung. Der Genehmigungsinhaber hat den bestimmungsgemäßen Zustand des geeichten Messgerätes in jedem Kalenderjahr durch eine Sachverständigenorganisation und die in jedem Kalenderjahr erzeugte Elektrizitätsmenge binnen eines Monats durch einen Wirtschaftsprüfer oder eine Wirtschaftsprüfungsgesellschaft überprüfen und bescheinigen zu lassen.

(1 b) Elektrizitätsmengen nach Anlage 3 Spalte 2 können ganz oder teilweise von einer Anlage auf eine andere Anlage übertragen werden, wenn die empfangende Anlage den kommerziellen Leistungsbetrieb später als die abgebende Anlage begonnen hat. Elektrizitätsmengen können abweichend von Satz 1 auch von einer Anlage übertragen werden, die den kommerziellen Leistungsbetrieb später begonnen hat, wenn das Bundesministerium für Umwelt, Naturschutz und Reaktorsicherheit im Einvernehmen mit dem Bundeskanzleramt und dem Bundesministerium für Wirtschaft und Technologie der Übertragung zugestimmt hat. Die Zustimmung nach Satz 2 ist nicht erforderlich, wenn die abgebende Anlage den Leistungsbetrieb dauerhaft einstellt und ein Antrag nach Absatz 3 Satz 1 zur Stilllegung der Anlage gestellt worden ist.

(1 c) Der Genehmigungsinhaber hat der zuständigen Behörde

1. monatlich die im Sinne des Absatzes 1 a in Verbindung mit der Anlage 3 Spalte 2 im Vormonat erzeugten Elektrizitätsmengen mitzuteilen,

2. die Ergebnisse der Überprüfungen und die Bescheinigungen nach Absatz 1 a Satz 3 binnen eines Monats nach deren Vorliegen vorzulegen,

3. die zwischen Anlagen vorgenommenen Übertragungen nach Absatz 1 b binnen einer Woche nach Festlegung der Übertragung mitzuteilen.

Der Genehmigungsinhaber hat in der ersten monatlichen Mitteilung über die erzeugte Elektrizitätsmenge nach Satz 1 Nr. 1 eine Mitteilung über die seit dem 1. Januar 2000 bis zum letzten Tag des April 2002 erzeugte Elektrizitätsmenge zu übermitteln, die von einem Wirtschaftsprüfer oder einer Wirtschaftsprüfungsgesellschaft überprüft und bescheinigt worden ist. Der Zeitraum der ersten monatlichen Mitteilung beginnt ab dem 1. Mai 2002. Die übermittelten Informationen nach Satz 1 Nr. 1 bis 3 sowie die Angabe der jeweils noch verbleibenden Reststrommenge werden durch die zuständige Behörde im Bundesanzeiger bekannt gemacht; hierbei werden die erzeug-

ten Elektrizitätsmengen im Sinne des Satzes 1 Nr. 1 jährlich zusammenge-
rechnet für ein Kalenderjahr im Bundesanzeiger bekannt gemacht, jedoch
bei einer voraussichtlichen Restlaufzeit von weniger als sechs Monaten monatlich.

(1 d) Für das Kernkraftwerk Mülheim-Kärlich gelten Absatz 1 a Satz 1,
Absatz 1 b Satz 1 bis 3 und Absatz 1 c Satz 1 Nr. 3 mit der Maßgabe, dass die
in Anlage 3 Spalte 2 aufgeführte Elektrizitätsmenge nur nach Übertragung
auf die dort aufgeführten Kernkraftwerke in diesen produziert werden darf.

(2) Die Genehmigung darf nur erteilt werden, wenn

1. keine Tatsachen vorliegen, aus denen sich Bedenken gegen die Zuverlässigkeit des Antragstellers und der für die Errichtung, Leitung und Beaufsichtigung des Betriebs der Anlage verantwortlichen Personen ergeben
und die für die Errichtung, Leitung und Beaufsichtigung des Betriebs der
Anlage verantwortlichen Personen die hierfür erforderliche Fachkunde
besitzen,

2. gewährleistet ist, dass die bei dem Betrieb der Anlage sonst tätigen Personen die notwendigen Kenntnisse über einen sicheren Betrieb der Anlage,
die möglichen Gefahren und die anzuwendenden Schutzmaßnahmen besitzen,

3. die nach dem Stand von Wissenschaft und Technik erforderliche Vorsorge
gegen Schäden durch die Errichtung und den Betrieb der Anlage getroffen ist,

4. die erforderliche Vorsorge für die Erfüllung gesetzlicher Schadensersatzverpflichtungen getroffen ist,

5. der erforderliche Schutz gegen Störmaßnahmen oder sonstige Einwirkungen Dritter gewährleistet ist,

6. überwiegende öffentliche Interessen, insbesondere im Hinblick auf die
Umweltauswirkungen, der Wahl des Standorts der Anlage nicht entgegenstehen.

(3) Die Stilllegung einer Anlage nach Absatz 1 Satz 1 sowie der sichere
Einschluss der endgültig stillgelegten Anlage oder der Abbau der Anlage oder
von Anlagenteilen bedürfen der Genehmigung. Absatz 2 gilt sinngemäß. Eine Genehmigung nach Satz 1 ist nicht erforderlich, soweit die geplanten
Maßnahmen bereits Gegenstand einer Genehmigung nach Absatz 1 Satz 1
oder Anordnung nach § 19 Abs. 3 gewesen sind.

(4) Im Genehmigungsverfahren sind alle Behörden des Bundes, der Länder, der Gemeinden und der sonstigen Gebietskörperschaften zu beteiligen,
deren Zuständigkeitsbereich berührt wird. Bestehen zwischen der Genehmigungsbehörde und einer beteiligten Bundesbehörde Meinungsverschiedenheiten, so hat die Genehmigungsbehörde die Weisung des für die kerntechnische Sicherheit und den Strahlenschutz zuständigen Bundesministeriums einzuholen. Im Übrigen wird das Genehmigungsverfahren nach den

Grundsätzen der §§ 8, 10 Abs. 1 bis 4, 6 bis 8, 10 Satz 2 und des § 18 des Bundes-Immissionsschutzgesetzes durch Rechtsverordnung geregelt; dabei kann vorgesehen werden, dass bei der Prüfung der Umweltverträglichkeit der insgesamt zur Stilllegung, zum sicheren Einschluss oder zum Abbau von Anlagen zur Spaltung von Kernbrennstoffen oder von Anlagenteilen geplanten Maßnahmen von einem Erörterungstermin abgesehen werden kann.

(5) Für ortsveränderliche Anlagen gelten die Absätze 1, 2 und 4 entsprechend. Jedoch kann die in Absatz 4 Satz 3 genannte Rechtsverordnung vorsehen, dass von einer Bekanntmachung des Vorhabens und einer Auslegung der Unterlagen abgesehen werden kann und dass insoweit eine Erörterung von Einwendungen unterbleibt.

(6) § 14 des Bundes-Immissionsschutzgesetzes gilt sinngemäß für Einwirkungen, die von einer genehmigten Anlage auf ein anderes Grundstück ausgehen.

15. Anforderungen an den Objektsicherungsdienst in kerntechnischen Anlagen und Einrichtungen (Stand: 7. Mai 2008)

Bek. d. BMU v. 4. 7. 2008 – RS I 6 – 13 151-6/17 und RS I 6 – 13 151-6/17.1
– Auszug –

1.

1. Anwendungsbereich

Die Anforderungen finden Anwendung auf den Objektsicherungsdienst (OSD) in Kernkraftwerken sowie in kerntechnischen Anlagen mit Material der Kategorie I gem. INFCIRC/225/Rev. 4 (Corrected). Auf andere kerntechnische Anlagen und Einrichtungen (Anlagen) mit Genehmigungen nach den §§ 5, 6, 7 und 9 AtG sind sie abhängig vom Sicherungsbedarf der jeweiligen Anlage sinngemäß anzuwenden. Dieser Objektsicherungsdienst ergänzt die baulichen und technischen Sicherungsmaßnahmen des Antragstellers/Genehmigungsinhabers.

2. Aufgaben des Objektsicherungsdienstes

Der Objektsicherungsdienst hat die Anlage zu bewachen, Störmaßnahmen Dritter zu erkennen, zu behindern und den zuständigen Stellen zu melden. Seine Aufgaben, die in Dienstanweisungen festzulegen sind, sind insbesondere:

2.1 Aufgaben an Sicherungseinrichtungen
– Bedienung technischer Sicherungseinrichtungen
– Überprüfung und Bewertung von Meldungen
– Überprüfung der Funktionsfähigkeit der Sicherungseinrichtungen
– Weitermeldung von angezeigten Störmeldungen oder erkannten Störungen

2.2 Aufgaben im Posten- und Streifendienst
– Überwachung der sicherungsrelevanten Hausrechtsbereiche
– Posten und Streifen im äußeren Sicherungsbereich, erforderlichenfalls auch im inneren Sicherungsbereich
– Beobachtung des Vorfeldes von äußeren Sicherungsbereichen
– Überprüfung der Unversehrtheit der Umschließungen einschließlich des Durchfahrschutzes und der Sicherungszaunanlage

- Personenkontrolle an/in äußeren und erforderlichenfalls an inneren Sicherungsbereichen
- Beobachtung des Luftraumes im Bereich der Anlage, insbesondere bei eingerichtetem Flugbeschränkungsgebiet
- Meldung von möglichen Verletzungen des Flugbeschränkungsgebietes

2.3 Aufgaben bei Kontrolle und Begleitung
- Prüfung der Identität und Zugangsberechtigung von Personen
- Überprüfung des Material- und Fahrzeugverkehrs
- Durchsuchung von Personen und Fahrzeugen nach unerlaubten Gegenständen
- Begleitung von Personen und Fahrzeugen
- Aufbewahrung, Ausgabe und Handhabung der sicherungsrelevanten Schlüssel
- Einweisung von Polizei, Feuerwehr und Rettungskräften

2.4 Aufgaben bei besonderen Gefahrenlagen oder Ausfall von Sicherungseinrichtungen
- Intensivierung der allgemeinen Überwachung und Kontrolle
- Besetzung von besonderen Posten und Streifen im/am äußeren und inneren Sicherungsbereich
- Übernahme zusätzlicher und Kompensation ausgefallener Überwachungs- und Kontrollfunktionen
- Eigensicherung

2.5 Aufgaben bei Störmaßnahmen oder sonstigen Einwirkungen Dritter
- Aufklärung und Alarmverifizierung
- Alarmierung externer Schutzkräfte und deren Einweisung in die aktuelle Lage bei Ankunft auf der Anlage
- Hinhaltender Widerstand
- Hierzu sind die Angehörigen des Objektsicherungsdienstes im Rahmen der ihnen zumutbaren Eigengefährdung arbeitsvertraglich zu verpflichten, gegenüber Störern so lange hinhaltenden Widerstand zu leisten, bis die Polizei wirksam eingreifen kann. Dabei kann es im äußersten Notfall auch erforderlich sein, Gewalt aufgrund der jedermann zustehenden Befugnisse anzuwenden (als Ultima Ratio auch der Schusswaffengebrauch); ein solcher Fall ist gegeben, wenn

- ○ das Leben oder die Gesundheit von Personen durch Störer gefährdet sind,
- ○ das Eindringen von Störern in besonders sicherheitsempfindliche Teile der Anlage zu besorgen ist,
- – die Gefahr der Entwendung von Kernbrennstoff besteht oder
- – die Gefahr der Zerstörung von Teilen der Anlage mit der möglichen Folge einer Freisetzung radioaktiver Stoffe besteht, soweit diese Gefahren nicht auf andere Weise ausgeschlossen werden können. Die vorstehend aufgeführten Fälle sollen nach Art einer Befugnisregelung verdeutlichen, unter welchen Umständen beim hinhaltenden Widerstand ggf. von der Schusswaffe Gebrauch gemacht werden darf, und sind in engem Zusammenhang mit der von der jeweiligen Anlage ausgehenden nuklearspezifischen Gefährdung zu sehen. Der Objektsicherungsdienst hat in Absprache mit dem Schichtleiter der Anlage auch gegen erkannte Störungen oder Störversuche durch zugangsberechtigte Personen hinhaltenden Widerstand zu leisten.
- – Durchführung weiterer Sofortmaßnahmen gemäß Alarmordnung

2.6 Aufgaben an zentraler Stelle

Es ist ein Wachbuch zu führen, das über die eingesetzten Angehörigen des Objektsicherungsdienstes, über die Diensteinteilung und über die durchgeführten Tätigkeiten Aufschluss gibt. Das Wachbuch ist regelmäßig vom Objektsicherungsbeauftragten zu kontrollieren. Es ist ein Schlüsselbuch zu führen, in dem die Ausgabe der sicherungsrelevanten Schlüssel dokumentiert wird.

Wachbuch und Schlüsselbuch sind nach ihrem jeweiligen Abschluss für mindestens fünf Jahre aufzubewahren.

Über die regelmäßige Dokumentation im Wachbuch hinaus sind bei der Wahrnehmung der Aufgaben gemäß den Ziffern 2.1 bis 2.5 aufkommende Vorgänge zu dokumentieren und insbesondere festgestellte Abweichungen von der Regel und die ggf. getroffenen Maßnahmen nachvollziehbar festzuhalten. Eine Dokumentation in elektronischer Form ist zulässig.

2.7 Zusätzliche Aufgaben

Angehörigen des Objektsicherungsdienstes dürfen nur insoweit zusätzliche Aufgaben aus anderen Arbeitsbereichen übertragen werden, als dadurch die eigentliche Tätigkeit im Rahmen der Objektsicherung nicht beeinträchtigt wird.

3. Organisation/Dienststärke

3.1   Für jede Dienstschicht ist ein OSD-Schichtführer zu bestellen, der den Objektsicherungsdienst leitet. Er ist dem Objektsicherungsbeauftragten gegenüber verantwortlich.

3.2   Die Diensteinteilung in Schichten hat so zu erfolgen, dass jederzeit eine den Aufgaben entsprechende Schichtdienststärke und Einsatzfähigkeit gewährleistet ist. Dabei ist besonders auf einen nahtlosen Schichtwechsel (Überlappungszeit) zu achten.

3.3   Für die Bewältigung plötzlich eintretender Gefahrenlagen oder den Ausfall von Sicherungseinrichtungen, die einen sofortigen Personaleinsatz erfordern, ist auf dem Gelände der Anlage eine Alarmverstärkung bereitzuhalten. Zur Aufrechterhaltung der Bereitschaft dürfen ihr nur solche zusätzlichen Aufgaben übertragen werden, die ihren sofortigen Einsatz nicht behindern. Die Alarmverstärkung darf nicht eingesetzt werden, um einen längerfristigen Ausfall technischer Sicherungseinrichtungen auszugleichen; hierzu ist vorrangig dienstfreies Personal heranzuziehen.

3.4   Der Aufgabenvollzug gemäß Ziffer 2 wird vom gesamten Objektsicherungsdienst wahrgenommen. Der Umfang der nachfolgenden Funktionsschwerpunkte und Gegebenheiten bestimmt die Schichtdienststärke des Objektsicherungsdienstes (Rahmenvorgaben für die entsprechende Festlegung enthält der Anhang):

3.4.1   bei technischen Sicherungseinrichtungen (z. B. Objektsicherungszentrale, Innere Wache) beispielsweise durch:
   – Bedienungsumfang technischer Systeme
   – Kommunikationsaufgaben
   – Dokumentationsaufgaben

3.4.2   bei Posten- und Streifendienst durch:
   – Beschaffenheit des Betriebsgeländes
   – Art, Umfang und Beschaffenheit der baulich-technischen Sicherungseinrichtungen, insbesondere der Umschließungen

3.4.3   bei Kontrolle und Begleitung durch:
   – Stärke der Belegschaft
   – Verkehrsaufkommen von Fremd- und Lieferfirmen sowie von Besuchern

214

- Kontrollsysteme, technische Einrichtungen
- erforderliche zusätzliche Kontrollmaßnahmen (z. B. Vorkontrolle, weitere Pforten, Baustellen, Revisionen)
- örtliche Gegebenheiten, insbesondere Zahl und Größe der Sicherungsbereiche

3.4.4 bei der ständigen Alarmverstärkung durch:
- Sicherungsstatus der Anlage
- Größe der Anlage
- Zahl und Anordnung sicherungstechnisch relevanter Bereiche

3.5 Es ist vom Antragsteller/Genehmigungsinhaber darzulegen, wie eine ausreichende Objektsicherung personell-administrativer Art durch einen Notdienst sichergestellt wird, wenn das vorgesehene Objektsicherungspersonal nicht oder nicht ausreichend zur Verfügung steht. Der Notdienst kann aus Eigen- oder Fremdpersonal bestehen.

4. Anforderungen an Angehörige des Objektsicherungsdienstes

4.1 Angehörige des Objektsicherungsdienstes müssen

- nach den Vorgaben der Atomrechtlichen Zuverlässigkeitsüberprüfungs-Verordnung überprüft sein, Bedenken gegen ihre Verwendung dürfen nicht bestehen,
- gesund, zuverlässig und voll belastbar sein,
- eine zeitlich beschränkte Verschwiegenheitserklärung bezüglich dienstlicher Angelegenheiten abgeben und
- eine arbeitsvertragliche Verpflichtung zum hinhaltenden Widerstand eingehen.

4.2 Aus- und Fortbildung des Objektsicherungsdienstes

4.2.1 Angehörige des Objektsicherungsdienstes müssen innerhalb von 3 Jahren nach Einstellung den erfolgreichen Abschluss

- einer Fachprüfung nach der Verordnung über die Prüfung zum Abschluss „Geprüfte Werkschutzfachkraft" vom 20. August 1982 (BGBl. I S. 1232),
- einer Berufsausbildung zur Fachkraft für Schutz und Sicherheit gem. der Verordnung vom 23. Juli 2002 über diese Berufsausbildung (BGBl. I S. 2757),
- einer Fortbildungsprüfung „Geprüfte Schutz- und Sicherheitskraft", die nach Maßgabe des Rahmenplanes mit Lernzielen des

Deutschen Industrie- und Handelskammertages vom August 2005 von einer Industrie- und Handelskammer durchgeführt wurde oder

– eine diesen Prüfungen mindestens gleichwertige anerkannte Qualifikation mit öffentlich-rechtlichem Abschluss auf dem Gebiet „Schutz und Sicherheit" nachweisen.

Führungspersonal des Objektsicherungsdienstes muss außerdem berufserfahren und zur Personalführung befähigt sein.

4.2.2 Zusätzlich müssen die Angehörigen des Objektsicherungsdienstes aufgrund der an sie zu stellenden höheren Anforderungen in Bezug auf die Sicherung eine weitergehende Aus- und Fortbildung einschließlich der praxisnahen Ausbildung an den vorgesehenen Waffen erhalten, soweit der Objektsicherungsdienst mit Schusswaffen ausgerüstet ist.

Diese – ggf. berufsbegleitende – Ausbildung hat insbesondere zu umfassen:

– zur Durchführung der Sicherung notwendige Kenntnisse über die Anlage

– Verhalten beim Einsatz im Falle von Angriffen, insbesondere Beurteilung der Erforderlichkeit, Zweckmäßigkeit und Verhältnismäßigkeit des hinhaltenden Widerstandes in verschiedenen Situationen

– Grundsätze der Zusammenarbeit mit der Polizei, taktisches Verhalten, Sicherung des Tatortes, Nutzung technischer Möglichkeiten

– Beurteilung und Übermittlung von Gefährdungslagen unter Berücksichtigung möglichen Tätervorgehens sowie möglicher Tätertaktiken in dem für den Objektsicherungsdienst erforderlichen Umfang

– Bedienung der Sicherungseinrichtungen

– waffenlose Selbstverteidigung

4.2.3 Die Aus- und Fortbildung der Angehörigen des Objektsicherungsdienstes soll in Zusammenarbeit mit der zuständigen Polizeibehörde durchgeführt werden; hierzu ist ein regelmäßiger Informationsaustausch mit der Polizei sicherzustellen.

4.2.4 Vierteljährlich wiederkehrend soll mindestens eine Fortbildungsveranstaltung einschließlich Schießausbildung und Rechtskundeunterricht abgehalten werden.

4.2.5 Regelmäßig sind praktische Übungen durchzuführen.

4.2.6   Näheres regelt der einschlägige Ausbildungsleitfaden.

4.3   Übungen mit der Polizei

Die Zusammenarbeit mit der Polizei ist durch gemeinsame Übungen im Zusammenspiel mit den Sicherungseinrichtungen zu erproben und zu vertiefen. Über die Planung und Durchführung ist die atomrechtliche Aufsichtsbehörde rechtzeitig zu unterrichten.

5.   Ausrüstung des Objektsicherungsdienstes

5.1   Die Angehörigen des Objektsicherungsdienstes sind einheitlich mit zweckmäßiger und wetterfester Kleidung auszustatten. Sie soll ihre Träger als Angehörige des Objektsicherungsdienstes dienstlich kenntlich machen, dient jedoch nicht der Identifizierung. Bei der Festlegung der einheitlichen Kleidung ist darauf zu achten, dass Verwechslungen mit den Uniformen der Polizeien der Länder und des Bundes sowie der Bundeswehr weitgehend ausgeschlossen werden.

5.2   Angehörige des Objektsicherungsdienstes haben bei Überwachungsaufgaben (z. B. Streifendienst), bei Aufgaben der Kontrolle des Personen- und Fahrzeugverkehrs, im Begleitdienst sowie im Rahmen der ständigen Alarmverstärkung – sofern sie außerhalb ihrer Bereitstellungsräume tätig sind – eine Pistole nebst mindestens einem gefüllten Ersatzmagazin zu führen. In den Wachen sind die Pistolen während des Wachdienstes ständig einsatzbereit am „Mann" zu führen. Es ist zulässig, zur Eigensicherung und als Vorsorge gegen Störmaßnahmen im inneren Sicherungsbereich auch in der Objektsicherungszentrale Pistolen vorzuhalten.

Die Pistolen und die Einsatzmunition sollen den einschlägigen Technischen Richtlinien „Pistole Kaliber 9 mm × 19" und „Patrone 9 mm × 19, schadstoffreduziert" der Polizeien der Länder und des Bundes in ihrer jeweils aktuellen Fassung entsprechen.

Für die Alarmverstärkung des Objektsicherungsdienstes kann im Einzelfall eine darüber hinausgehende Zusatzbewaffnung dann erforderlich werden, wenn dem Objektsicherungsdienst aufgrund der anlagenspezifischen Gegebenheiten im Anforderungsfall ein wirksames Handeln nicht möglich und zumutbar ist und dieses Defizit durch geeignete andere Maßnahmen nicht in gleichwertiger Weise behoben werden kann. Eine Entscheidung hierüber wird von den zuständigen Landesbehörden erforderlichenfalls unter Beteiligung des für die kerntechnische Sicherheit und den Strahlenschutz zuständigen Bundesministeriums getroffen.

5.3 Daneben haben Angehörige des Objektsicherungsdienstes in den Funktionen gem. Ziffern 3.4.2 bis 3.4.4 mitzuführen:

– Sprechfunkgerät

– Signalgeber wie z. B. Totmannschaltung

– Reizstoffsprühgerät

Weitere Ausrüstungsgegenstände können z. B. sein:

– Schlagstock

– elektrische Handleuchten

– optisches Beobachtungsgerät

– Schutz- und Spürhund

– Metalldetektor in Handsondenform

In der Wache ist eine Erste-Hilfe-Ausrüstung bereitzuhalten.

5.4 Waffen und Geräte sind regelmäßig auf ihre Funktion zu prüfen und zu warten. Schusswaffen sind außerhalb des Dienstes in entladenem Zustand auf dem Betriebsgelände in besonders gesicherten Räumen oder Behältnissen unter Verschluss zu halten. Waffen und Munition sind nach Maßgabe des Waffengesetzes grundsätzlich getrennt aufzubewahren.

5.5 Pistolen sind im Dienst geladen und entspannt (Patrone im Patronenlager) in der dafür vorgesehenen Tragevorrichtung und/oder Trageart zu führen. Bei entsprechender Gefahrenlage bestimmt der Träger nach eigenem Ermessen die Änderung des Zustandes der Waffe.

6. Verpflichtung von Bewachungsunternehmen

Der Antragsteller/Genehmigungsinhaber kann die Wahrnehmung der Aufgaben des Objektsicherungsdienstes einem Bewachungsunternehmen übertragen. In diesem Fall hat er bei Vertragsverletzung seitens des Bewachungsunternehmens, die die Sicherung und den Schutz der Anlage gefährden können, sofort Vorkehrungen zu treffen, um die Anlagensicherung zu gewährleisten. Die Verantwortung des Antragstellers/Genehmigungsinhabers, durch Sicherungsmaßnahmen den erforderlichen Schutz gegen Störmaßnahmen und sonstige Einwirkungen Dritter zu gewährleisten, bleibt auch im Fall der Beauftragung eines betriebsfremden Bewachungsunternehmens in vollem Umfang bestehen.

Verträge mit Bewachungsunternehmen für Anlagen müssen unter anderem enthalten:

- Vereinbarungen über Erfüllung der in dieser Richtlinie enthaltenen Forderungen oder, soweit der Genehmigungsinhaber selbst Teilaufgaben wahrnimmt, die genaue Bezeichnung der übernommenen Aufgaben und die Verpflichtung, bei verschärfter Gefahrenlage oder konkreter Gefahr die Schichtdienststärken des Objektsicherungsdienstes auf Anforderung des Genehmigungsinhabers kurzfristig zu erhöhen

- genaue Aufschlüsselung der Gesamtstärke, der Schichtdienststärke und der Mindeststärke des Objektsicherungsdienstes

- Vereinbarung über die Aushändigung der Wachbücher

- Berichtspflicht über besondere Beobachtungen und Vorkommnisse unmittelbar an den Objektsicherungsbeauftragten der Anlage

- Verschwiegenheitspflicht

- Kündigungsklausel des Antragstellers/Genehmigungsinhabers bei Nichterfüllung des Bewachungsvertrages

7. Nachweise

Die Erfüllung dieser Richtlinie ist der jeweils zuständigen Genehmigungs- oder Aufsichtsbehörde nachzuweisen.

8. Ausnahmen

Die Genehmigungs- oder Aufsichtsbehörde kann in begründeten Ausnahmefällen Abweichungen von dieser Richtlinie zulassen, wenn die Umstände des jeweiligen Falles dies rechtfertigen.

9. Übergangsregelungen

Die bei Inkrafttreten dieser Richtlinie bereits tätigen Angehörigen des Objektsicherungsdienstes brauchen für die Fortführung ihrer Tätigkeit keinen erneuten Qualifikationsnachweis zu führen.

Die Anforderungen an die Qualifikation des Objektsicherungspersonals gelten für Personen, die nach Bekanntgabe dieser Richtlinie erstmals in ihrer jeweiligen Funktion im Objektsicherungsdienst tätig werden sollen.

Als Übergangsfrist für die Ausrüstung der Angehörigen des Objektsicherungsdienstes mit Pistolen und, soweit für die Alarmverstärkung des Objektsicherungsdienstes erforderlich, mit Zusatzbewaffnung einschließlich der erforderlichen Ausbildung wird ein Zeitraum von 24 Monaten nach Bekanntgabe dieser Richtlinie eingeräumt.

Anhang

Dem nachfolgend aufgeführten Mittelwert für die Schichtdienststärke des Objektsicherungsdienstes liegt der Sicherungsstandard eines Kernkraftwerkes zugrunde, wobei davon ausgegangen wird, dass die dort geforderten Sicherungsmaßnahmen weitgehend durch den Einsatz technischer Sicherungssysteme erfüllt werden. Ablösungen und Pausen sind nicht berücksichtigt.

Als Mittel kann für die Wahrnehmung der Funktionen

1. OSD-Schichtführer Objektsicherungsdienst

2. Objektsicherungszentrale, Innere Wache o. Ä.

3. Überwachungsaufgaben

4. Kontrolle des Personen- und Fahrzeugverkehrs

5. Begleitdienst

6. Ständige Alarmverstärkung

eine Schichtdienststärke von 15 Personen angenommen werden.

Die unter 1., 2., 3. und 6. aufgeführten Funktionen müssen rund um die Uhr besetzt sein. Die unter 4. und 5. aufgeführten Funktionen können außerhalb der normalen Arbeitszeit mit verringertem Personalaufwand wahrgenommen werden oder ganz entfallen.

Da die Aufgaben funktionsbedingt sind, kann die Schichtdienststärke nicht als Mindeststärke angesehen werden, vielmehr kann sich die Schichtdienststärke verringern, wenn in einzelnen Funktionen Betriebspersonal eingesetzt wird. Hinsichtlich der unter 3. und 4. aufgeführten Funktionen kann die Schichtdienststärke insbesondere durch die eingesetzten technischen Sicherungsmaßnahmen und administrativ-organisatorischen Regelungen der jeweiligen Anlage beeinflusst werden.

2.
Anforderungen an Objektsicherungsbeauftragte
für kerntechnische Anlagen der Sicherungskategorie I
(Stand: 8. April 1986)

1. Einleitung

1.1 Die Anforderungen finden Anwendung auf die Objektsicherungsbeauftragten in Kernkraftwerken sowie in kerntechnischen Anlagen mit Material der Kategorie I gem. INFCIRC/225/Rev. 4 (Corrected). Auf andere kerntechnische Anlagen und Einrichtungen (Anlagen) mit Genehmigungen nach den §§ 5, 6, 7 und 9 AtG sind sie abhängig vom Sicherungsbedarf der jeweiligen Anlage sinngemäß anzuwenden.

1.2 Der Genehmigungsinhaber überträgt die ihm obliegenden mit der Sicherung der Anlage zusammenhängenden Aufgaben einem Objektsicherungsbeauftragten. Dieser ist mit den erforderlichen Befugnissen auszustatten.

1.3 Zu Objektsicherungsbeauftragten dürfen nur Personen bestellt werden, die zur Bearbeitung/Verwaltung und sonstigen geschäftsmäßigen Behandlung von Verschlusssachen bis zum Geheimhaltungsgrad GEHEIM einschließlich ermächtigt und nach Kategorie 1 der Atomrechtlichen Zuverlässigkeitsüberprüfungs-Verordnung überprüft sind. Sie müssen die für ihre Aufgaben erforderliche Fachkunde besitzen.

1.4 Die Bestellung des Objektsicherungsbeauftragten ist mit Angabe der Aufgaben und Befugnisse sowie unter Nachweis der erforderlichen Fachkunde und der ausreichenden Ermächtigung zum Zugang zu Verschlusssachen der atomrechtlichen Genehmigungs- oder Aufsichtsbehörde rechtzeitig vorher zur Zustimmung vorzulegen. Dasselbe gilt für Änderungen.

1.5 Der innerbetriebliche Entscheidungsbereich des Objektsicherungsbeauftragten muss so festgelegt sein, dass er bei der Erfüllung seiner Pflichten nicht behindert wird.

2. Aufgaben

2.1 Der Objektsicherungsbeauftragte ist bei der Bearbeitung von Sicherungsmaßnahmen (Planung, Durchführung, Aufrechterhaltung) für die Einhaltung der Anforderungen des Sicherungskonzeptes zentral verantwortlich. Im erforderlichen Umfang beteiligt er hierzu die zuständigen Fachbereiche. Ihm sind dazu folgende Aufgaben zu übertragen:

- Mitwirkung bei der Planung von Bauwerken, Anlagenteilen und technischen Sicherungseinrichtungen sowie Planung und Festlegung von Ersatzmaßnahmen bei Ausfällen oder eingeschränkter Funktion

- laufende Überprüfung der Anlage auf sicherungsrelevante Gefahrenpunkte und ggf. Veranlassung geeigneter Abhilfemaßnahmen

- Leitung und Beaufsichtigung des Objektsicherungsdienstes einschließlich Aus- und Fortbildung

- Erarbeitung, Fortschreibung und Bereithaltung der erforderlichen Objektsicherungsunterlagen

- Aufklärung und Beratung der Betriebsangehörigen in Sicherungsangelegenheiten

- Veranlassung der Zuverlässigkeitsüberprüfungen

- Erstellung und Fortschreibung der Regelungen für den Zutritt zu den Sicherungsbereichen

- Zusammenarbeit mit den für die Anlagensicherung zuständigen Behörden

- fachliche Mitwirkung beim Abschluss von Bewachungsverträgen

2.2 Die Wahrnehmung der Objektsicherungsaufgaben darf nicht durch Aufgaben beeinträchtigt werden, die nicht mit der Sicherung zusammenhängen.

3. Befugnisse

Zur Erfüllung seiner Aufgaben sind dem Objektsicherungsbeauftragten vom Genehmigungsinhaber im Rahmen der vorhandenen Betriebsorganisation alle notwendigen Befugnisse und Mitwirkungsrechte zu übertragen und alle notwendigen personellen und materiellen Hilfsmittel zur Verfügung zu stellen.

Dies sind insbesondere:

- direktes Vortragsrecht bei der Geschäftsführung und Betriebsleitung

- Entscheidung über die Zutrittsberechtigung zu den Sicherungsbereichen ggf. in Abstimmung mit der Betriebsleitung

- die erforderlichen Weisungs-, Kontroll- und Unterschriftsbefugnisse im Rahmen seines innerbetrieblichen Entscheidungsbereiches

- Ausstattung mit der für die Wahrnehmung der Objektsicherungsaufgaben erforderlichen Anzahl von Mitarbeitern und den erforderlichen materiellen Hilfsmitteln

- fachliches Mitwirkungsrecht bei sicherungsrelevanten Entscheidungen insbesondere bezüglich Bauplanungen, des Einsatzes von Personal und des Abschlusses von Bewachungsverträgen
- Verhandlungen mit Behörden bei sicherungsrelevanten Angelegenheiten

4. Fachkunde

Der Objektsicherungsbeauftragte muss die für seinen Aufgabenbereich erforderliche Fachkunde haben. Dazu gehören insbesondere Kenntnisse

- der für seine Arbeit wichtigen Gesetze, Verordnungen, behördlichen Erlasse und Richtlinien sowie der Behördenorganisation,
- der Anlage, soweit sie im Hinblick auf Sicherung erforderlich sind,
- der auf dem Gebiet der Sicherung möglichen Verfahrensweisen und Techniken,
- möglicher Gefahrenlagen sowie entsprechender Abwehrmaßnahmen,
- der Geheimschutzpraxis und
- der Mitarbeiterführung.

Richtwerte für den zur Erlangung der erforderlichen Fachkunde notwendigen zeitlichen und fachlichen Ausbildungsumfang werden vom zuständigen Bundesministerium in Abstimmung mit den atomrechtlichen Genehmigungs- und Aufsichtbehörden herausgegeben.

5. Vertretung

5.1 Der Objektsicherungsbeauftragte hat mindestens einen Vertreter, der jederzeit den gesamten Aufgabenbereich des Objektsicherungsbeauftragten übernehmen kann (ständiger Vertreter). Für diesen gelten dieselben Bestimmungen wie für den Objektsicherungsbeauftragten.

5.2 Für den Fall der gleichzeitigen Abwesenheit des Objektsicherungsbeauftragten und dessen ständigen Vertreters in der Anlage sind als Vertretung entscheidungsbefugte Personen einzuteilen, die rund um die Uhr erreichbar und spätestens nach 60 Minuten auf der Anlage sind; für Maßnahmen, die keinen Aufschub erlauben, ist eine Person vor Ort zu bestellen, die ermächtigt ist, diese anzuordnen. Alle diese Personen müssen

- behördlich zuverlässigkeitsüberprüft sein,
- ausreichende Kenntnisse über die technischen und räumlichen Gegebenheiten der Anlage haben,
- im erforderlichen Umfang mit den Sicherungs- und Schutzmaßnahmen vertraut sein und
- mit den notwendigen Befugnissen ausgestattet sein.

5.3 Der Objektsicherungsbeauftragte und sein ständiger Vertreter haben sich gegenseitig laufend zu informieren. Die weiteren Vertreter sind über die aktuellen Aufgaben und Probleme zu unterrichten, soweit dies zur Erfüllung ihrer Aufgaben notwendig ist.

5.4 Die gesamte Vertretungsregelung sowie deren Änderungen sind der atomrechtlichen Genehmigungs- oder Aufsichtsbehörde zur Zustimmung vorzulegen.

6. Ausnahmen

Die atomrechtliche Genehmigungs- oder Aufsichtsbehörde kann in begründeten Fällen Abweichungen von dieser Richtlinie zulassen, wenn die Umstände des jeweiligen Falles dies rechtfertigen.

16. Gesetz über die Anwendung unmittelbaren Zwanges und die Ausübung besonderer Befugnisse durch Soldaten der Bundeswehr und verbündeter Streitkräfte sowie zivile Wachpersonen (UZwGBw)

vom 12. August 1965 (BGBl. I S. 796),
zuletzt geändert durch Gesetz vom 11. September 1998 (BGBl. II S. 2405)

ABSCHNITT 1

Allgemeine Vorschriften

§ 1 Berechtigte Personen

(1) Soldaten der Bundeswehr, denen militärische Wach- oder Sicherheitsaufgaben übertragen sind, sind befugt, in rechtmäßiger Erfüllung dieser Aufgaben nach den Vorschriften dieses Gesetzes Personen anzuhalten, zu überprüfen, vorläufig festzunehmen und zu durchsuchen, Sachen sicherzustellen und zu beschlagnahmen und unmittelbaren Zwang gegen Personen und Sachen anzuwenden.

(2) Soldaten verbündeter Streitkräfte, die im Einzelfall mit der Wahrnehmung militärischer Wach- oder Sicherheitsaufgaben betraut werden können, unterstehen vom Bundesminister der Verteidigung bestimmten und diesem für die Wahrnehmung des Wach- oder Sicherheitsdienstes verantwortlichen Vorgesetzten; sie können dann die Befugnisse nach diesem Gesetz ausüben.

(3) Wer, ohne Soldat zu sein, mit militärischen Wachaufgaben der Bundeswehr beauftragt ist (zivile Wachperson), hat in rechtmäßiger Erfüllung dieser Aufgaben die Befugnisse nach diesem Gesetz, soweit sie ihm durch das Bundesministerium der Verteidigung oder eine von diesem bestimmte Stelle übertragen werden. Zivile Wachpersonen, denen Befugnisse nach diesem Gesetz übertragen werden, müssen daraufhin überprüft werden, ob sie persönlich zuverlässig, körperlich geeignet und im Wachdienst ausreichend vorgebildet sind sowie gute Kenntnisse der Befugnisse nach diesem Gesetz besitzen. Sie sollen das 20. Lebensjahr vollendet und das 65. Lebensjahr nicht überschritten haben.

§ 2 Militärische Bereiche und Sicherheitsbereiche

(1) Militärische Bereiche im Sinne dieses Gesetzes sind Anlagen, Einrichtungen und Schiffe der Bundeswehr und der verbündeten Streitkräfte in der Bundesrepublik.

(2) Militärische Sicherheitsbereiche im Sinne dieses Gesetzes sind militärische Bereiche (Absatz 1), deren Betreten durch die zuständigen Dienststel-

len verboten worden ist, und sonstige Örtlichkeiten, die das Bundesministerium der Verteidigung oder eine von ihm bestimmte Stelle vorübergehend gesperrt hat. Sonstige Örtlichkeiten dürfen vorübergehend gesperrt werden, wenn dies aus Gründen der militärischen Sicherheit zur Erfüllung dienstlicher Aufgaben der Bundeswehr unerlässlich ist; die nächst erreichbare Polizeidienststelle ist hiervon unverzüglich zu unterrichten. Militärische Sicherheitsbereiche müssen entsprechend gekennzeichnet werden.

(3) Die zuständigen Dienststellen der Bundeswehr können zur Wahrung der Sicherheit oder Ordnung in militärischen Sicherheitsbereichen für das Verhalten von Personen allgemeine Anordnungen erlassen und die nach diesem Gesetz befugten Personen ermächtigen, Einzelweisungen zu erteilen.

§ 3 Straftaten gegen die Bundeswehr

(1) Straftaten gegen die Bundeswehr im Sinne dieses Gesetzes sind Straftaten gegen

1. Angehörige der Bundeswehr, zivile Wachpersonen oder Angehörige der verbündeten Streitkräfte

   a) während der rechtmäßigen Ausübung ihres Dienstes, wenn die Handlungen die Ausübung des Dienstes stören oder tätliche Angriffe sind,

   b) während ihres Aufenthalts in militärischen Bereichen oder Sicherheitsbereichen (§ 2), wenn die Handlungen tätliche Angriffe sind,

2. militärische Bereiche oder Gegenstände der Bundeswehr oder der verbündeten Streitkräfte in der Bundesrepublik,

3. die militärische Geheimhaltung in der Bundeswehr oder in den verbündeten Streitkräften.

(2) Angehörige der verbündeten Streitkräfte im Sinne des Absatzes 1 sind Soldaten sowie Beamte und mit militärischen Aufgaben, insbesondere mit Wach- oder Sicherheitsaufgaben beauftragte sonstige Zivilbedienstete der verbündeten Streitkräfte in der Bundesrepublik.

ABSCHNITT 2

Anhalten, Personenüberprüfung, vorläufige Festnahme, Durchsuchung, Beschlagnahme und Voraussetzungen des unmittelbaren Zwanges

§ 4 Anhalten und Personenüberprüfung

(1) Zur Feststellung seiner Person und seiner Berechtigung zum Aufenthalt in einem militärischen Sicherheitsbereich (§ 2 Abs. 2) kann angehalten und überprüft werden, wer

1. sich in einem solchen Bereich aufhält,
2. einen solchen Bereich betreten oder verlassen will.

(2) Angehalten und überprüft werden kann auch, wer unmittelbar nach dem Verlassen des militärischen Sicherheitsbereichs oder dem Versuch, ihn zu betreten, verfolgt wird, wenn den Umständen nach anzunehmen ist, dass er nicht berechtigt ist, sich in diesem Bereich aufzuhalten.

§ 5 Weitere Personenüberprüfung

(1) Wer nach § 4 der Personenüberprüfung unterliegt, kann zum Wachvorgesetzten oder zur nächsten Dienststelle der Bundeswehr gebracht werden, wenn

1. seine Person oder Aufenthaltsberechtigung nicht sofort festgestellt werden kann oder
2. er einer Straftat gegen die Bundeswehr dringend verdächtig ist und Gefahr im Verzuge ist.

(2) Wer nach Absatz 1 zum Wachvorgesetzten oder zu einer Dienststelle der Bundeswehr gebracht worden ist, ist sofort zu überprüfen. Er darf nur weiter festgehalten werden, wenn die Voraussetzungen der vorläufigen Festnahme vorliegen und die Festnahme erklärt wird; andernfalls ist er sofort freizulassen.

§ 6 Vorläufige Festnahme

(1) Wer nach § 5 zum Wachvorgesetzten oder zu einer Dienststelle der Bundeswehr gebracht worden ist und einer Straftat gegen die Bundeswehr dringend verdächtig ist, kann bei Gefahr im Verzug vom Wachvorgesetzten oder vom Leiter der Dienststelle oder dessen Beauftragten vorläufig festgenommen werden, wenn die Voraussetzungen eines Haftbefehls oder eines Unterbringungsbefehls nach der Strafprozessordnung vorliegen.

(2) Der Festgenommene ist, sofern er nicht wieder in Freiheit gesetzt wird, unverzüglich der Polizei zu überstellen. Er kann unmittelbar dem Amtsrichter des Bezirks, in dem er festgenommen worden ist, vorgeführt werden, wenn die Frist nach § 128 Abs. 1 Strafprozessordnung abzulaufen droht oder wenn dies aus Gründen besonderer militärischer Geheimhaltung geboten ist.

§ 7 Durchsuchung und Beschlagnahme bei Personenüberprüfung

(1) Wer nach § 4 der Personenüberprüfung unterliegt, kann bei Gefahr im Verzug durchsucht werden, wenn gegen ihn der Verdacht einer Straftat gegen die Bundeswehr besteht und zu vermuten ist, dass die Durchsuchung zur

Auffindung von Beweismitteln führen werde. Die von einer solchen Person mitgeführten Gegenstände können gleichfalls durchsucht werden.

(2) Im Gewahrsam einer durchsuchten Person stehende Gegenstände können sichergestellt oder vorläufig beschlagnahmt werden, wenn sie durch eine vorsätzliche Straftat gegen die Bundeswehr hervorgebracht oder zur Begehung einer solchen Straftat geeignet sind oder als Beweismittel für die Untersuchung von Bedeutung sein können. Die Vorschriften der §§ 96, 97 und 110 Abs. 1 und 2 der Strafprozessordnung sind anzuwenden.

(3) Sichergestellte oder beschlagnahmte Gegenstände sind unverzüglich, spätestens binnen drei Tagen, der Polizei oder der Staatsanwaltschaft zu übergeben. Die Pflicht zur Weitergabe dieser Gegenstände entfällt, wenn sie der überprüften Person vor Ablauf der Frist zurückgegeben oder zur Verfügung gestellt werden. Gleiches gilt, wenn über diese Gegenstände der Bund oder die verbündeten Streitkräfte in der Bundesrepublik zu verfügen haben. In diesem Fall ist der Polizei oder der Staatsanwaltschaft ein Verzeichnis dieser Gegenstände zu übersenden.

§ 8   Allgemeine Anordnung von Durchsuchungen

(1) Wenn es aus Gründen militärischer Sicherheit unerlässlich ist, kann das Bundesministerium der Verteidigung oder die von ihm bestimmte Stelle allgemein anordnen, dass Personen, die bestimmte militärische Sicherheitsbereiche (§ 2 Abs. 2) betreten oder verlassen, und die von ihnen mitgeführten Gegenstände durchsucht werden.

(2) Eine Anordnung nach Absatz 1 darf nur zur Feststellung von Gegenständen getroffen werden, die durch ein vorsätzliches Verbrechen oder Vergehen gegen die Bundeswehr hervorgebracht oder zur Begehung einer solchen Straftat geeignet sind oder als Beweismittel für die Untersuchung von Bedeutung sein können.

(3) § 7 Abs. 2 und 3 gilt entsprechend.

§ 9   Voraussetzungen des unmittelbaren Zwanges

Unmittelbarer Zwang darf nach Maßgabe der Vorschriften des 3. Abschnittes nur angewandt werden, wenn dies den Umständen nach erforderlich ist und geschieht,

1. um die unmittelbar bevorstehende Ausführung oder die Fortsetzung einer Straftat gegen die Bundeswehr zu verhindern,

2. um sonstige rechtswidrige Störungen der dienstlichen Tätigkeit der Bundeswehr zu beseitigen, wenn sie die Einsatzbereitschaft, Schlagkraft oder Sicherheit der Truppe gefährden,

3. um eine nach diesem Gesetz zulässige Maßnahme oder eine vorläufige Festnahme nach § 127 Abs. 1 der Strafprozessordnung wegen einer Straftat gegen die Bundeswehr zu erzwingen.

ABSCHNITT 3
Anwendung des unmittelbaren Zwanges

§ 10   Einzelmaßnahmen des unmittelbaren Zwanges

(1) Unmittelbarer Zwang ist die Einwirkung auf Personen oder Sachen durch körperliche Gewalt, ihre Hilfsmittel und durch Waffen.

(2) Körperliche Gewalt ist jede unmittelbare körperliche Einwirkung auf Personen oder Sachen.

(3) Hilfsmittel der körperlichen Gewalt sind insbesondere Fesseln, technische Sperren und Dienstfahrzeuge.

(4) Waffen sind die dienstlich zugelassenen Hieb- und Schusswaffen, Reizstoffe und Explosivmittel.

§ 11   Androhung der Maßnahmen des unmittelbaren Zwanges

Die Anwendung einer Maßnahme des unmittelbaren Zwanges ist anzudrohen, außer wenn es die Lage nicht zulässt.

§ 12   Grundsatz der Verhältnismäßigkeit

(1) Bei der Anwendung unmittelbaren Zwanges ist von mehreren möglichen und geeigneten Maßnahmen diejenige zu treffen, die den Einzelnen und die Allgemeinheit am wenigsten beeinträchtigt.

(2) Eine Maßnahme des unmittelbaren Zwanges darf nicht durchgeführt werden, wenn der durch sie zu erwartende Schaden erkennbar außer Verhältnis zu dem beabsichtigten Erfolg steht. Die Maßnahme darf nur so lange und so weit durchgeführt werden, wie ihr Zweck es erfordert.

§ 13   Hilfeleistung für Verletzte

Wird unmittelbarer Zwang angewandt, ist Verletzten, soweit es nötig ist und die Lage es zulässt, beizustehen und ärztliche Hilfe zu verschaffen.

§ 14   Fesselung von Personen

Wer der weiteren Überprüfung nach § 5 Abs. 1 unterliegt oder vorläufig festgenommen worden ist, darf gefesselt werden, wenn

1. die Gefahr besteht, dass er Personen angreift, oder wenn er Widerstand leistet,

2. er zu fliehen versucht, oder wenn bei Würdigung aller Tatsachen, besonders der persönlichen Verhältnisse, die einer Flucht entgegenstehen, zu befürchten ist, dass er sich aus dem Gewahrsam befreien wird,

3. Selbstmordgefahr besteht.

§ 15 Schusswaffengebrauch gegen Personen

(1) Schusswaffen dürfen gegen einzelne Personen nur gebraucht werden, wenn dies den Umständen nach erforderlich ist und geschieht,

1. um die unmittelbar bevorstehende Ausführung oder die Fortsetzung einer Straftat gegen die Bundeswehr zu verhindern, die sich darstellt als

   a) Verbrechen,

   b) Vergehen, das unter Anwendung oder Mitführung von Schusswaffen oder Explosivmitteln begangen werden soll oder ausgeführt wird,

   c) tätlicher Angriff gegen Leib oder Leben von Angehörigen der Bundeswehr, zivilen Wachpersonen oder Angehörigen der verbündeten Streitkräfte während der rechtmäßigen Ausübung ihres Dienstes oder ihres Aufenthalts in militärischen Bereichen oder Sicherheitsbereichen (§ 2),

   d) vorsätzliche unbefugte Zerstörung, Beschädigung, Veränderung, Unbrauchbarmachung oder Beseitigung eines Wehrmittels oder einer Anlage, einer Einrichtung oder eines Schiffes der Bundeswehr oder der verbündeten Streitkräfte, wenn dadurch die Sicherheit der Bundesrepublik Deutschland oder eines Entsendestaates einer verbündeten Streitkraft oder die Schlagkraft der deutschen oder der verbündeten Truppe oder Menschenleben gefährdet werden;

2. um eine Person anzuhalten, die sich der Personenüberprüfung nach diesem Gesetz trotz wiederholter Weisung, zu halten oder diese Überprüfung zu dulden, durch Flucht zu entziehen sucht;

3. um eine Person anzuhalten, die sich der vorläufigen Festnahme durch Flucht zu entziehen sucht, wenn sie bei einer Straftat im Sinne der Nummer 1 auf frischer Tat getroffen oder verfolgt wird;

4. um eine Person an der Flucht zu hindern oder sofort wiederzuergreifen, die sich zur Personenüberprüfung nach § 5 oder wegen dringenden Verdachts einer Straftat im Sinne der Nummer 1 im Gewahrsam der Bundeswehr befindet oder befand.

(2) Schusswaffen dürfen gegen eine Menschenmenge nur gebraucht werden, wenn von ihr oder aus ihr heraus Straftaten gegen die Bundeswehr unter Gewaltanwendung begangen werden oder solche Straftaten unmittelbar be-

vorstehen und Zwangsmaßnahmen gegen Einzelne nicht zum Ziele führen oder offensichtlich keinen Erfolg versprechen.

§ 16 Besondere Vorschriften für den Schusswaffengebrauch

(1) Schusswaffen dürfen nur gebraucht werden, wenn andere Maßnahmen des unmittelbaren Zwanges erfolglos angewandt sind oder offensichtlich keinen Erfolg versprechen. Gegen Personen ist ihr Gebrauch nur zulässig, wenn der Zweck nicht durch Waffenwirkung gegen Sachen erreicht wird oder offensichtlich keinen Erfolg verspricht.

(2) Zweck des Schusswaffengebrauchs darf nur sein, angriffs- oder fluchtunfähig zu machen. Es ist verboten, zu schießen, wenn durch den Schusswaffengebrauch für den Handelnden erkennbar Unbeteiligte mit hoher Wahrscheinlichkeit gefährdet werden, außer wenn es sich beim Einschreiten gegen eine Menschenmenge (§ 15 Abs. 2) nicht vermeiden lässt.

(3) Gegen Personen, die sich dem äußeren Eindruck nach im Kindesalter befinden, dürfen Schusswaffen nicht gebraucht werden.

§ 17 Androhung des Schusswaffengebrauchs

(1) Der Gebrauch von Schusswaffen ist anzudrohen. Als Androhung gilt auch die Abgabe eines Warnschusses. Einer Menschenmenge gegenüber ist die Androhung zu wiederholen.

(2) Schusswaffen dürfen ohne Androhung nur in den Fällen des § 15 Abs. 1 Nr. 1 Buchstaben a bis c und nur dann gebraucht werden, wenn der sofortige Gebrauch ohne Androhung das einzige Mittel ist, um eine Gefahr für Leib oder Leben eines Menschen oder die Gefahr eines besonders schweren Nachteils für Anlagen, Einrichtungen, Schiffe oder Wehrmittel der Bundeswehr oder der verbündeten Streitkräfte von bedeutendem Wert oder für die Sicherheit der Bundesrepublik Deutschland abzuwenden.

§ 18 Explosivmittel

Die Vorschriften der §§ 15 bis 17 gelten entsprechend für den Gebrauch von Explosivmitteln.

ABSCHNITT 4

Schlussvorschriften

§ 19 Einschränkung von Grundrechten

Die in Artikel 2 Abs. 2 Satz 1 und 2 des Grundgesetzes für die Bundesrepublik Deutschland geschützten Grundrechte auf Leben, körperliche Unversehrtheit und Freiheit der Person werden nach Maßgabe dieses Gesetzes eingeschränkt.

§ 20 Entschädigung bei Sperrung sonstiger Örtlichkeiten

(1) Wird durch die vorübergehende Sperrung einer sonstigen Örtlichkeit nach § 2 Abs. 2 Satz 2 die gewöhnliche Nutzung des betroffenen Grundstücks derart beeinträchtigt, dass dadurch eine Ertragsminderung oder ein sonstiger Nutzungsausfall verursacht wird, so ist eine Entschädigung in Geld zu gewähren, die diesen Nachteil angemessen ausgleicht.

(2) Für die Entschädigung nach Absatz 1 gelten die Vorschriften des § 23 Abs. 4, des § 29, des § 32 Abs. 2 und der §§ 34, 49, 58, 61, 62, 64 und 65 des Bundesleistungsgesetzes in der im Bundesgesetzblatt Teil III, Gliederungsnummmer 54-1, veröffentlichten bereinigten Fassung, zuletzt geändert durch Artikel 12 Abs. 33 des Postneuordnungsgesetzes vom 14. September 1994 (BGBl. I S. 2325), entsprechend mit der Maßgabe, dass an die Stelle der Anforderungsbehörde die Wehrbereichsverwaltung tritt, in deren Wehrbereich das Grundstück belegen ist. § 58 Abs. 2 gilt mit der Maßgabe, dass das Landgericht, in dessen Bezirk das Grundstück belegen ist, örtlich ausschließlich zuständig ist.

§ 21 Inkrafttreten

Dieses Gesetz tritt drei Monate nach seiner Verkündung in Kraft.

17. Verordnung über die Berufsausbildung zur Fachkraft für Schutz und Sicherheit

vom 21. Mai 2008 (BGBl. I S. 932)

Auf Grund des § 4 Abs. 1 in Verbindung mit § 5 des Berufsbildungsgesetzes vom 23. März 2005 (BGBl. I S. 931), von denen § 4 Abs. 1 durch Artikel 232 Nr. 1 der Verordnung vom 31. Oktober 2006 (BGBl. I S. 2407) geändert worden ist, verordnet das Bundesministerium für Wirtschaft und Technologie im Einvernehmen mit dem Bundesministerium für Bildung und Forschung:

§ 1   Staatliche Anerkennung des Ausbildungsberufes

Der Ausbildungsberuf Fachkraft für Schutz und Sicherheit wird nach § 4 Abs. 1 des Berufsbildungsgesetzes staatlich anerkannt.

§ 2   Dauer der Berufsausbildung

Die Ausbildung dauert drei Jahre.

§ 3   Ausbildungsrahmenplan, Ausbildungsberufsbild

(1) Gegenstand der Berufsausbildung sind mindestens die im Ausbildungsrahmenplan (Anlage) aufgeführten Fertigkeiten, Kenntnisse und Fähigkeiten (berufliche Handlungsfähigkeit). Eine von dem Ausbildungsrahmenplan abweichende Organisation der Ausbildung ist insbesondere zulässig, soweit betriebspraktische Besonderheiten die Abweichung erfordern.

(2) Die Berufsausbildung zur Fachkraft für Schutz und Sicherheit gliedert sich wie folgt (Ausbildungsberufsbild):

Abschnitt A
Berufsprofilgebende Fertigkeiten, Kenntnisse und Fähigkeiten:

1.   Rechtsgrundlagen für Sicherheitsdienste;
2.   Sicherheitsdienste:
2.1 Sicherheitsbereiche,
2.2 Arbeitsorganisation; Informations- und Kommunikationstechnik,
2.3 Qualitätssichernde Maßnahmen;
3.   Kommunikation und Kooperation:
3.1 Teamarbeit und Kooperation,
3.2 Kundenorientierte Kommunikation;
4.   Schutz und Sicherheit;

233

5. Verhalten und Handeln bei Schutz- und Sicherheitsmaßnahmen;
6. Sicherheitstechnische Einrichtungen und Hilfsmittel;
7. Ermittlung, Aufklärung und Dokumentation;
8. Planung und betriebliche Organisation von Sicherheitsleistungen:
8.1 Markt- und Kundenorientierung,
8.2 Risikomanagement,
8.3 Betriebliche Angebotserstellung,
8.4 Auftragsbearbeitung,
8.5 Teamgestaltung;

Abschnitt B
Integrative Fertigkeiten, Kenntnisse und Fähigkeiten:
1. Berufsbildung, Arbeits- und Tarifrecht;
2. Aufbau und Organisation des Ausbildungsbetriebes;
3. Sicherheit und Gesundheitsschutz bei der Arbeit;
4. Umweltschutz.

§ 4 Durchführung der Berufsausbildung

(1) Die in dieser Verordnung genannten Fertigkeiten, Kenntnisse und Fähigkeiten sollen so vermittelt werden, dass die Auszubildenden zur Ausübung einer qualifizierten beruflichen Tätigkeit im Sinne von § 1 Abs. 3 des Berufsbildungsgesetzes befähigt werden, die insbesondere selbstständiges Planen, Durchführen und Kontrollieren einschließt. Diese Befähigung ist auch in den Prüfungen nach den §§ 6 und 7 nachzuweisen.

(2) Die Ausbildenden haben unter Zugrundelegung des Ausbildungsrahmenplanes für die Auszubildenden einen Ausbildungsplan zu erstellen.

(3) Die Auszubildenden haben einen schriftlichen Ausbildungsnachweis zu führen. Ihnen ist Gelegenheit zu geben, den schriftlichen Ausbildungsnachweis während der Ausbildungszeit zu führen. Die Ausbildenden haben den schriftlichen Ausbildungsnachweis regelmäßig durchzusehen.

§ 5 Abschlussprüfung

(1) Die Abschlussprüfung besteht aus den beiden zeitlich auseinanderfallenden Teilen 1 und 2. Durch die Abschlussprüfung ist festzustellen, ob der Prüfling die berufliche Handlungsfähigkeit erworben hat. In der Abschlussprüfung soll der Prüfling nachweisen, dass er die dafür erforderlichen beruflichen Fertigkeiten beherrscht, die notwendigen beruflichen Kenntnisse und Fähigkeiten besitzt und mit dem im Berufsschulunterricht zu vermitteln-

den, für die Berufsausbildung wesentlichen Lehrstoff vertraut ist. Die Ausbildungsordnung ist zugrunde zu legen. Dabei sollen Qualifikationen, die bereits Gegenstand von Teil 1 der Abschlussprüfung waren, in Teil 2 der Abschlussprüfung nur insoweit einbezogen werden, als es für die Feststellung der Berufsbefähigung erforderlich ist.

(2) Bei der Ermittlung des Gesamtergebnisses wird Teil 1 der Abschlussprüfung mit 40 Prozent und Teil 2 der Abschlussprüfung mit 60 Prozent gewichtet.

§ 6 Teil 1 der Abschlussprüfung

(1) Teil 1 der Abschlussprüfung soll zum Ende des zweiten Ausbildungsjahres stattfinden.

(2) Teil 1 der Abschlussprüfung erstreckt sich auf die in der Anlage Abschnitt A Nr. 1, 3 und 5 sowie die damit im Zusammenhang zu vermittelnden Fertigkeiten, Kenntnisse und Fähigkeiten in Abschnitt B sowie auf den im Berufsschulunterricht zu vermittelnden Lehrstoff, soweit er für die Berufsausbildung wesentlich ist.

(3) Teil 1 der Abschlussprüfung besteht aus den Prüfungsbereichen:

1. Situationsgerechtes Verhalten und Handeln,

2. Anwendung von Rechtsgrundlagen für Sicherheitsdienste.

(4) Für den Prüfungsbereich Situationsgerechtes Verhalten und Handeln bestehen folgende Vorgaben:

1. Der Prüfling soll nachweisen, dass er

   a) Gefährdungs- und Konfliktpotenziale feststellen und bewerten sowie sein Verhalten und Handeln entsprechend anpassen,

   b) Möglichkeiten der Teamarbeit und Kommunikation nutzen,

   c) Tätermotive und -verhalten beurteilen,

   d) Maßnahmen zum Eigenschutz ergreifen und Methoden der Deeskalation anwenden sowie

   e) bei Unfällen und Zwischenfällen erforderliche Hilfsmaßnahmen einleiten kann;

2. der Prüfling soll berufstypische Aufgaben schriftlich bearbeiten;

3. die Prüfungszeit beträgt 60 Minuten.

(5) Für den Prüfungsbereich Anwendung von Rechtsgrundlagen für Sicherheitsdienste bestehen folgende Vorgaben:

1. Der Prüfling soll nachweisen, dass er

   a) Gefährdungssituationen und Rechtsverstöße erkennen und rechtlich bewerten sowie

   b) Handlungsmöglichkeiten unter Berücksichtigung der Rechte von Personen und Institutionen darstellen kann;

2. der Prüfling soll berufstypische Aufgaben schriftlich bearbeiten;

3. die Prüfungszeit beträgt 90 Minuten.

§ 7   Teil 2 der Abschlussprüfung

(1) Teil 2 der Abschlussprüfung erstreckt sich auf die in der Anlage Abschnitt A und B aufgeführten Fertigkeiten, Kenntnisse und Fähigkeiten sowie auf den im Berufsschulunterricht zu vermittelnden Lehrstoff, soweit er für die Berufsausbildung wesentlich ist.

(2) Teil 2 der Abschlussprüfung besteht aus den Prüfungsbereichen:

1. Wirtschafts- und Sozialkunde,

2. Konzepte für Schutz und Sicherheit,

3. Sicherheitsorientiertes Kundengespräch.

(3) Für den Prüfungsbereich Wirtschafts- und Sozialkunde bestehen folgende Vorgaben:

1. Der Prüfling soll nachweisen, dass er allgemeine wirtschaftliche und gesellschaftliche Zusammenhänge der Berufs- und Arbeitswelt darstellen und beurteilen kann;

2. der Prüfling soll Aufgaben schriftlich bearbeiten;

3. die Prüfungszeit beträgt 60 Minuten.

(4) Für den Prüfungsbereich Konzepte für Schutz und Sicherheit bestehen folgende Vorgaben:

1. Der Prüfling soll nachweisen, dass er unter Anwendung der Rechtsgrundlagen

   a) Maßnahmen der Sicherung und präventiven Gefahrenabwehr planen, durchführen, dokumentieren und überwachen,

   b) sicherheitsrelevante Sachverhalte ermitteln und zur Aufklärung beitragen,

   c) Gefährdungspotenziale beurteilen, Risiken identifizieren, analysieren und bewerten sowie

   d) Sicherheitsleistungen auch unter Berücksichtigung von Teamarbeit planen kann;

2. der Prüfling soll schriftlich ein Konzept für Schutz und Sicherheit erarbeiten;

3. die Prüfungszeit für die Erarbeitung des Konzeptes beträgt 90 Minuten.

(5) Für den Prüfungsbereich Sicherheitsorientiertes Kundengespräch bestehen folgende Vorgaben:

1. Der Prüfling soll nachweisen, dass er

   a) kunden- und serviceorientiert handeln und kommunizieren,

b) sein Konzept vorstellen und die Vorteile gegenüber alternativen Lösungen aufzeigen sowie

c) Sicherheitsleistungen im Team qualitätssichernd organisieren kann;

2. ausgehend von dem nach Absatz 4 erstellten Konzept soll mit dem Prüfling eine Gesprächssimulation durchgeführt werden;

3. die Prüfungszeit für die Gesprächssimulation beträgt höchstens 30 Minuten.

§ 8 Gewichtungs- und Bestehensregelung

(1) Die einzelnen Prüfungsbereiche sind wie folgt zu gewichten:

1. Prüfungsbereich Situationsgerechtes Verhalten und Handeln 20 Prozent,

2. Prüfungsbereich Anwendung von Rechtsgrundlagen für Sicherheitsdienste 20 Prozent,

3. Prüfungsbereich Wirtschafts- und Sozialkunde 10 Prozent,

4. Prüfungsbereich Konzepte für Schutz und Sicherheit 30 Prozent,

5. Prüfungsbereich Sicherheitsorientiertes Kundengespräch 20 Prozent.

(2) Die Abschlussprüfung ist bestanden, wenn die Leistungen

1. im Gesamtergebnis von Teil 1 und Teil 2 der Abschlussprüfung mit mindestens „ausreichend",

2. im Prüfungsbereich Konzepte für Schutz und Sicherheit mit mindestens „ausreichend",

3. im Ergebnis von Teil 2 der Abschlussprüfung mit mindestens „ausreichend",

4. in mindestens einem der übrigen Prüfungsbereiche von Teil 2 der Abschlussprüfung mit mindestens „ausreichend" und

5. in keinem Prüfungsbereich von Teil 2 der Abschlussprüfung mit „ungenügend" bewertet worden sind.

(3) Auf Antrag des Prüflings ist die Prüfung in einem der in Teil 2 der Abschlussprüfung mit schlechter als „ausreichend" bewerteten Prüfungsbereiche, in denen Prüfungsleistungen mit eigener Anforderung und Gewichtung schriftlich zu erbringen sind, durch eine mündliche Prüfung von etwa 15 Minuten zu ergänzen, wenn dies für das Bestehen der Prüfung den Ausschlag geben kann. Bei der Ermittlung des Ergebnisses für diesen Prüfungsbereich sind das bisherige Ergebnis und das Ergebnis der mündlichen Ergänzungsprüfung im Verhältnis von 2 : 1 zu gewichten.

§ 9 Bestehende Berufsausbildungsverhältnisse

Berufsausbildungsverhältnisse, die bei Inkrafttreten dieser Verordnung bestehen, können unter Anrechnung der bisher zurückgelegten Ausbildungszeit nach den Vorschriften dieser Verordnung fortgesetzt werden, wenn die Vertragsparteien dies vereinbaren und noch keine Zwischenprüfung abgelegt worden ist.

§ 10 Fortsetzung der Berufsausbildung

(1) Die erfolgreich abgeschlossene Berufsausbildung im Ausbildungsberuf „Servicekraft für Schutz und Sicherheit" kann im Ausbildungsberuf „Fachkraft für Schutz und Sicherheit" nach den Vorschriften für das dritte Ausbildungsjahr fortgesetzt werden.

(2) Bei Fortsetzung der Berufsausbildung nach Absatz 1 gelten die in der Abschlussprüfung im Ausbildungsberuf „Servicekraft für Schutz und Sicherheit" erzielten Leistungen in den Prüfungsbereichen „Situationsgerechtes Verhalten und Handeln" sowie „Anwendung von Rechtsgrundlagen für Sicherheitsdienste" als Teil 1 der Abschlussprüfung nach § 6 dieser Verordnung.

§ 11 Inkrafttreten, Außerkrafttreten

Diese Verordnung tritt am 1. August 2008 in Kraft. Gleichzeitig tritt die Verordnung über die Berufsausbildung zur Fachkraft für Schutz und Sicherheit vom 23. Juli 2002 (BGBl. I S. 2757) außer Kraft.

Anlage (zu § 3) Ausbildungsrahmenplan für die Berufsausbildung zur Fachkraft für Schutz und Sicherheit

Anlage (zu § 3)

Ausbildungsrahmenplan
für die Berufsausbildung zur Fachkraft für Schutz und Sicherheit

Abschnitt A: Berufsprofilgebende Fertigkeiten, Kenntnisse und Fähigkeiten

Lfd. Nr.	Teil des Ausbildungs-berufsbildes	Zu vermittelnde Fertigkeiten, Kenntnisse und Fähigkeiten	Zeitliche Richt-werte in Wochen im Ausbildungsjahr		
			1	2	3
1	2	3	4		
1	Rechtsgrundlagen für Sicherheitsdienste (§ 3 Abs. 2 Abschnitt A Nr. 1)	a) Rechtsgrundlagen des Hand-lungsrahmens für Sicherheits-dienste beachten und anwen-den	8		
		b) Rechte von Personen und Insti-tutionen beachten c) Gefährdungssituationen recht-lich bewerten d) Rechtsverstöße erkennen und beurteilen		10	
2	Sicherheitsdienste (§ 3 Abs. 2 Abschnitt A Nr. 2)				
2.1	Sicherheitsbereiche (§ 3 Abs. 2 Abschnitt A Nr. 2.1)	a) Sicherheitsdienste in den ge-samtwirtschaftlichen Zusam-menhang einordnen b) Aufgaben, Organisation und Leistungen der unterschiedli-chen Sicherheitsbereiche be-schreiben und Schnittstellen darstellen c) Stellung des Ausbildungsbe-triebes innerhalb der Sicher-heitsdienste bewerten	4		
2.2	Arbeitsorganisation; Informations- und Kommunikations-technik (§ 3 Abs. 2 Abschnitt A Nr. 2.2)	a) Kommunikations- und Infor-mationstechnik aufgaben-bezogen nutzen b) Arbeits- und Organisations-mittel sowie Lern- und Arbeitstechniken einsetzen c) Standardsoftware und betriebsspezifische Software anwenden d) Daten sichern und pflegen e) Regelungen zum Datenschutz anwenden f) Dienst- und Arbeitsanweisun-gen beachten g) Dokumentationen anfertigen, beim Melde- und Berichts-wesen mitwirken	5		

Lfd. Nr.	Teil des Ausbildungsberufsbildes	Zu vermittelnde Fertigkeiten, Kenntnisse und Fähigkeiten	Zeitliche Richtwerte in Wochen im Ausbildungsjahr		
			1	2	3
1	2	3	4		
2.3	Qualitätssichernde Maßnahmen (§ 3 Abs. 2 Abschnitt A Nr. 2.3)	a) Ziele, Aufgaben und Methoden des betrieblichen Qualitätsmanagements berücksichtigen b) qualitätssichernde Maßnahmen im eigenen Arbeitsbereich anwenden, dabei zur kontinuierlichen Verbesserung von Arbeitsprozessen beitragen c) den Zusammenhang zwischen Qualität und Kundenzufriedenheit beachten und die Auswirkungen auf das Betriebsergebnis berücksichtigen		2	
3	Kommunikation und Kooperation (§ 3 Abs. 2 Abschnitt A Nr. 3)				
3.1	Teamarbeit und Kooperation (§ 3 Abs. 2 Abschnitt A Nr. 3.1)	a) Möglichkeiten der Teamarbeit nutzen und gegenseitige Informationen gewährleisten b) Kommunikationsregeln anwenden; bei Kommunikationsstörungen Lösungsmöglichkeiten aufzeigen c) interne und externe Kooperationsprozesse beachten, Kommunikationswege nutzen		2	
		d) Selbst- und Zeitmanagement in der Teamarbeit beachten e) Auswirkungen von Information und Kommunikation auf Betriebsklima und Arbeitsleistung beachten		2	
3.2	Kundenorientierte Kommunikation (§ 3 Abs. 2 Abschnitt A Nr. 3.2)	a) über Sicherheitsbestimmungen und Sicherheitsdienstleistungen informieren b) Auskünfte auch in einer Fremdsprache erteilen		3	
		c) Auswirkungen von Information und Kommunikation mit dem Kunden auf den Geschäftserfolg berücksichtigen		4	

Lfd. Nr.	Teil des Ausbildungs- berufsbildes	Zu vermittelnde Fertigkeiten, Kenntnisse und Fähigkeiten	Zeitliche Richt- werte in Wochen im Ausbildungsjahr		
			1	2	3
1	2	3	4		
		d) Kundenkontakte herstellen, nutzen und pflegen e) Kommunikationsmittel und -regeln im Umgang mit dem Kunden situationsgerecht an- wenden f) Zufriedenheit von Kunden überprüfen; Beschwerden weiterleiten		4	
4	Schutz und Sicherheit (§ 3 Abs. 2 Abschnitt A Nr. 4)	a) Maßnahmen zur präventiven Gefahrenabwehr durchführen b) Gefährdungspotenziale im ope- rativen Einsatz beurteilen und Sicherungsmaßnahmen einlei- ten c) Sicherheitsbestimmungen an- wenden d) Wirkungsweise und Gefähr- dungspotenzial von Waffen, ge- fährlichen Gegenständen und Stoffen identifizieren		10	
		e) Einhaltung objektbezogener Arbeitsschutzvorschriften überprüfen, Arbeitsschutzein- richtungen überwachen und bei Mängeln Maßnahmen ein- leiten f) Einhaltung von Brandschutz- vorschriften überprüfen, Brandschutzeinrichtungen überwachen und bei Mängeln Maßnahmen einleiten g) Einhaltung objektbezogener Umweltschutzvorschriften überprüfen, Umweltschutzein- richtungen überwachen und bei Mängeln Maßnahmen ein- leiten h) Vorschriften zum Datenschutz und zur Datensicherheit be- achten; Schutz betriebsinter- ner Daten überwachen i) Großschadensereignisse erken- nen und situationsbezogene Maßnahmen berücksichtigen			19

Lfd. Nr.	Teil des Ausbildungsberufsbildes	Zu vermittelnde Fertigkeiten, Kenntnisse und Fähigkeiten	Zeitliche Richtwerte in Wochen im Ausbildungsjahr		
			1	2	3
1	2	3	4		
5	Verhalten und Handeln bei Schutz- und Sicherheitsmaßnahmen (§ 3 Abs. 2 Abschnitt A Nr. 5)	a) Wirkung des eigenen Verhaltens auf Betroffene und die Öffentlichkeit berücksichtigen b) Konfliktpotenziale feststellen und bewerten, Verhalten anpassen und Maßnahmen zur Konfliktvermeidung oder -bewältigung ergreifen c) Methoden der Deeskalation anwenden d) ordnende Anweisungen erteilen, auch in englischer Sprache e) Maßnahmen zum Eigenschutz ergreifen f) Hilfsmaßnahmen einleiten und Erstmaßnahmen durchführen g) Unfälle und Zwischenfälle melden, insbesondere Angaben zu Verletzten, Schäden und Gefahren	17		
		h) Verhaltensnormen und -muster von Personen und Gruppen situationsabhängig berücksichtigen i) Tätermotive und -verhalten beurteilen; Besonderheiten von Tätergruppen berücksichtigen		3	
6	Sicherheitstechnische Einrichtungen und Hilfsmittel (§ 3 Abs. 2 Abschnitt A Nr. 6)	a) technische Hilfsmittel auswählen, handhaben, pflegen und deren Funktionsfähigkeit prüfen	3		
		b) Funktionsweise von sicherheitstechnischen Einrichtungen darstellen c) Bedienelemente sowie Leitstellen- und Kommunikationstechnik handhaben, Kontrollinstrumente ablesen, Informationen auswerten und Maßnahmen ergreifen		12	

Lfd. Nr.	Teil des Ausbildungs- berufsbildes	Zu vermittelnde Fertigkeiten, Kenntnisse und Fähigkeiten	Zeitliche Richt- werte in Wochen im Ausbildungsjahr		
			1	2	3
1	2	3	4		
7	Ermittlung, Aufklärung und Dokumentation (§ 3 Abs. 2 Abschnitt A Nr. 7)	a) Methoden, Techniken und Ver- fahren, bezogen auf Ermitt- lung, Aufklärung und Doku- mentation, unterscheiden so- wie situationsgerecht auswäh- len und anwenden b) sicherheitsrelevante Sachver- halte ermitteln, aufklären und dokumentieren c) aufgabenbezogenen Schriftver- kehr durchführen		12	
8	Planung und betrieb- liche Organisation von Sicherheits- leistungen (§ 3 Abs. 2 Abschnitt A Nr. 8)				
8.1	Markt- und Kunden- orientierung (§ 3 Abs. 2 Abschnitt A Nr. 8.1)	a) bei der Beobachtung von Bran- chenentwicklungen mitwir- ken und deren Auswirkungen auf den Betrieb bewerten b) Kunden und Interessenten über Sicherheitsleistungen beraten c) Auswirkungen von Informa- tion, Kommunikation und Kooperation auf den Geschäfts- erfolg beachten d) interne und externe Koopera- tionsprozesse mit gestalten e) Beschwerdemanagement als Element einer kundenorien- tierten Geschäftspolitik an- wenden		6	
8.2	Risikomanagement (§ 3 Abs. 2 Abschnitt A Nr. 8.2)	a) bei der Identifizierung und Analyse von Risiken mitwir- ken b) technische, organisatorische und personelle Maßnahmen zur präventiven Gefahrenab- wehr planen c) die Wirksamkeit getroffener Maßnahmen bewerten d) Vorbereitungen auf den Ereig- nisfall treffen		20	

Lfd. Nr.	Teil des Ausbildungs- berufsbildes	Zu vermittelnde Fertigkeiten, Kenntnisse und Fähigkeiten	Zeitliche Richt- werte in Wochen im Ausbildungsjahr		
			1	2	3
1	2	3	4		
8.3	Betriebliche Angebotserstellung (§ 3 Abs. 2 Abschnitt A Nr. 8.3)	a) bei der Entwicklung und Aus- gestaltung des betrieblichen Dienstleistungsangebotes mit- wirken b) Einflüsse von Zielgruppen und Marktentwicklungen bei der betrieblichen Leistungserstel- lung berücksichtigen c) bei der Ausschreibungs- und Angebotserstellung mitwirken		6	
8.4	Auftragsbearbeitung (§ 3 Abs. 2 Abschnitt A Nr. 8.4)	a) Teilaufgaben unter Beachtung arbeitsorganisatorischer, sicherheitstechnischer und wirtschaftlicher Gesichts- punkte planen b) Personal- und Sachmittelein- satz sowie Termine planen c) an der Rechnungserstellung mitwirken, dabei Aufbau und Struktur der betrieblichen Kos- ten- und Leistungsrechnung beachten		6	
8.5	Teamgestaltung (§ 3 Abs. 2 Abschnitt A Nr. 8.5)	a) Teams aufgabenbezogen unter Berücksichtigung verschiede- ner Persönlichkeitsprofile gestalten b) Verfahren der Konfliktlösung anwenden c) Synergieeffekte eines Teams nutzen		2	

Abschnitt B: Integrative Fertigkeiten, Kenntnisse und Fähigkeiten

Lfd. Nr.	Teil des Ausbildungs- berufsbildes	Zu vermittelnde Fertigkeiten, Kenntnisse und Fähigkeiten	Zeitliche Richt- werte in Wochen im Ausbildungsjahr		
			1	2	3
1	2	3	4		
1	Berufsbildung, Arbeits- und Tarif- recht (§ 3 Abs. 2 Abschnitt B Nr. 1)	a) Bedeutung des Ausbildungs- vertrages, insbesondere Abschluss, Dauer und Beendigung, erklären	während der gesamten Ausbildungszeit zu vermitteln		

Lfd. Nr.	Teil des Ausbildungs- berufsbildes	Zu vermittelnde Fertigkeiten, Kenntnisse und Fähigkeiten	Zeitliche Richt- werte in Wochen im Ausbildungsjahr		
			1	2	3
1	2	3	4		
		b) gegenseitige Rechte und Pflichten aus dem Ausbil- dungsvertrag nennen c) Möglichkeiten der beruflichen Fortbildung nennen d) wesentliche Teile des Arbeitsvertrages nennen e) wesentliche Bestimmungen der für den ausbildenden Betrieb geltenden Tarifverträge nennen			
2	Aufbau und Organisa- tion des Ausbildungs- betriebes (§ 3 Abs. 2 Abschnitt B Nr. 2)	a) Aufbau und Aufgaben des aus- bildenden Betriebes erläutern b) Grundfunktionen des ausbil- denden Betriebes wie Angebot, Beschaffung, Absatz und Ver- waltung erklären c) Beziehungen des ausbildenden Betriebes und seiner Beschäf- tigten zu Wirtschaftsorganisa- tionen, Berufsvertretungen und Gewerkschaften darstel- len d) Grundlagen, Aufgaben und Arbeitsweise der betriebsver- fassungs- oder personalvertre- tungsrechtlichen Organe des ausbildenden Betriebes be- schreiben	während der gesamten Ausbildungszeit zu vermitteln		
3	Sicherheit und Gesundheitsschutz bei der Arbeit (§ 3 Abs. 2 Abschnitt B Nr. 3)	a) Gefährdung von Sicherheit und Gesundheit am Arbeitsplatz feststellen und Maßnahmen zu ihrer Vermeidung ergreifen b) berufsbezogene Arbeitsschutz- und Unfallverhütungsvor- schriften anwenden c) Verhaltensweisen bei Unfällen beschreiben sowie erste Maß- nahmen einleiten d) Vorschriften des vorbeugenden Brandschutzes anwenden; Ver- haltensweisen bei Bränden be- schreiben und Maßnahmen zur Brandbekämpfung ergreifen			

Lfd. Nr.	Teil des Ausbildungsberufsbildes	Zu vermittelnde Fertigkeiten, Kenntnisse und Fähigkeiten	Zeitliche Richtwerte in Wochen im Ausbildungsjahr		
			1	2	3
1	2	3	4		
4	Umweltschutz (§ 3 Abs. 2 Abschnitt B Nr. 4)	Zur Vermeidung betriebsbedingter Umweltbelastungen im beruflichen Einwirkungsbereich beitragen, insbesondere a) mögliche Umweltbelastungen durch den Ausbildungsbetrieb und seinen Beitrag zum Umweltschutz an Beispielen erklären b) für den Ausbildungsbetrieb geltende Regelungen des Umweltschutzes anwenden c) Möglichkeiten der wirtschaftlichen und umweltschonenden Energie- und Materialverwendung nutzen d) Abfälle vermeiden; Stoffe und Materialien einer umweltschonenden Entsorgung zuführen	während der gesamten Ausbildungszeit zu vermitteln		

18. Verordnung über die Berufsausbildung zur Servicekraft für Schutz und Sicherheit

vom 21. Mai 2008 (BGBl. I Seite 940)

Auf Grund des § 4 Abs. 1 in Verbindung mit § 5 des Berufsbildungsgesetzes vom 23. März 2005 (BGBl. I S. 931), von denen § 4 Abs. 1 durch Artikel 232 Nr. 1 der Verordnung vom 31. Oktober 2006 (BGBl. I S. 2407) geändert worden ist, verordnet das Bundesministerium für Wirtschaft und Technologie im Einvernehmen mit dem Bundesministerium für Bildung und Forschung:

§ 1   Staatliche Anerkennung des Ausbildungsberufes

Der Ausbildungsberuf Servicekraft für Schutz und Sicherheit wird nach § 4 Abs. 1 des Berufsbildungsgesetzes staatlich anerkannt.

§ 2   Dauer der Berufsausbildung

Die Ausbildung dauert zwei Jahre.

§ 3   Ausbildungsrahmenplan, Ausbildungsberufsbild

(1) Gegenstand der Berufsausbildung sind mindestens die im Ausbildungsrahmenplan (Anlage) aufgeführten Fertigkeiten, Kenntnisse und Fähigkeiten (berufliche Handlungsfähigkeit). Eine von dem Ausbildungsrahmenplan abweichende Organisation der Ausbildung ist insbesondere zulässig, soweit betriebspraktische Besonderheiten die Abweichung erfordern.

(2) Die Berufsausbildung zur Servicekraft für Schutz und Sicherheit gliedert sich wie folgt (Ausbildungsberufsbild):

Abschnitt A
Berufsprofilgebende Fertigkeiten, Kenntnisse und Fähigkeiten:
1. Rechtsgrundlagen für Sicherheitsdienste;
2. Sicherheitsdienste:
2.1 Sicherheitsbereiche,
2.2 Arbeitsorganisation; Informations- und Kommunikationstechnik,
2.3 Qualitätssichernde Maßnahmen;
3. Kommunikation und Kooperation:
3.1 Teamarbeit und Kooperation,
3.2 Kundenorientierte Kommunikation;
4. Schutz und Sicherheit;

5. Verhalten und Handeln bei Schutz- und Sicherheitsmaßnahmen;
6. Sicherheitstechnische Einrichtungen und Hilfsmittel;

Abschnitt B
Integrative Fertigkeiten, Kenntnisse und Fähigkeiten:
1. Berufsbildung, Arbeits- und Tarifrecht;
2. Aufbau und Organisation des Ausbildungsbetriebes;
3. Sicherheit und Gesundheitsschutz bei der Arbeit;
4. Umweltschutz.

§ 4   Durchführung der Berufsausbildung

(1) Die in dieser Verordnung genannten Fertigkeiten, Kenntnisse und Fähigkeiten sollen so vermittelt werden, dass die Auszubildenden zur Ausübung einer qualifizierten beruflichen Tätigkeit im Sinne von § 1 Abs. 3 des Berufsbildungsgesetzes befähigt werden, die insbesondere selbstständiges Planen, Durchführen und Kontrollieren einschließt. Diese Befähigung ist auch in den Prüfungen nach den §§ 5 und 6 nachzuweisen.

(2) Die Ausbildenden haben unter Zugrundelegung des Ausbildungsrahmenplanes für die Auszubildenden einen Ausbildungsplan zu erstellen.

(3) Die Auszubildenden haben einen schriftlichen Ausbildungsnachweis zu führen. Ihnen ist Gelegenheit zu geben, den schriftlichen Ausbildungsnachweis während der Ausbildungszeit zu führen. Die Ausbildenden haben den schriftlichen Ausbildungsnachweis regelmäßig durchzusehen.

§ 5   Zwischenprüfung

(1) Zur Ermittlung des Ausbildungsstandes ist eine Zwischenprüfung durchzuführen. Sie soll zum Anfang des zweiten Ausbildungsjahres stattfinden.

(2) Die Zwischenprüfung erstreckt sich auf die in der Anlage für das erste Ausbildungsjahr aufgeführten Fertigkeiten, Kenntnisse und Fähigkeiten sowie auf den im Berufsschulunterricht zu vermittelnden Lehrstoff, soweit er für die Berufsausbildung wesentlich ist.

(3) Die Zwischenprüfung findet im Prüfungsbereich Schutz und Sicherheit nach Absatz 4 statt.

(4) Für den Prüfungsbereich Schutz und Sicherheit bestehen folgende Vorgaben:
1. Der Prüfling soll nachweisen, dass er
   a) Gefährdungspotenziale erkennen,

b) Maßnahmen der Sicherung durchführen und dokumentieren,

c) sein Verhalten an sicherheitsrelevante Situationen anpassen sowie

d) den rechtlichen Handlungsrahmen beachten kann;

2. der Prüfling soll berufstypische Aufgaben schriftlich bearbeiten;

3. die Prüfungszeit beträgt 90 Minuten.

§ 6 Abschlussprüfung

(1) Durch die Abschlussprüfung ist festzustellen, ob der Prüfling die berufliche Handlungsfähigkeit erworben hat. In der Abschlussprüfung soll der Prüfling nachweisen, dass er die dafür erforderlichen beruflichen Fertigkeiten beherrscht, die notwendigen beruflichen Kenntnisse und Fähigkeiten besitzt und mit dem im Berufsschulunterricht zu vermittelnden, für die Berufsausbildung wesentlichen Lehrstoff vertraut ist. Die Ausbildungsordnung ist zugrunde zu legen.

(2) Die Abschlussprüfung erstreckt sich auf die in der Anlage aufgeführten Fertigkeiten, Kenntnisse und Fähigkeiten sowie auf den im Berufsschulunterricht zu vermittelnden Lehrstoff, soweit er für die Berufsausbildung wesentlich ist.

(3) Die Abschlussprüfung besteht aus den Prüfungsbereichen:

1. Situationsgerechtes Verhalten und Handeln,

2. Anwendung von Rechtsgrundlagen für Sicherheitsdienste,

3. Wirtschafts- und Sozialkunde,

4. Durchführung von Schutz- und Sicherheitsmaßnahmen.

(4) Für den Prüfungsbereich Situationsgerechtes Verhalten und Handeln bestehen folgende Vorgaben:

1. Der Prüfling soll nachweisen, dass er

   a) Gefährdungs- und Konfliktpotenziale feststellen und bewerten sowie sein Verhalten und Handeln entsprechend anpassen,

   b) Möglichkeiten der Teamarbeit und Kommunikation nutzen,

   c) Tätermotive und -verhalten beurteilen,

   d) Maßnahmen zum Eigenschutz ergreifen und Methoden der Deeskalation anwenden sowie

   e) bei Unfällen und Zwischenfällen erforderliche Hilfsmaßnahmen einleiten kann;

2. der Prüfling soll berufstypische Aufgaben schriftlich bearbeiten;

3. die Prüfungszeit beträgt 60 Minuten.

(5) Für den Prüfungsbereich Anwendung von Rechtsgrundlagen für Sicherheitsdienste bestehen folgende Vorgaben:

1. Der Prüfling soll nachweisen, dass er

   a) Gefährdungssituationen und Rechtsverstöße erkennen und rechtlich bewerten sowie

   b) Handlungsmöglichkeiten unter Berücksichtigung der Rechte von Personen und Institutionen darstellen kann;

2. der Prüfling soll berufstypische Aufgaben schriftlich bearbeiten;

3. die Prüfungszeit beträgt 90 Minuten.

(6) Für den Prüfungsbereich Wirtschafts- und Sozialkunde bestehen folgende Vorgaben:

1. Der Prüfling soll nachweisen, dass er allgemeine wirtschaftliche und gesellschaftliche Zusammenhänge der Berufs- und Arbeitswelt darstellen und beurteilen kann;

2. der Prüfling soll Aufgaben schriftlich bearbeiten;

3. die Prüfungszeit beträgt 45 Minuten.

(7) Für den Prüfungsbereich Durchführung von Schutz- und Sicherheitsmaßnahmen bestehen folgende Vorgaben:

1. Der Prüfling soll nachweisen, dass er

   a) Gefährdungspotenziale im operativen Einsatz beurteilen,

   b) die Funktionsweise von sicherheitstechnischen Einrichtungen darstellen,

   c) Sicherheitsbestimmungen berücksichtigen sowie

   d) die Einhaltung von Arbeits-, Brand- und Umweltschutz sowie Vorschriften des Daten- und Informationsschutzes feststellen und bei Mängeln Maßnahmen einleiten kann;

2. der Prüfling soll berufstypische Aufgaben schriftlich bearbeiten;

3. die Prüfungszeit beträgt 45 Minuten;

4. der Prüfling soll ferner nachweisen, dass er

   a) Maßnahmen der Sicherung und präventiven Gefahrenabwehr durchführen einschließlich melden und berichten,

   b) kunden- und serviceorientiert handeln und kommunizieren sowie

   c) qualitätssichernde Maßnahmen umsetzen kann;

5. der Prüfling soll ein fallbezogenes Fachgespräch führen; Grundlage des Fachgesprächs ist eine von zwei von ihm durchgeführten und dokumentierten betrieblichen Aufgaben aus seinem Einsatzbereich; die Dokumentationen sollen eine Beschreibung der Aufgabenstellung, der Vorgehensweise bei der Ausführung sowie eine Bewertung des Ergebnisses beinhalten; jede Dokumentation soll drei Seiten nicht überschreiten; betriebsübliche Unterlagen sind beizufügen; die Dokumentationen sind dem Prüfungsausschuss vor der Durchführung der Prüfung zuzuleiten; hieraus

wählt der Prüfungsausschuss eine aus; der Ausbildende hat zu bestätigen, dass die Aufgaben von dem Prüfling im Betrieb selbstständig durchgeführt worden sind; die Dokumentation wird nicht bewertet;

6. die Prüfungszeit für das fallbezogene Fachgespräch beträgt höchstens 20 Minuten;

7. das Ergebnis der schriftlichen Aufgabenbearbeitung ist mit 30 Prozent, das fallbezogene Fachgespräch mit 70 Prozent zu gewichten.

(8) Die einzelnen Prüfungsbereiche sind wie folgt zu gewichten:

1. Prüfungsbereich Situationsgerechtes Verhalten und Handeln 20 Prozent,

2. Prüfungsbereich Anwendung von Rechtsgrundlagen für Sicherheitsdienste 30 Prozent,

3. Prüfungsbereich Wirtschafts und Sozialkunde 10 Prozent,

4. Prüfungsbereich Durchführung von Schutz- und Sicherheitsmaßnahmen 40 Prozent.

(9) Die Abschlussprüfung ist bestanden, wenn die Leistungen

1. im Gesamtergebnis mit mindestens „ausreichend",

2. in dem Prüfungsbereich Anwendung von Rechtsgrundlagen für Sicherheitsdienste mit mindestens „ausreichend",

3. in mindestens zwei der übrigen Prüfungsbereiche mit mindestens „ausreichend" und

4. in keinem Prüfungsbereich mit „ungenügend" bewertet worden sind.

(10) Auf Antrag des Prüflings ist die Prüfung in einem der mit schlechter als „ausreichend" bewerteten Prüfungsbereiche, in denen Prüfungsleistungen mit eigener Anforderung und Gewichtung schriftlich zu erbringen sind, durch eine mündliche Prüfung von etwa 15 Minuten zu ergänzen, wenn dies für das Bestehen der Prüfung den Ausschlag geben kann. Bei der Ermittlung des Ergebnisses für diesen Prüfungsbereich sind das bisherige Ergebnis und das Ergebnis der mündlichen Ergänzungsprüfung im Verhältnis von 2 : 1 zu gewichten.

§ 7   Fortsetzung der Berufsausbildung

Die erfolgreich abgeschlossene Berufsausbildung im Ausbildungsberuf „Servicekraft für Schutz und Sicherheit" kann im Ausbildungsberuf „Fachkraft für Schutz und Sicherheit" nach den Vorschriften für das dritte Ausbildungsjahr fortgesetzt werden.

§ 8   Inkrafttreten

Diese Verordnung tritt am 1. August 2008 in Kraft.

Anlage (zu § 3)

Ausbildungsrahmenplan für die Berufsausbildung
zur Servicekraft für Schutz und Sicherheit

Abschnitt A: Berufsprofilgebende Fertigkeiten, Kenntnisse und Fähigkeiten

Lfd. Nr.	Teil des Ausbildungs- berufsbildes	Zu vermittelnde Fertigkeiten, Kenntnisse und Fähigkeiten	Zeitliche Richt- werte in Wochen im Ausbildungsjahr	
			1	2
1	2	3	4	
1	Rechtsgrundlagen für Sicherheitsdienste (§ 3 Abs. 2 Abschnitt A Nr. 1)	a) Rechtsgrundlagen des Hand- lungsrahmens für Sicherheits- dienste beachten und anwenden	8	
		b) Rechte von Personen und Institutionen beachten c) Gefährdungssituationen rechtlich bewerten d) Rechtsverstöße erkennen und beurteilen	10	
2	Sicherheitsdienste (§ 3 Abs. 2 Abschnitt A Nr. 2)			
2.1	Sicherheitsbereiche (§ 3 Abs. 2 Abschnitt A Nr. 2.1)	a) Sicherheitsdienste in den gesamtwirtschaftlichen Zusammenhang einordnen b) Aufgaben, Organisation und Leistungen der unterschied- lichen Sicherheitsbereiche be- schreiben und Schnittstellen darstellen c) Stellung des Ausbildungs- betriebes innerhalb der Sicherheitsdienste bewerten	4	
2.2	Arbeitsorganisation; Informations- und Kommunikations- technik (§ 3 Abs. 2 Abschnitt A Nr. 2.2)	a) Kommunikations- und Infor- mationstechnik aufgaben- bezogen nutzen b) Arbeits- und Organisations- mittel sowie Lern- und Arbeitstechniken einsetzen c) Standardsoftware und betriebsspezifische Software anwenden d) Daten sichern und pflegen e) Regelungen zum Datenschutz anwenden f) Dienst- und Arbeitsanweisun- gen beachten g) Dokumentationen anfertigen, beim Melde- und Berichts- wesen mitwirken	5	

Lfd. Nr.	Teil des Ausbildungs- berufsbildes	Zu vermittelnde Fertigkeiten, Kenntnisse und Fähigkeiten	Zeitliche Richt- werte in Wochen im Ausbildungsjahr	
			1	2
1	2	3	4	
2.3	Qualitätssichernde Maßnahmen (§ 3 Abs. 2 Abschnitt A Nr. 2.3)	a) Ziele, Aufgaben und Metho- den des betrieblichen Quali- tätsmanagements berücksich- tigen b) qualitätssichernde Maßnah- men im eigenen Arbeitsbe- reich anwenden, dabei zur kontinuierlichen Verbesse- rung von Arbeitsprozessen beitragen c) den Zusammenhang zwi- schen Qualität und Kunden- zufriedenheit beachten und die Auswirkungen auf das Betriebsergebnis berücksich- tigen		2
3	Kommunikation und Kooperation (§ 3 Abs. 2 Abschnitt A Nr. 3)			
3.1	Teamarbeit und Kooperation (§ 3 Abs. 2 Abschnitt A Nr. 3.1)	a) Möglichkeiten der Teamar- beit nutzen und gegenseitige Informationen gewährleisten b) Kommunikationsregeln anwenden; bei Kommunika- tionsstörungen Lösungsmög- lichkeiten aufzeigen c) interne und externe Koopera- tionsprozesse beachten, Kom- munikationswege nutzen	2	
		d) Selbst- und Zeitmanagement in der Teamarbeit beachten e) Auswirkungen von Informa- tion und Kommunikation auf Betriebsklima und Arbeits- leistung beachten	2	
3.2	Kundenorientierte Kommunikation (§ 3 Abs. 2 Abschnitt A Nr. 3.2)	a) über Sicherheitsbestimmun- gen und Sicherheitsdienst- leistungen informieren b) Auskünfte auch in einer Fremdsprache erteilen	3	

253

Lfd. Nr.	Teil des Ausbildungs- berufsbildes	Zu vermittelnde Fertigkeiten, Kenntnisse und Fähigkeiten	Zeitliche Richt- werte in Wochen im Ausbildungsjahr	
			1	2
1	2	3	4	
		c) Auswirkungen von Informa- tion und Kommunikation mit dem Kunden auf den Ge- schäftserfolg berücksichtigen d) Kundenkontakte herstellen, nutzen und pflegen e) Kommunikationsmittel und -regeln im Umgang mit dem Kunden situationsgerecht an- wenden f) Zufriedenheit von Kunden überprüfen; Beschwerden weiterleiten		4
4	Schutz und Sicherheit (§ 3 Abs. 2 Abschnitt A Nr. 4)	a) Maßnahmen zur präventiven Gefahrenabwehr durchführen b) Gefährdungspotenziale im operativen Einsatz beurteilen und Sicherungsmaßnahmen einleiten c) Sicherheitsbestimmungen anwenden d) Wirkungsweise und Gefähr- dungspotenzial von Waffen, gefährlichen Gegenständen und Stoffen identifizieren	10	
		e) Einhaltung objektbezogener Arbeitsschutzvorschriften überprüfen, Arbeitsschutzein- richtungen überwachen und bei Mängeln Maßnahmen ein- leiten f) Einhaltung von Brandschutz- vorschriften überprüfen, Brandschutzeinrichtungen überwachen und bei Mängeln Maßnahmen einleiten g) Einhaltung objektbezogener Umweltschutzvorschriften überprüfen, Umweltschutz- einrichtungen überwachen und bei Mängeln Maßnahmen einleiten h) Vorschriften zum Datenschutz und zur Datensicherheit be- achten; Schutz betriebsinter- ner Daten überwachen		19

Lfd. Nr.	Teil des Ausbildungs- berufsbildes	Zu vermittelnde Fertigkeiten, Kenntnisse und Fähigkeiten	Zeitliche Richt- werte in Wochen im Ausbildungsjahr	
			1	2
1	2	3	4	
		i) Großschadensereignisse erkennen und situations- bezogene Maßnahmen berücksichtigen		19
5	Verhalten und Handeln bei Schutz- und Sicherheitsmaß- nahmen (§ 3 Abs. 2 Abschnitt A Nr. 5)	a) Wirkung des eigenen Verhal- tens auf Betroffene und die Öf- fentlichkeit berücksichtigen b) Konfliktpotenziale feststellen und bewerten, Verhalten an- passen und Maßnahmen zur Konfliktvermeidung oder -be- wältigung ergreifen c) Methoden der Deeskalation anwenden d) ordnende Anweisungen erteilen, auch in englischer Sprache e) Maßnahmen zum Eigen- schutz ergreifen f) Hilfsmaßnahmen einleiten und Erstmaßnahmen durch- führen g) Unfälle und Zwischenfälle melden, insbesondere Anga- ben zu Verletzten, Schäden und Gefahren	17	
		h) Verhaltensnormen und -muster von Personen und Gruppen situationsabhängig berücksichtigen i) Tätermotive und -verhalten beurteilen; Besonderheiten von Tätergruppen berücksich- tigen		3
6	Sicherheitstechnische Einrichtungen und Hilfsmittel (§ 3 Abs. 2 Abschnitt A Nr. 6)	a) technische Hilfsmittel auswäh- len, handhaben, pflegen und de- ren Funktionsfähigkeit prüfen	3	
		b) Funktionsweise von sicher- heitstechnischen Einrichtun- gen darstellen c) Bedienelemente sowie Leit- stellen- und Kommunika- tionstechnik handhaben, Kontrollinstrumente ablesen, Informationen auswerten und Maßnahmen ergreifen		12

255

Abschnitt B: Integrative Fertigkeiten, Kenntnisse und Fähigkeiten

Lfd. Nr.	Teil des Ausbildungs- berufsbildes	Zu vermittelnde Fertigkeiten, Kenntnisse und Fähigkeiten	Zeitliche Richt- werte in Wochen im Ausbildungsjahr	
			1	2
1	2	3	4	
1	Berufsbildung, Arbeits- und Tarif- recht (§ 3 Abs. 2 Abschnitt B Nr. 1)	a) Bedeutung des Ausbildungs- vertrages, insbesondere Abschluss, Dauer und Beendigung, erklären b) gegenseitige Rechte und Pflichten aus dem Ausbil- dungsvertrag nennen c) Möglichkeiten der berufli- chen Fortbildung nennen d) wesentliche Teile des Arbeitsvertrages nennen e) wesentliche Bestimmungen der für den ausbildenden Be- trieb geltenden Tarifverträge nennen		
2	Aufbau und Organisa- tion des Ausbildungs- betriebes (§ 3 Abs. 2 Abschnitt B Nr. 2)	a) Aufbau und Aufgaben des aus- bildenden Betriebes erläutern b) Grundfunktionen des ausbil- denden Betriebes wie Ange- bot, Beschaffung, Absatz und Verwaltung erklären c) Beziehungen des ausbilden- den Betriebes und seiner Be- schäftigten zu Wirtschaftsor- ganisationen, Berufsvertre- tungen und Gewerkschaften darstellen d) Grundlagen, Aufgaben und Arbeitsweise der betriebsver- fassungs- oder personalvertre- tungsrechtlichen Organe des ausbildenden Betriebes be- schreiben	während der gesamten Ausbildungszeit zu vermitteln	
3	Sicherheit und Gesundheitsschutz bei der Arbeit (§ 3 Abs. 2 Abschnitt B Nr. 3)	a) Gefährdung von Sicherheit und Gesundheit am Arbeits- platz feststellen und Maßnah- men zu ihrer Vermeldung er- greifen b) berufsbezogene Arbeits- schutz- und Unfallverhü- tungsvorschriften anwenden c) Verhaltensweisen bei Unfäl- len beschreiben sowie erste Maßnahmen einleiten		

Lfd. Nr.	Teil des Ausbildungs- berufsbildes	Zu vermittelnde Fertigkeiten, Kenntnisse und Fähigkeiten	Zeitliche Richt- werte in Wochen im Ausbildungsjahr	
			1	2
1	2	3	4	
		d) Vorschriften des vorbeugen- den Brandschutzes anwenden; Verhaltensweisen bei Bränden beschreiben und Maßnahmen zur Brandbekämpfung ergrei- fen		
4	Umweltschutz (§ 3 Abs. 2 Abschnitt B Nr. 4)	Zur Vermeidung betriebsbeding- ter Umweltbelastungen im beruf- lichen Einwirkungsbereich bei- tragen, insbesondere a) mögliche Umweltbelastun- gen durch den Ausbildungsbe- trieb und seinen Beitrag zum Umweltschutz an Beispielen erklären b) für den Ausbildungsbetrieb geltende Regelungen des Um- weltschutzes anwenden c) Möglichkeiten der wirtschaft- lichen und umweltschonen- den Energie- und Materialver- wendung nutzen d) Abfälle vermeiden; Stoffe und Materialien einer umwelt- schonenden Entsorgung zu- führen	während der gesamten Ausbildungszeit zu vermitteln	

257

19. Waffengesetz (WaffG)

vom 11.10.2002 (BGBl. 3970), zuletzt geändert durch Gesetz
vom 17. Juli 2009 (BGBl. I S. 2062)
– Auszug –

§ 1 Gegenstand und Zweck des Gesetzes, Begriffsbestimmungen

(1) Dieses Gesetz regelt den Umgang mit Waffen oder Munition unter Berücksichtigung der Belange der öffentlichen Sicherheit und Ordnung.

(2) Waffen sind

1. Schusswaffen oder ihnen gleichgestellte Gegenstände und

2. tragbare Gegenstände,

    a) die ihrem Wesen nach dazu bestimmt sind, die Angriffs- oder Abwehrfähigkeit von Menschen zu beseitigen oder herabzusetzen, insbesondere Hieb- und Stoßwaffen;

    b) die, ohne dazu bestimmt zu sein, insbesondere wegen ihrer Beschaffenheit, Handhabung oder Wirkungsweise geeignet sind, die Angriffs- oder Abwehrfähigkeit von Menschen zu beseitigen oder herabzusetzen, und die in diesem Gesetz genannt sind.

(3) Umgang mit einer Waffe oder Munition hat, wer diese erwirbt, besitzt, überlässt, führt, verbringt, mitnimmt, damit schießt, herstellt, bearbeitet, instand setzt oder damit Handel treibt.

(4) Die Begriffe der Waffen und Munition sowie die Einstufung von Gegenständen nach Absatz 2 Nr. 2 Buchstabe b als Waffen, die Begriffe der Arten des Umgangs und sonstige waffenrechtliche Begriffe sind in der Anlage 1 (Begriffsbestimmungen) zu diesem Gesetz näher geregelt.

§ 2 Grundsätze des Umgangs mit Waffen oder Munition, Waffenliste

(1) Der Umgang mit Waffen oder Munition ist nur Personen gestattet, die das 18. Lebensjahr vollendet haben.

(2) Der Umgang mit Waffen oder Munition, die in der Anlage 2 (Waffenliste) Abschnitt 2 zu diesem Gesetz genannt sind, bedarf der Erlaubnis.

(3) Der Umgang mit Waffen oder Munition, die in der Anlage 2 Abschnitt 1 zu diesem Gesetz genannt sind, ist verboten.

(4) Waffen oder Munition, mit denen der Umgang ganz oder teilweise von der Erlaubnispflicht oder von einem Verbot ausgenommen ist, sind in der Anlage 2 Abschnitt 1 und 2 genannt. Ferner sind in der Anlage 2 Abschnitt 3 die Waffen und Munition genannt, auf die dieses Gesetz ganz oder teilweise nicht anzuwenden ist.

(5) Bestehen Zweifel darüber, ob ein Gegenstand von diesem Gesetz erfasst wird oder wie er nach Maßgabe der Begriffsbestimmungen in Anlage 1 Abschnitt 1 und 3 und der Anlage 2 einzustufen ist, so entscheidet auf Antrag die zuständige Behörde. Antragsberechtigt sind

1. Hersteller, Importeure, Erwerber oder Besitzer des Gegenstandes, soweit sie ein berechtigtes Interesse an der Entscheidung nach Satz 1 glaubhaft machen können,

2. die zuständigen Behörden des Bundes und der Länder.

Die nach Landesrecht zuständigen Behörden sind vor der Entscheidung zu hören. Die Entscheidung ist für den Geltungsbereich dieses Gesetzes allgemein verbindlich. Sie ist im Bundesanzeiger bekannt zu machen.

§ 5   Zuverlässigkeit

(1) Die erforderliche Zuverlässigkeit besitzen Personen nicht,

1. die rechtskräftig verurteilt worden sind

   a) wegen eines Verbrechens oder

   b) wegen sonstiger vorsätzlicher Straftaten zu einer Freiheitsstrafe von mindestens einem Jahr, wenn seit dem Eintritt der Rechtskraft der letzten Verurteilung zehn Jahre noch nicht verstrichen sind,

2. bei denen Tatsachen die Annahme rechtfertigen, dass sie

   a) Waffen oder Munition missbräuchlich oder leichtfertig verwenden werden,

   b) mit Waffen oder Munition nicht vorsichtig oder sachgemäß umgehen oder diese Gegenstände nicht sorgfältig verwahren werden,

   c) Waffen oder Munition Personen überlassen werden, die zur Ausübung der tatsächlichen Gewalt über diese Gegenstände nicht berechtigt sind.

(2) Die erforderliche Zuverlässigkeit besitzen in der Regel Personen nicht, die

1. a) wegen einer vorsätzlichen Straftat,

   b) wegen einer fahrlässigen Straftat im Zusammenhang mit dem Umgang mit Waffen, Munition oder explosionsgefährlichen Stoffen oder wegen einer fahrlässigen gemeingefährlichen Straftat,

   c) wegen einer Straftat nach dem Waffengesetz, dem Gesetz über die Kontrolle von Kriegswaffen, dem Sprengstoffgesetz oder dem Bundesjagdgesetz zu einer Freiheitsstrafe, Jugendstrafe, Geldstrafe von mindestens 60 Tagessätzen oder mindestens zweimal zu einer geringeren Geldstrafe rechtskräftig verurteilt worden sind oder bei denen die Verhängung von Jugendstrafe ausgesetzt worden ist, wenn seit dem Eintritt der Rechtskraft der letzten Verurteilung fünf Jahre noch nicht verstrichen sind,

2. Mitglied

    a) in einem Verein, der nach dem Vereinsgesetz als Organisation unanfechtbar verboten wurde oder der einem unanfechtbaren Betätigungsverbot nach dem Vereinsgesetz unterliegt, oder

    b) in einer Partei, deren Verfassungswidrigkeit das Bundesverfassungsgericht nach § 46 des Bundesverfassungsgerichtsgesetzes festgestellt hat,

    waren, wenn seit der Beendigung der Mitgliedschaft zehn Jahre noch nicht verstrichen sind,

3. einzeln oder als Mitglied einer Vereinigung Bestrebungen verfolgen oder unterstützen oder in den letzten fünf Jahren verfolgt oder unterstützt haben, die

    a) gegen die verfassungsmäßige Ordnung oder

    b) gegen den Gedanken der Völkerverständigung, insbesondere gegen das friedliche Zusammenleben der Völker, gerichtet sind, oder

    c) durch Anwendung von Gewalt oder darauf gerichtete Vorbereitungshandlungen auswärtige Belange der Bundesrepublik Deutschland gefährden,

4. innerhalb der letzten fünf Jahre mehr als einmal wegen Gewalttätigkeit mit richterlicher Genehmigung in polizeilichem Präventivgewahrsam waren,

5. wiederholt oder gröblich gegen die Vorschriften eines der in Nummer 1 Buchstabe c genannten Gesetze verstoßen haben.

(3) In die Frist nach Absatz 1 Nr. 1 oder Absatz 2 Nr. 1 nicht eingerechnet wird die Zeit, in welcher der Betroffene auf behördliche oder richterliche Anordnung in einer Anstalt verwahrt worden ist.

(4) Ist ein Verfahren wegen Straftaten im Sinne des Absatzes 1 Nr. 1 oder des Absatzes 2 Nr. 1 noch nicht abgeschlossen, so kann die zuständige Behörde die Entscheidung über den Antrag auf Erteilung einer waffenrechtlichen Erlaubnis bis zum rechtskräftigen Abschluss des Verfahrens aussetzen.

(5) Die zuständige Behörde hat im Rahmen der Zuverlässigkeitsprüfung folgende Erkundigungen einzuholen:

1. die unbeschränkte Auskunft aus dem Bundeszentralregister;

2. die Auskunft aus dem zentralen staatsanwaltschaftlichen Verfahrensregister hinsichtlich der in Absatz 2 Nr. 1 genannten Straftaten;

3. die Stellungnahme der örtlichen Polizeidienststelle, ob Tatsachen bekannt sind, die Bedenken gegen die Zuverlässigkeit begründen; die örtliche Polizeidienststelle schließt in ihre Stellungnahme das Ergebnis der von ihr vorzunehmenden Prüfung nach Absatz 2 Nr. 4 ein. Die nach Satz 1 Nr. 2 erhobenen personenbezogenen Daten dürfen nur für den Zweck der waffenrechtlichen Zuverlässigkeitsprüfung verwendet werden.

§ 10   Erteilung von Erlaubnissen zum Erwerb, Besitz, Führen und Schießen

(1) Die Erlaubnis zum Erwerb und Besitz von Waffen wird durch eine Waffenbesitzkarte oder durch Eintragung in eine bereits vorhandene Waffenbesitzkarte erteilt.

Für die Erteilung einer Erlaubnis für Schusswaffen sind Art, Anzahl und Kaliber der Schusswaffen anzugeben. Die Erlaubnis zum Erwerb einer Waffe gilt für die Dauer eines Jahres, die Erlaubnis zum Besitz wird in der Regel unbefristet erteilt.

(1 a) Wer eine Waffe aufgrund einer Erlaubnis nach Absatz 1 Satz 1 erwirbt, hat binnen zwei Wochen der zuständigen Behörde unter Benennung von Name und Anschrift des Überlassenden den Erwerb schriftlich anzuzeigen und seine Waffenbesitzkarte zur Eintragung des Erwerbs vorzulegen.

(2) Eine Waffenbesitzkarte über Schusswaffen, die mehrere Personen besitzen, kann auf diese Personen ausgestellt werden. Eine Waffenbesitzkarte kann auch einem schießsportlichen Verein oder einer jagdlichen Vereinigung als juristischer Person erteilt werden. Sie ist mit der Auflage zu verbinden, dass der Verein der Behörde vor Inbesitznahme von Vereinswaffen unbeschadet des Vorliegens der Voraussetzung des § 4 Abs. 1 Nr. 5 eine verantwortliche Person zu benennen hat, für die die Voraussetzungen nach § 4 Abs. 1 Nr. 1 bis 3 nachgewiesen sind; diese benannte Person muss nicht vertretungsberechtigtes Organ des Vereins sein. Scheidet die benannte verantwortliche Person aus dem Verein aus oder liegen in ihrer Person nicht mehr alle Voraussetzungen nach § 4 Abs. 1 Nr. 1 bis 3 vor, so ist der Verein verpflichtet, dies unverzüglich der zuständigen Behörde mitzuteilen. Benennt der Verein nicht innerhalb von zwei Wochen eine neue verantwortliche Person, für die die Voraussetzungen nach § 4 Abs. 1 Nr. 1 bis 3 nachgewiesen werden, so ist die dem Verein erteilte Waffenbesitzerlaubnis zu widerrufen und die Waffenbesitzkarte zurückzugeben.

(3) Die Erlaubnis zum Erwerb und Besitz von Munition wird durch Eintragung in eine Waffenbesitzkarte für die darin eingetragenen Schusswaffen erteilt. In den übrigen Fällen wird die Erlaubnis durch einen Munitionserwerbsschein für eine bestimmte Munitionsart erteilt; sie ist für den Erwerb der Munition auf die Dauer von sechs Jahren zu befristen und gilt für den Besitz der Munition unbefristet. Die Erlaubnis zum nicht gewerblichen Laden von Munition im Sinne des Sprengstoffgesetzes gilt auch als Erlaubnis zum Erwerb und Besitz dieser Munition. Nach Ablauf der Gültigkeit des Erlaubnisdokuments gilt die Erlaubnis für den Besitz dieser Munition für die Dauer von sechs Monaten fort.

(4) Die Erlaubnis zum Führen einer Waffe wird durch einen Waffenschein erteilt. Eine Erlaubnis nach Satz 1 zum Führen von Schusswaffen wird für bestimmte Schusswaffen auf höchstens drei Jahre erteilt; die Geltungsdauer

kann zweimal um höchstens je drei Jahre verlängert werden, sie ist kürzer zu bemessen, wenn nur ein vorübergehendes Bedürfnis nachgewiesen wird. Der Geltungsbereich des Waffenscheins ist auf bestimmte Anlässe oder Gebiete zu beschränken, wenn ein darüber hinausgehendes Bedürfnis nicht nachgewiesen wird. Die Voraussetzungen für die Erteilung einer Erlaubnis zum Führen von Schreckschuss-, Reizstoff- und Signalwaffen sind in der Anlage 2 Abschnitt 2 Unterabschnitt 3 Nr. 2 und 2.1 genannt (Kleiner Waffenschein).

(5) Die Erlaubnis zum Schießen mit einer Schusswaffe wird durch einen Erlaubnisschein erteilt.

§ 12   Ausnahmen von den Erlaubnispflichten

(1) Einer Erlaubnis zum Erwerb und Besitz einer Waffe bedarf nicht, wer diese

1. als Inhaber einer Waffenbesitzkarte von einem Berechtigten
   a) lediglich vorübergehend, höchstens aber für einen Monat für einen von seinem Bedürfnis umfassten Zweck oder im Zusammenhang damit, oder
   b) vorübergehend zum Zweck der sicheren Verwahrung oder der Beförderung erwirbt;
2. vorübergehend von einem Berechtigten zur gewerbsmäßigen Beförderung, zur gewerbsmäßigen Lagerung oder zur gewerbsmäßigen Ausführung von Verschönerungen oder ähnlicher Arbeiten an der Waffe erwirbt;
3. von einem oder für einen Berechtigten erwirbt, wenn und solange er
   a) auf Grund eines Arbeits- oder Ausbildungsverhältnisses,
   b) als Beauftragter oder Mitglied einer jagdlichen oder schießsportlichen Vereinigung, einer anderen sportlichen Vereinigung zur Abgabe von Startschüssen oder einer zur Brauchtumspflege Waffen tragenden Vereinigung,
   c) als Beauftragter einer in § 55 Abs. 1 Satz 1 bezeichneten Stelle,
   d) als Charterer von seegehenden Schiffen zur Abgabe von Seenotsignalen den Besitz über die Waffe nur nach den Weisungen des Berechtigten ausüben darf;
4. von einem anderen,
   a) dem er die Waffe vorübergehend überlassen hat, ohne dass es hierfür der Eintragung in die Erlaubnisurkunde bedurfte, oder
   b) nach dem Abhandenkommen wieder erwirbt;
5. auf einer Schießstätte (§ 27) lediglich vorübergehend zum Schießen auf dieser Schießstätte erwirbt;
6. auf einer Reise in den oder durch den Geltungsbereich des Gesetzes nach § 32 berechtigt mitnimmt.

(2) Einer Erlaubnis zum Erwerb und Besitz von Munition bedarf nicht, wer diese

1. unter den Voraussetzungen des Absatzes 1 Nr. 1 bis 4 erwirbt;

2. unter den Voraussetzungen des Absatzes 1 Nr. 5 zum sofortigen Verbrauch lediglich auf dieser Schießstätte (§ 27) erwirbt;

3. auf einer Reise in den oder durch den Geltungsbereich des Gesetzes nach § 32 berechtigt mitnimmt.

(3) Einer Erlaubnis zum Führen von Waffen bedarf nicht, wer

1. diese mit Zustimmung eines anderen in dessen Wohnung, Geschäftsräumen oder befriedetem Besitztum oder dessen Schießstätte zu einem von seinem Bedürfnis umfassten Zweck oder im Zusammenhang damit führt;

2. diese nicht schussbereit und nicht zugriffsbereit von einem Ort zu einem anderen Ort befördert, sofern der Transport der Waffe zu einem von seinem Bedürfnis umfassten Zweck oder im Zusammenhang damit erfolgt;

3. eine Langwaffe nicht schussbereit den Regeln entsprechend als Teilnehmer an genehmigten Sportwettkämpfen auf festgelegten Wegstrecken führt;

4. eine Signalwaffe beim Bergsteigen, als verantwortlicher Führer eines Wasserfahrzeugs auf diesem Fahrzeug oder bei Not- und Rettungsübungen führt;

5. eine Schreckschuss- oder eine Signalwaffe zur Abgabe von Start- oder Beendigungszeichen bei Sportveranstaltungen führt, wenn optische oder akustische Signalgebung erforderlich ist.

(4) Einer Erlaubnis zum Schießen mit einer Schusswaffe bedarf nicht, wer auf einer Schießstätte (§ 27) schießt.

Das Schießen außerhalb von Schießstätten ist darüber hinaus ohne Schießerlaubnis nur zulässig

1. durch den Inhaber des Hausrechts oder mit dessen Zustimmung im befriedeten Besitztum

   a) mit Schusswaffen, deren Geschossen eine Bewegungsenergie von nicht mehr als 7,5 Joule (J) erteilt wird oder deren Bauart nach § 7 des Beschussgesetzes zugelassen ist, sofern die Geschosse das Besitztum nicht verlassen können,

   b) mit Schusswaffen, aus denen nur Kartuschenmunition verschossen werden kann,

2. durch Personen, die den Regeln entsprechend als Teilnehmer an genehmigten Sportwettkämpfen nach Absatz 3 Nr. 3 mit einer Langwaffe an Schießständen schießen,

3. mit Schusswaffen, aus denen nur Kartuschenmunition verschossen werden kann,

a) durch Mitwirkende an Theateraufführungen und diesen gleich zu achtenden Vorführungen,

b) zum Vertreiben von Vögeln in landwirtschaftlichen Betrieben,

4. mit Signalwaffen bei Not- und Rettungsübungen,

5. mit Schreckschuss- oder mit Signalwaffen zur Abgabe von Start- oder Beendigungszeichen im Auftrag der Veranstalter bei Sportveranstaltungen, wenn optische oder akustische Signalgebung erforderlich ist.

(5) Die zuständige Behörde kann im Einzelfall weitere Ausnahmen von den Erlaubnispflichten zulassen, wenn besondere Gründe vorliegen und Belange der öffentlichen Sicherheit und Ordnung nicht entgegenstehen.

§ 28 Erwerb, Besitz und Führen von Schusswaffen und Munition durch Bewachungsunternehmer und ihr Bewachungspersonal

(1) Ein Bedürfnis zum Erwerb, Besitz und Führen von Schusswaffen wird bei einem Bewachungsunternehmer (§ 34 a der Gewerbeordnung) anerkannt, wenn er glaubhaft macht, dass Bewachungsaufträge wahrgenommen werden oder werden sollen, die aus Gründen der Sicherung einer gefährdeten Person im Sinne des § 19 oder eines gefährdeten Objektes Schusswaffen erfordern. Satz 1 gilt entsprechend für Wachdienste als Teil wirtschaftlicher Unternehmungen. Ein nach den Sätzen 1 und 2 glaubhaft gemachtes Bedürfnis umfasst auch den Erwerb und Besitz der für die dort genannten Schusswaffen bestimmten Munition.

(2) Die Schusswaffe darf nur bei der tatsächlichen Durchführung eines konkreten Auftrages nach Absatz 1 geführt werden. Der Unternehmer hat dies auch bei seinem Bewachungspersonal in geeigneter Weise sicherzustellen.

(3) Wachpersonen, die auf Grund eines Arbeitsverhältnisses Schusswaffen des Erlaubnisinhabers nach dessen Weisung besitzen oder führen sollen, sind der zuständigen Behörde zur Prüfung zu benennen; der Unternehmer soll die betreffende Wachperson in geeigneter Weise vorher über die Benennung unter Hinweis auf die Erforderlichkeit der Speicherung und Verarbeitung personenbezogener Daten bei der Behörde unterrichten. Die Überlassung von Schusswaffen oder Munition darf erst erfolgen, wenn die zuständige Behörde zugestimmt hat. Die Zustimmung ist zu versagen, wenn die Wachperson nicht die Voraussetzungen des § 4 Abs. 1 Nr. 1 bis 3 erfüllt oder die Haftpflichtversicherung des Bewachungsunternehmers das Risiko des Umgangs mit Schusswaffen durch die Wachpersonen nicht umfasst.

(4) In einen Waffenschein nach § 10 Abs. 4 kann auch der Zusatz aufgenommen werden, dass die in Absatz 3 bezeichneten Personen die ihnen überlassenen Waffen nach Weisung des Erlaubnisinhabers führen dürfen.

§ 36   Aufbewahrung von Waffen oder Munition

(1) Wer Waffen oder Munition besitzt, hat die erforderlichen Vorkehrungen zu treffen, um zu verhindern, dass diese Gegenstände abhanden kommen oder Dritte sie unbefugt an sich nehmen. Schusswaffen dürfen nur getrennt von Munition aufbewahrt werden, sofern nicht die Aufbewahrung in einem Sicherheitsbehältnis erfolgt, das mindestens der Norm DIN/EN 1143-1 Widerstandsgrad 0 (Stand Mai 1997) oder einer Norm mit gleichem Schutzniveau eines anderen Mitgliedstaates des Übereinkommens über den Europäischen Wirtschaftsraum (EWR-Mitgliedstaat) entspricht.

(2) Schusswaffen, deren Erwerb nicht von der Erlaubnispflicht freigestellt ist, und verbotene Waffen sind mindestens in einem der Norm DIN/EN 1143-1 Widerstandsgrad 0 (Stand Mai 1997) entsprechenden oder gleichwertigen Behältnis aufzubewahren; als gleichwertig gilt insbesondere ein Behältnis der Sicherheitsstufe B nach VDMA 24 992 (Stand Mai 1995). Für bis zu zehn Langwaffen gilt die sichere Aufbewahrung auch in einem Behältnis als gewährleistet, das der Sicherheitsstufe A nach VDMA 24992 (Stand Mai 1995) oder einer Norm mit gleichem Schutzniveau eines anderen EWR-Mitgliedstaates entspricht. Vergleichbar gesicherte Räume sind als gleichwertig anzusehen.

(3) Wer erlaubnispflichtige Schusswaffen, Munition oder verbotene Waffen besitzt oder die Erteilung einer Erlaubnis zum Besitz beantragt hat, hat der zuständigen Behörde die zur sicheren Aufbewahrung getroffenen oder vorgesehenen Maßnahmen nachzuweisen. Besitzer von erlaubnispflichtigen Schusswaffen, Munition oder verbotenen Waffen haben außerdem der Behörde zur Überprüfung der Pflichten aus den Absätzen 1 und 2 Zutritt zu den Räumen zu gestatten, in denen die Waffen und die Munition aufbewahrt werden. Wohnräume dürfen gegen den Willen des Inhabers nur zur Verhütung dringender Gefahren für die öffentliche Sicherheit betreten werden; das Grundrecht der Unverletzlichkeit der Wohnung (Artikel 13 des Grundgesetzes) wird insoweit eingeschränkt.

(4) Entspricht die bisherige Aufbewahrung von Waffen oder Munition, deren Erwerb und Besitz ihrer Art nach der Erlaubnis bedarf, nicht den in diesem Gesetz oder in einer Rechtsverordnung nach Absatz 5 festgelegten Anforderungen, so hat der Besitzer bis zum 31. August 2003 die ergänzenden Vorkehrungen zur Gewährleistung einer diesen Anforderungen entsprechenden Aufbewahrung vorzunehmen. Dies ist gegenüber der zuständigen Behörde innerhalb der Frist des Satzes 1 anzuzeigen und nachzuweisen.

(5) Das Bundesministerium des Innern wird ermächtigt, nach Anhörung der beteiligten Kreise durch Rechtsverordnung mit Zustimmung des Bundesrates unter Berücksichtigung des Standes der Technik, der Art und Zahl der Waffen, der Munition oder der Örtlichkeit von den Anforderungen an die

Aufbewahrung abzusehen oder zusätzliche Anforderungen an die Aufbewahrung oder die Sicherung der Waffe festzulegen. Dabei können

1. Anforderungen an technische Sicherungssysteme zur Verhinderung einer unberechtigten Wegnahme oder Nutzung von Schusswaffen,

2. die Nachrüstung oder der Austausch vorhandener Sicherungssysteme,

3. die Ausstattung der Schusswaffe mit mechanischen, elektronischen oder biometrischen Sicherungssystemen festgelegt werden.

(6) Ist im Einzelfall, insbesondere wegen der Art und Zahl der aufzubewahrenden Waffen oder Munition oder wegen des Ortes der Aufbewahrung, ein höherer Sicherheitsstandard erforderlich, hat die zuständige Behörde die notwendigen Ergänzungen anzuordnen und zu deren Umsetzung eine angemessene Frist zu setzen.

§ 38   Ausweispflichten

Wer eine Waffe führt, muss

1. seinen Personalausweis oder Pass und

   a) wenn es einer Erlaubnis zum Erwerb bedarf, die Waffenbesitzkarte oder, wenn es einer Erlaubnis zum Führen bedarf, den Waffenschein,

   b) im Fall des Verbringens oder der Mitnahme einer Waffe oder von Munition im Sinne von § 29 Abs. 1 aus einem Drittstaat gemäß § 29 Abs. 1, § 30 Abs. 1 oder § 32 Abs. 1 den Erlaubnisschein, im Falle der Mitnahme auf Grund einer Erlaubnis nach § 32 Abs. 4 auch den Beleg für den Grund der Mitnahme,

   c) im Fall des Verbringens einer Schusswaffe nach Anlage 1 Abschnitt 3 (Kategorien A bis D) gemäß § 29 Abs. 1 oder § 30 Abs. 1 aus einem anderen Mitgliedstaat den Erlaubnisschein dieses Staates oder eine Bescheinigung, die auf diesen Erlaubnisschein Bezug nimmt,

   d) im Fall der Mitnahme einer Schusswaffe nach Anlage 1 Abschnitt 3 (Kategorien A bis D) aus einem anderen Mitgliedstaat gemäß § 32 Abs. 1 bis 3 den Europäischen Feuerwaffenpass und im Falle des § 32 Abs. 3 zusätzlich einen Beleg für den Grund der Mitnahme,

   e) im Fall der vorübergehenden Berechtigung zum Erwerb oder zum Führen auf Grund des § 12 Abs. 1 Nr. 1 und 2 oder § 28 Abs. 4 einen Beleg, aus dem der Name des Überlassers, des Besitzberechtigten und das Datum der Überlassung hervorgeht, oder

   f) im Fall des Schießens mit einer Schießerlaubnis nach § 10 Abs. 5 diese, und

2. in den Fällen des § 13 Abs. 6 den Jagdschein mit sich führen und Polizeibeamten oder sonst zur Personenkontrolle Befugten auf Verlangen zur Prüfung aushändigen. In den Fällen des § 13 Abs. 3 und § 14 Abs. 4 Satz 2

genügt an Stelle der Waffenbesitzkarte ein schriftlicher Nachweis darüber, dass die Antragsfrist noch nicht verstrichen oder ein Antrag gestellt worden ist. Satz 1 gilt nicht in Fällen des § 12 Abs. 3 Nr. 1.

§ 40 Verbotene Waffen

(1) Das Verbot des Umgangs umfasst auch das Verbot, zur Herstellung der in Anlage 2 Abschnitt 1 Nr. 1.3.4 bezeichneten Gegenstände anzuleiten oder aufzufordern.

(2) Das Verbot des Umgangs mit Waffen oder Munition ist nicht anzuwenden, soweit jemand auf Grund eines gerichtlichen oder behördlichen Auftrags tätig wird.

(3) Inhaber einer jagdrechtlichen Erlaubnis und Angehörige von Leder oder Pelz verarbeitenden Berufen dürfen abweichend von § 2 Abs. 3 Umgang mit Faustmessern nach Anlage 2 Abschnitt 1 Nr. 1.4.2 haben, sofern sie diese Messer zur Ausübung ihrer Tätigkeit benötigen. Inhaber sprengstoffrechtlicher Erlaubnisse (§§ 7 und 27 des Sprengstoffgesetzes) und Befähigungsscheine (§ 20 des Sprengstoffgesetzes) sowie Teilnehmer staatlicher oder staatlich anerkannter Lehrgänge dürfen abweichend von § 2 Absatz 3 Umgang mit explosionsgefährlichen Stoffen oder Gegenständen nach Anlage 2 Abschnitt 1 Nummer 1.3.4 haben, soweit die durch die Erlaubnis oder den Befähigungsschein gestattete Tätigkeit oder die Ausbildung hierfür dies erfordern. Dies gilt insbesondere für Sprengarbeiten sowie Tätigkeiten im Katastrophenschutz oder im Rahmen von Theatern, vergleichbaren Einrichtungen, Film- und Fernsehproduktionsstätten sowie die Ausbildung für derartige Tätigkeiten.

(4) Das Bundeskriminalamt kann auf Antrag von den Verboten der Anlage 2 Abschnitt 1 allgemein oder für den Einzelfall Ausnahmen zulassen, wenn die Interessen des Antragstellers auf Grund besonderer Umstände das öffentliche Interesse an der Durchsetzung des Verbots überwiegen. Dies kann insbesondere angenommen werden, wenn die in der Anlage 2 Abschnitt 1 bezeichneten Waffen oder Munition zum Verbringen aus dem Geltungsbereich dieses Gesetzes, für wissenschaftliche oder Forschungszwecke oder zur Erweiterung einer kulturhistorisch bedeutsamen Sammlung bestimmt sind und eine erhebliche Gefahr für die öffentliche Sicherheit nicht zu befürchten ist.

(5) Wer eine in Anlage 2 Abschnitt 1 bezeichnete Waffe als Erbe, Finder oder in ähnlicher Weise in Besitz nimmt, hat dies der zuständigen Behörde unverzüglich anzuzeigen. Die zuständige Behörde kann die Waffen oder Munition sicherstellen oder anordnen, dass innerhalb einer angemessenen Frist die Waffen oder Munition unbrauchbar gemacht, von Verbotsmerkmalen befreit oder einem nach diesem Gesetz Berechtigten überlassen werden,

oder dass der Erwerber einen Antrag nach Absatz 4 stellt. Das Verbot des Umgangs mit Waffen oder Munition wird nicht wirksam, solange die Frist läuft oder eine ablehnende Entscheidung nach Absatz 4 dem Antragsteller noch nicht bekannt gegeben worden ist.

§ 42   Verbot des Führens von Waffen bei öffentlichen Veranstaltungen

(1) Wer an öffentlichen Vergnügungen, Volksfesten, Sportveranstaltungen, Messen, Ausstellungen, Märkten oder ähnlichen öffentlichen Veranstaltungen teilnimmt, darf keine Waffen im Sinne des § 1 Abs. 2 führen.

(2) Die zuständige Behörde kann allgemein oder für den Einzelfall Ausnahmen von Absatz 1 zulassen, wenn

1. der Antragsteller die erforderliche Zuverlässigkeit (§ 5) und persönliche Eignung (§ 6) besitzt,

2. der Antragsteller nachgewiesen hat, dass er auf Waffen bei der öffentlichen Veranstaltung nicht verzichten kann, und

3. eine Gefahr für die öffentliche Sicherheit oder Ordnung nicht zu besorgen ist.

(3) Unbeschadet des § 38 muss der nach Absatz 2 Berechtigte auch den Ausnahmebescheid mit sich führen und auf Verlangen zur Prüfung aushändigen.

(4) Die Absätze 1 bis 3 sind nicht anzuwenden

1. auf die Mitwirkenden an Theateraufführungen und diesen gleich zu achtenden Vorführungen, wenn zu diesem Zweck ungeladene oder mit Kartuschenmunition geladene Schusswaffen oder Waffen im Sinne des § 1 Abs. 2 Nr. 2 geführt werden,

2. auf das Schießen in Schießstätten (§ 27),

3. soweit eine Schießerlaubnis nach § 10 Abs. 5 vorliegt,

4. auf das gewerbliche Ausstellen der in Absatz 1 genannten Waffen auf Messen und Ausstellungen.

(5) Die Landesregierungen werden ermächtigt, durch Rechtsverordnung vorzusehen, dass das Führen von Waffen im Sinne des § 1 Abs. 2 auf bestimmten öffentlichen Straßen, Wegen oder Plätzen allgemein oder im Einzelfall verboten oder beschränkt werden kann, soweit an dem jeweiligen Ort wiederholt

1. Straftaten unter Einsatz von Waffen oder

2. Raubdelikte, Körperverletzungsdelikte, Bedrohungen, Nötigungen, Sexualdelikte, Freiheitsberaubungen oder Straftaten gegen das Leben begangen worden sind und Tatsachen die Annahme rechtfertigen, dass auch künftig mit der Begehung solcher Straftaten zu rechnen ist.

In der Rechtsverordnung nach Satz 1 soll bestimmt werden, dass die zuständige Behörde allgemein oder für den Einzelfall Ausnahmen insbesondere für Inhaber waffenrechtlicher Erlaubnisse, Anwohner und Gewerbetreibende zulassen kann, soweit eine Gefährdung der öffentlichen Sicherheit nicht zu besorgen ist. Im Falle des Satzes 2 gilt Absatz 3 entsprechend. Die Landesregierungen können ihre Befugnis nach Satz 1 in Verbindung mit Satz 2 durch Rechtsverordnung auf die zuständige oberste Landesbehörde übertragen; diese kann die Befugnis durch Rechtsverordnung weiter übertragen.

§ 51   Strafvorschriften

(1) Mit Freiheitsstrafe von einem Jahr bis zu fünf Jahren wird bestraft, wer entgegen § 2 Abs. 1 oder 3, jeweils in Verbindung mit Anlage 2 Abschnitt 1 Nr. 1.2.1, eine dort genannte Schusswaffe zum Verschießen von Patronenmunition nach Anlage 1 Abschnitt 1 Unterabschnitt 3 Nr. 1.1 erwirbt, besitzt, überlässt, führt, verbringt, mitnimmt, herstellt, bearbeitet, instand setzt oder damit Handel treibt.

(2) In besonders schweren Fällen ist die Strafe Freiheitsstrafe von einem Jahr bis zu zehn Jahren. Ein besonders schwerer Fall liegt in der Regel vor, wenn der Täter gewerbsmäßig oder als Mitglied einer Bande, die sich zur fortgesetzten Begehung solcher Straftaten verbunden hat, unter Mitwirkung eines anderen Bandenmitgliedes handelt.

(3) In minder schweren Fällen ist die Strafe Freiheitsstrafe bis zu drei Jahren oder Geldstrafe.

(4) Handelt der Täter fahrlässig, so ist die Strafe Freiheitsstrafe bis zu zwei Jahren oder Geldstrafe.

Sachregister